Das Pferd, das sich zwei Beine *brach*

und es überlebte

Die wahre Geschichte einer Transformation: vom Trauma zur Freiheit

Zoë Coade

Übersetzung

Natalie Luigs

Urheberrecht © 2017: Zoe Coade
Originalar titel: The horse that *broke* two legs *& survived* © 2016

Alle Rechte vorbehalten. Es ist nicht zulässig, dieses Buch oder Teile dieses Buches ohne die vorherige schriftliche Genehmigung des Herausgebers zu veröffentlichen, zu reproduzieren, in einem Datensystem zu speichern oder in irgendeiner Form oder mit irgendwelchen Mitteln zu veröffentlichen, mit Ausnahme der Verwendung und Veröffentlichung eines Zitates oder sehr kurzen Auszugs im Rahmen einer Buchbesprechung bzw. - rezension.

Herausgegeben von:
Zoë Coade, Niederlande

Kontakt über Webseite:
www.thehorsethatbroketwolegs.com
www.facebook.com/thehorsethatbroketwolegs

© Umschlaggestaltung: Zoë Coade
© Digitalisierung des Umschlags: Atelier Moreno

Erste Ausgabe, Nachdruck 2017
ISBN 978-90-826145-0-3 (Taschenbuch)
ISBN 978-90-826145-1-0 (ePUB)
ISBN ISBN 978-90-826145-3-4 (deutsche Ausgabe)
ISBN ISBN 978-90-826145-2-7 (niederländische Ausgabe)

Wir freuen uns, wenn ihr uns auch auf der Webseite zum Buch
und in den sozialen Medien besucht. Dort findet ihr Fotos,
Videos und aktuelle Neuigkeiten.

www.thehorsethatbroketwolegs.com
www.facebook.com/thehorsethatbroketwolegs

DANKSAGUNGEN

An alle, die sich aufrichtig um mich und Mia gekümmert haben, mich unterstützt haben, uns geliebt, mit uns gelacht und geheult haben, von dem Tag, an dem das Licht am Ende des Tunnels verblasste bis zu dem Tag, an dem es wieder anfing zu scheinen und an alle, die auf irgendeine Art und Weise an unserem Leben und dieser Geschichte beteiligt waren.
Ich fühle mich gesegnet, dass es so viele von euch gibt. Ich hatte noch niemals so viel Liebenswürdigkeit und Güte erlebt wie während und nach Mias Unfall. In willkürlicher Reihenfolge:

Betreuer und Betreuerinnen in den ersten drei Monaten: Gemma Avezaat, Geert Blijham, Anneke van Brakel, Mariska Romkes, Liesbeth Hoogkamer, Micha Henker, Hanneke Vosse, Jolanda Nachtegeller, Jacqueline Lentz, Galina van Lieshout-Peeters, Annette Flottmann-Nilsson, Diana Luyten, Annette vd Berg, Kika de Leon, Cassie Tooms und all diejenigen, die einfach nur mal kurz vorbeikamen, um uns zu begrüßen.
Langzeit-Erholungsheim und -gastgeber: Marieke Molenaar und Eddy Modde.
Langzeit Erholungs-Schutzengel: Marieke van den Worm.
Heutiger Bauernhof- und Pferdepensionseigentümer: Rutger van der Peet.
Tier-/Pferdearzt: Hans Coster und alle Mitarbeiter bei „Paardendokters". Pferde-Ernährungsberater: Rene Wielens.
Hufpflege und Ernährungsberatung: Annette Nielsen.
Hufschmied und spezieller Hufbeschlag: Kees van Bijnen.
Langzeit Revalidierungs-Hufpflegerin: Petra van Langevelde.
Osteopathie Nachbetreuung: Annemarijn Laan.
Massagetherapie Nachbetreuung: Marieke Looysen.
Pferdedentalpraktiker: Marielle Heuvelman.
Lebensberaterin und beste Freundin: Carrie Neeves.
Beraterin und Freundin: Armanda Watkins.
Heutige Pfleger und Pferdebeteiligungen: Amber Schoonderwoerd, Galina van Lieshout-Peeters und Dieuwertje Rutten.

Heutige Urlaubsbetreuung: Mirjam Spitzers, Anouk Boer, Katinka Postma, Lonneke Rutten, Amber Schoonderwoerd, Galina van Lieshout-Peeters, Helen Jones und Dieuwertje Rutten.
Website-Unterstützung: Werner Reuser.
Meine wichtigsten Lehrmeister: Pat Parelli und Linda Parelli, die mir geholfen haben, die Person zu werden, die ich heute mit und ohne Pferde bin und sein möchte.
Meine Ratgeber: Silke Vallentin, Kristi Smith, Michael Wanzenried, Joyce Mulder, Romi Eikendal & Therese Chouchene.
Korrekturleser der deutschen Ausgabe: Ilona Schade.
Übersetzt von Natalie Luigs.

WIDMUNGEN
Für meine Eltern Brenda und Mike und meinen Bruder Michael, die es mir ermöglichten, mich bereits seit frühester Kindheit mit Pferden zu beschäftigen. Meine Pferdeliebe wird von niemandem so gut verstanden wie von ihnen.
Danke und ich liebe euch.

Für mein Patenkind Millicent Kay Cox. Ich hoffe, dass du und dein großer Bruder Alexander zu starken, unabhängigen Menschen heranwachsen, und das werdet, was ihr euch erträumt. Seid und bleibt immer inspiriert.

Für meine Freunde, an die ich häufig denke: Sarah Cox, Anthony Burpitt, Jan Cox, Melanie Ramos, Sue Keefe, Kate Willett und Pascale Mooij.

Und zuletzt für meinen Mann Jort. Ich bin sehr glücklich, dass ich dich in diesem Leben kennen und lieben lernen durfte. Dass ich dich habe, ist mein selbsterschaffener Himmel.

Zum Andenken an:
Esther Coade, Ilo Mae Isabelle Swaby und Tineke van Kruiningen-Bonder.

Ich liebe euch. Immer.

OMSLAG

Het kinderlijke zwarte paard embleem is te vinden in Japan in een stad genaamd 美馬. Van oudsher is deze stad een thuisbasis van paardenfokkers. De naam is ontleend aan twee Japanse karakters die *prachtig paard* betekenen.

INHALTSVERZEICHNIS

Kapitel 1	I	Mima 美馬
		Das schöne schwarze Pferd
	II	Equus - das Pferd
		Ihre Sprache kurz erklärt
	III	Bindung
		Wie es anfing
Kapitel 2	I	Das Erwachen
		Ein ernsthaftes Problem
	II	Unter anderen Dingen
		Der Anbruch von Allem und Nichts
	III	Große Umbrüche
		Voraussicht und Schicksal
Kapitel 3		Der Weg zur Erlösung
		Gewaltloses Training
Kapitel 4	I	Die Ruhe vor dem Sturm
		Wenn nur der Glaube bleibt
	II	Hör auf die Pferde
		Beharrlichkeit in einer unmoralischen Welt
Kapitel 5		Die goldene Überraschung
		Traumhaftes Goldpferd
Kapitel 6	I	Weißes Rauschen
		Der erste Bruch, unvorstellbar
	II	Du könntest Glück haben
		Einige Erwartungen
	III	Der Sturm vor der Ruhe
		Leben oder Tod: die Qual der Wahl

Kapitel 7		Auf dem Wege der Besserung
		Der Stoff, aus dem die Träume sind
Kapitel 8		Schwarzes Rauschen
		Der zweite Bruch, Verwunderung
Kapitel 9	I	Du *wirst* wieder Glück haben
		Hochgesteckte Erwartungen
	II	Sie nennen es ein Wunder
		weil es das war
	III	Der gefürchtete Anruf
		Das Universum ruft wieder
Kapitel 10	I	Synergie
		Gemeinsam sind wir stark, gemeinsam sind wir eins
	II	Das Geschenk
		Eine wichtige Schlussfolgerung: Regiere dein eigenes Leben!
Kapitel 11		Die Tagebucheintragungen
		Eine Aufzeichnung vergangener Erzählungen
Kapitel 12		Equal us (Unseresgleichen)
		Ein dem Pferd (Equus) gewidmetes Gedicht

KAPITEL 1   Teil I

Mima 美馬
Das schöne schwarze Pferd

*'La señora **mima** su hijo demasiado' – 'Die Frau verwöhnt ihr Kind''. Übersetzung aus dem Spanischen für „Viel Liebe oder zu viel Aufmerksamkeit zeigen". **Wird sowohl im positiven als negativen Sinne verwendet.***

Was für ein wunderschönes Pferd! Das waren meine ersten Gedanken, als ich sie Ende Mai 2000 zum ersten Mal sah. Ich war fünfundzwanzig und sie erst zwei Wochen alt. Sie sollte nicht mein erstes Pferd werden. Ich hatte vor ihr bereits mehrere Pferde besitzen dürfen, denen ich allen einen eigenen Namen gegeben hatte. Ich suchte verzweifelt nach einem Namen, der genau das wiedergeben sollte, was ich in ihr sah und schönes Pferd auf Japanisch wird ausgesprochen wie Me-ma, deswegen nannte ich sie die ersten neun Monate ihres Lebens so.

Sie war alles was ich mir immer erträumt hatte, mit ihrem schwarzbraunen, fast schwarzen glänzenden Fell und flauschigen blonden Babyhaarbüscheln an den Ohren, den Nüstern und den Beinen. Ohne weitere Abzeichen schaute sie mich mit ihren großen braunen Augen freundlich und ruhig an. Sie war darüber hinaus auch sehr groß, viel größer als ihre Geschwister. Als sie zwei Monate alt war, war sie fast schon zu groß, um bei ihrer Mutter noch Milch trinken zu können. Ihr Vater war ein reinrassiges Englisches Vollblut und ihre Mutter ein irisches Zugpferd. Wenn diese beiden Rassen miteinander gekreuzt werden, entsteht eine sehr starke, athletische und charismatische Rasse, die in Großbritannien und Irland als irisches Sportpferd (Irish Sports Horse) oder irisches Jagdpferd (Irish Hunter) bezeichnet wird.

Der Name *Mima* blieb aber irgendwie nicht hängen und wurde von mir bald durch den Namen Mia ersetzt, der sowohl hübsch und zugleich auch genauso bedeutungsvoll war. In Italien bedeutet dies „meine" und man könnte glauben, dass dies auch meine Absicht war, aber ich fand diesen Namen einfach schöner und passender.

Als sie vier Monate alt war, wurde sie von ihrer Mutter abgesetzt und durfte in Freiheit mit den anderen Absetzfohlen zusammenleben. Diese hatten alle den gleichen Vater und die meisten waren mindestens zwei Monate älter als Mia. Sie war also die Jüngste in der Herde. Einige werden der Ansicht sein, dass dieses Absetzen sehr voreilig war, aber dazu möchte ich anmerken, dass es für den Besitzer, der einen traditionellen und gewerbsmäßigen Zuchtbetrieb leitete, einfach praktischer war, sie alle gleichzeitig abzusetzen. Ab und zu wird das so gemacht und wenn das Absetzen sorgfältig und rücksichtsvoll erfolgt, entwickeln die Pferde sich trotzdem gut. Bei wilden Pferden sieht man auch durchaus, dass Mutterstuten ihre Fohlen frühzeitig abstoßen. Eine der vielen Fragen, auf die wir noch keine Antwort gefunden haben, man geht jedoch davon aus, dass diese Entscheidung der Mutterstute durchaus einen Grund haben muss.

Einer der Vorteile für Mia war, dass das Absetzen sehr bedachtsam erfolgte und damit meine ich stressfrei. Sie wurde nicht, wie viele andere Pferde, allein gelassen, was für Pferde verständlicherweise ein unnötiger seelischer Schock ist.

In einem Tal zwischen grünen Hügeln im Herzen Großbritanniens hatten die Fohlen in einer großen Wellblech-Scheune freien Zugang zu Heu bis zum Gehtnichtmehr, frischem Wasser und einem Morgen an gutem Grasland. Kein schlechter Start für ein Pferdeleben. Ohne Mutterstute oder erwachsene Pferde in der Herde, die sie verteidigen oder ihr Dinge beibringen konnten, lernte sie bereits in diesem jungen Alter, was ultimatives Überleben bedeutet. Wie sie geradezu perfekt und mit absoluter Präzision innerhalb einer Sekunde einen Tritt austeilen und andere Herdenmitglieder gezielt und beabsichtigt beißen konnte, wobei

dem Opfer nicht selten ein paar Haare fehlten, die sich alsdann zwischen den Zähnen des „Angreifers" wiederfinden ließen.
Mit diesen Fakten möchte ich nicht etablieren, dass Mia oder jegliches andere Pferd als Monster zu betrachten wären, ganz im Gegenteil. Ich möchte dem Leser in diesem Kapitel wertvolles Wissen über das Pferd und seine Sprache vermitteln, damit der Inhalt dieser Geschichte für ihn besser zu verstehen ist, insbesondere was den Lebensweg dieses einen besonderen Pferdes angeht. Was aber offensichtlich so besonders ist, ist das Gesamtbild, welches ich von ihr ab Fohlenalter bis heute skizzieren möchte. Ebenso die Erklärung dafür, warum ich denke, dass einige Verhaltensmuster sich so entwickelt haben, wie sie jetzt sind und wie einige ihrer auffälligen Charaktereigenschaften entstanden sind.

Es ist eine lange Einleitung, aber wichtig, um verstehen zu können, wie dieses Pferd sich zwei Beine brechen und dennoch überleben konnte.

KAPITEL 1 Teil II

Equus – das Pferd
Die Sprache der Pferde kurz erklärt

Das Studium der Pferde, ihres Verhaltens und ihrer Sprache ist für viele Leute eine Vollzeitbeschäftigung und ein lebenslanger Lernprozess, einfach weil es so viel zu lernen gibt. So engagiert wie ich bin und so diszipliniert wie ich sein kann, muss ich aber leider zugeben, dass auch ich nie alles wissen werde. Ich möchte mich auch nicht mit den früheren und heutigen wirklichen Meistern in ihrem Handwerk vergleichen; das ist auch gar nicht möglich. Ich habe einen meiner Ratgeber mehrmals sagen hören „You can fool the fans, but you cannot fool the players" was so viel bedeutet wie: „Du kannst die Fans irreführen, aber nicht die Spieler". Das Wort „Spieler" soll hier nicht nur die menschlichen Lehrmeister oder gut ausgebildeten Pferdebegeisterten bezeichnen, sondern auch die Pferde selber. Wenn wir über Trainer und Lehrer reden, die Menschen und Pferde unterrichten, ist festzustellen, dass Empfehlungsschreiben und eine gute Ausbildung nicht automatisch bedeuten, dass sie ihr Fach auch gut verstehen. Ich möchte dies hier erwähnen, weil es für mich selber und weltweit für viele Millionen Menschen der faszinierendste Teil dieses Prozesses und die Essenz dessen ist, was ein richtiger sogenannter Pferdemann oder eine Pferdefrau sein muss: nämlich einfach nur hundert Prozent Einsatz und Hingabe. Dazu kommt eine gewisse Fähigkeit, umdenken zu können. Wenn diese Fähigkeiten nicht angeboren sind, ist diese Aufgabe noch herausfordernder. Nicht unmöglich, aber herausfordernder.

In willkürlicher Reihenfolge sind diese Fähigkeiten und Anforderungen:

- die eigene Bereitschaft, die Natur des Pferdes zu akzeptieren und nicht dagegen anzukämpfen;
- über Exzellenz zu verfügen und zwar bei allem, was man tut, und von Anfang bis Ende;
- Fertigkeiten, Gewohnheiten und Techniken bis hin zum Niveau des Meisters perfektionieren zu wollen;
- korrekt einschätzen können, wann das eigene Ego angesprochen werden muss und wann nicht;
- lernen wollen und können, um ungewünschtes Verhalten nicht zu wiederholen;
- in Stresssituationen ruhig bleiben;
- über einen festen Glauben verfügen, der von einer starken Motivation angetrieben und erhalten wird;
- die Flexibilität, sich an alle möglichen Situationen anpassen zu können;
- ein unstrittiges Mitgefühl und empathisches Vermögen;
- unvoreingenommen zuhören und beobachten zu können;
- auf persönliche Gefühle und Ambitionen zu verzichten und in den meisten Fällen, auch das *Warum* und nicht nur das *Wie* seiner Taten zu kennen;
- mit Pferden und auch ohne Pferde gelebt zu haben;
- *Nein* sagen zu dürfen und das auch zu meinen;
- Vertrauen in sich selber zu haben, damit Kunden und/oder Pferde dieses auch haben können.

Ich muss die- oder denjenigen, der über alle diese Fähigkeiten als angeborene Eigenschaften verfügt, noch kennenlernen. Allerdings kenne ich viele Leute, die sie erworben haben und dafür unglaublich hart arbeiten mussten. Genau das sind die Menschen, die ich bewundere, meine Ratgeber und Lehrmeister.

In meiner Lehrtätigkeit habe ich öfter unseren geliebten Freund - das Pferd - anthropomorphisch und scherzend als einen Psychopathen oder Soziopathen bezeichnet. Obwohl es nicht immer passend oder ideal ist, menschliche Eigenschaften auf Pferde anzuwenden, kann es einem Klienten beim Coaching helfen, wertvolle Gemeinsamkeiten zu entdecken. Ganz persönlich und kurz zusammengefasst: Wenn Pferde menschlich wären, würden wir sie - glaube ich - nicht so lieben. Wahrscheinlich würden wir sie einsperren, und den Schlüssel weit wegwerfen. Manch einer wird sich fragen „Warum?" und als Antwort würde ich erläutern, wie das Pferdegehirn funktioniert, das übrigens nicht viel größer ist als eine große Orange. So ein großes Tier und nur so ein kleines Gehirn...

In biologischer Hinsicht bietet dieses Gehirn nicht viel Platz für Lachen, Tränen, Lügen, Sorgen um gestern, morgen oder den folgenden Gehaltsscheck. Sie denken einfach nicht wie wir. Punkt. Es ist ihnen körperlich gar nicht möglich, weil der Teil des Gehirns, in dem wir solche Gedanken produzieren, bei ihnen gar nicht vorhanden ist. Was sie aber wohl haben, ist umso interessanter und einfach aus Spaß frage ich mich manchmal, wie es wohl wäre, wenn wir irgendwie in ihren Körper eindringen, ihren Geist spüren und die Welt aus ihren Augen betrachten könnten. Wir würden ihren Körper wahrscheinlich sofort völlig schockiert wieder verlassen, weil alles dort für uns so fremdartig wäre.

Warum vergleiche ich sie dann mit Soziopathen?
Es ist nichts Schlimmes, wenn man darüber nachdenkt. In einer sozialen Umgebung- die in diesem Jahrhundert zum Glück immer mehr zur Normalsituation für Pferde wird - möchten sie miteinander kommunizieren, brauchen sie diese Kommunikation auch und kommunizieren sie sehr deutlich miteinander. Eine der Weisen, auf welche sie miteinander kommunizieren, ist das gemeinsame Dominanzspiel. Um es ganz einfach darzustellen: Sie kämpfen miteinander, als Spiel oder auch im Ernstfall. Zwei ihrer bekanntesten und wichtigsten Kampfformen sind das Beißen und Treten, manchmal auch beides gleichzeitig. Wenn man lange genug mit ihnen zu tun hat und sie das Glück haben, in einer sozialen Umgebung zu leben, wird man zweifellos irgendwann eine Konfrontation zwischen Pferden beobachten können.

Dazu gehört auch, dass hart, und zwar wirklich hart getreten wird, vielleicht sogar zwei bis drei Mal hintereinander, was gelegentlich auch zu Verletzungen führt. Interessant daran ist, dass wenn der Streit beendet ist, man das dominantere Pferd nicht im Nachhinein mit traurigen Augen irgendwo stehen sieht, um sich dann beim anderen Pferd für sein Verhalten zu entschuldigen. Das machen Pferde einfach nicht. Menschen können dieses hervorragend vermenschlichen und sich dann schwören, dass ihrem Pferd etwas leidgetan hat, aber wenn wir uns das biologische Make-Up des Pferdes ansehen, gibt es so etwas in ihrem System überhaupt nicht. Überleben ist in ihr System einprogrammiert, Verfolger austricksen und flüchten, aber Reue und Entschuldigung absolut nicht.

Eine andere wichtige Tatsache ist, dass Pferde Menschen ständig überlisten. Sie wurden ja auch dazu geschaffen, um Raubtiere - und damit auch uns - auszutricksen. Ein recht humorvoller Gedanke. Ich muss immer ein bisschen über ihre gelegentlich sehr komischen Handlungen schmunzeln.

Nochmals, wenn man lange genug mit ihnen umgegangen ist, wird man irgendwann beobachten können, dass ein unerzogenes Pferd „seinen" Menschen zu einem willkürlichen Eimer mit Futter oder einem Fleckchen Gras mitzieht, oder seinen Betreuer auf einen Spaziergang mitnimmt, meistens dorthin, wo sie normalerweise von ihrem Betreuer aus gar nicht hin dürfen.

Bei den Spielen, die sie spielen, kann es ganz schön gefährlich werden. Schliesslich handelt es sich ja um lebende und eigene Entscheidungen treffende, sehr große Tiere. Die einfühlsamste Lösung, solche Auseinandersetzungen mit uns Menschen, denn auch die kommen vor, unter Berücksichtigung des Stolzes des Pferdes zu lösen, braucht, wie wir inzwischen dank neuer Technologien und inhaltlicher Informationen wissen, gar nicht gewaltsam zu sein. Also sollten wir das jetzt sofort ändern.

Was also unterscheidet die Psyche eines Soziopathen von der anderer Personen? Üblicherweise haben diese wenige oder gar keine Reuegefühle, kaum oder gar kein Mitgefühl oder Bedauern, keine Schuldgefühle, und vielleicht erschreckend, aber durchaus wahr: *Ebenso wenig haben Pferde diese Gefühle!*

Nicht falsch zu verstehen, ich will hier nicht behaupten, dass Pferde keine Gefühle haben oder nichts fühlen. Sie haben durchaus Gefühle: lang andauernde und nur sehr kurz vorhandene Gefühle. Einige Beispiele für Gefühle sind ihr Ruf, wenn sie sich in Not befinden, Traurigkeit bis hin zur Depression reichend, Ängstlichkeit, Trauer und Kummer, Glücksgefühle, Adrenalinstöße, Friedlichkeit, richtige Angst und sogar auch - zeitweilig - Wut.
Was wir dabei nicht vergessen dürfen, dass diese den menschlichen Gefühlen nicht gleichen. Sie können zwar ungefähr so aussehen und sich vielleicht auch so anfühlen, aber doch sind sie etwas ganz Anderes.

Im Namen der meisten Pferdeliebhabern tut es mir sehr leid, die nicht pferdekennenden Leser hier nun enttäuschen zu müssen, wenn ich jetzt eine Situation, bei der dies oft falsch eingeschätzt wird, aufdecke, nämlich: die Kinoleinwand. Die Wahrheit ist, dass jegliches Filmmaterial, in dem Pferde ständig wiehern oder schnauben oder andere freundliche Töne hervorbringen, insbesondere in Gesellschaft anderer Pferde oder Menschen, einfach nur von den Filmemachern erdichtet und erfunden ist. Ein Pferd benutzt seine Stimme nämlich nur dann, wenn es gefährdet oder ängstlich oder beides ist, und bezweckt damit, seine Herdenmitglieder zu rufen, die ihm die Sicherheit seiner Herde bieten können, gleichgültig ob diese Herde ständig zusammenlebt oder nicht.

Ein anderes Beispiel ist, wenn sie Futter von ihren Bezugspersonen fordern. Wenn man daran denkt, ist die einzige Frage, die man sich stellen sollte: Wie wäre es wohl, wenn unsere Pferde wirklich so mit uns „reden" würden wie im Film. Würden wir sie dann anders behandeln? Ich glaube, die Antwort wäre ja.

Was wir wissen, ist, dass die Mutterstute mit einem Fohlen mit Tönen kommuniziert und abhängig von der Umgebung dieses häufig oder weniger häufig geschieht. Wenn das Fohlen heranwächst und selbständiger wird, verschwindet diese „Kommunikation" von selber. Pferde leben somit im Vergleich zu unserer Welt in einer sehr stillen, aber auch in einer bezaubernden Welt. Deswegen ist es auch eines der schönsten und wunderbarsten Gefühle, die es gibt, wenn dein Pferd sich die Mühe gibt, dich am Gatter mit einem kleinen Wiehern zu begrüßen. Es kommt meistens in bestimmten Situationen vor, wenn der Mensch eine besondere Verbundenheit mit seinem Pferd hat, tägliche Routinehandlungen mit dem Pferd ausführt oder es einfach nur füttert. Oder eine Kombination dieser drei Faktoren.

Wir sollten nicht vergessen, dass es für das Pferd wirklich nur ums Überleben geht. Das hat auch seine Kehrseite, nämlich dass Menschen sehr genau wissen, wie schrecklich Pferde einander aus diesem Grund verletzen können. Deswegen sperren sie diese bemerkenswerten Tiere ein oder - noch schlimmer –isolieren sue sie von anderen Pferden. Bezüglich dieses Aspekts bin ich in meiner Meinung unerbittlich. Deswegen möchte ich gerne kurz ein paar gerechtfertigte Anmerkungen hierzu machen.

Ein Pferd in einem Stall mit Boxenhaltung unterzubringen ist nicht gut oder schlecht. Für mich persönlich hängt es davon ab, wie damit umgegangen wird und wie oft und wie lange ein Pferd dort gehalten wird. Auch wenn ein Pferd ein wertvoller Zucht- oder Sportbesitz oder ein Statussymbol ist, was übrigens niemals die Wahl des Pferdes ist, bin ich davon überzeugt und es ist mir hier völlig egal, was andere dazu sagen, dass das bewusste jahrelange Einschließen von Pferden, manchmal zwanzig oder mehr Stunden pro Tag, jmeistens nicht zum Wohlbefinden des

Pferdes und zur Befriedigung seiner mentalen und emotionalen Bedürfnisse geschieht, sondern ausschließlich, zur Befriedigung menschlicher Bedürfnisse. Ausschließlich **menschlicher** Bedürfnisse! Vielleicht ein bisschen krass gesagt, aber meiner Meinung nach einfach wahr. Ich will hier überhaupt gar nicht behaupten, dass die Boxenhaltung generell schlecht ist. Aber bitte bedenkt, dass wir von einem sozialen und athletischen Fluchttier, das geschaffen wurde, um sich zu bewegen, sprechen für das bei dieser Haltungsform Freiheit gar keine Wahlmöglichkeit mehr ist, weil es vom Menschen eingesperrt wird. Der Stall kann noch so schön oder komfortabel sein, er wird immer ein Gefängnis bleiben. Nicht nur für ihren Körper, sondern auch für ihre Seele.

Wenn wir es uns ehrlich eingestehen, wird die Boxenhaltung nur deshalb gesellschaftlich akzeptiert, weil ein Pferd sich nicht verbal beschweren oder offensichtlich heulen kann, dass der Mensch ein solches Geräusch als ein Zeichen seiner Hoffnungslosigkeit oder Qual einschätzen könnte. Haustiere wie Hunden und Katzen können richtig heulen und zwar so, dass dies sofort menschliche Gefühle weckt. Der Unterschied ist, dass auch Pferde sich beschweren, aber meistens still. Aber was man nicht hören kann, kann man sehen, wenn man sich darum bemüht.

Eine andere Frage hierzu: Was wäre, wenn Pferde sich verbaler äußern würden, wie zum Beispiel in den Filmen? *Könnten wir es uns dann noch erlauben, diese wunderbaren Tiere einfach einzusperren?* Ich glaube, die Antwort wäre *nein*. Wie bereits oben bereits gesagt und ohne frömmelnd klingen zu wollen, ich habe nichts gegen Ställe, weil die Stallhaltung für Pferde auch Vorteile haben kann. Eine ideale Bedingung mit der ein Pferd relativ gut umgehen kann ist eine Box die nur einen Teil des Tages genutzt wird. Diese verfügt über eine Auslaufmöglichkeit in einen Paddock oder eine Weide, wo das Pferd sich bewegen, toben und spielen kann. Zu oft sehe ich, dass diese Möglichkeit gewährt wird, der Paddock aber in schlechtem Zustand oder zu klein ist, oder die Pferde nur kurz rausgestellt werden. Aber ich hoffe aller eingesperrten Pferde zuliebe – obwohl ich realistisch betrachtet durchaus weiß, dass das leider nicht immer möglich ist - , dass sie irgendwann einmal in ihrem Leben an einem Ort leben dürfen, an dem ihnen diese Möglichkeiten geboten werden.

Es gibt so viele Vor- und Nachteile, aber der Grund, warum ich gerne einen Stall benutze, sofern dieser vorhanden ist, ist, dass er mir die Möglichkeit bietet, einige Aspekte des Lebens meines Pferdes zu überprüfen. Sie sind dazu verurteilt, in unserer Welt leben zu müssen. Eine Welt, die um uns herum immer kleiner wird. Insbesondere in Europa ist immer weniger Land verfügbar. Niemand kann vorhersagen, was morgen passieren wird. Eines Tages werden wir vielleicht gar keine andere Wahl haben als sie in einem Stall halten zu müssen. Ich möchte gerne, dass meine Pferde sich allen Lebensumständen anpassen können und sich dabei wohl fühlen. Wenn ich zum Beispiel zu einem Workshop oder einer Vorführung reise und dort mindestens eine Nacht bleiben muss, ist die meist angebotene Pferdeunterkunft in vielen Fällen eine Box. Natürlich könnte ich den Veranstaltern mitteilen, dass ich nicht kommen werde, weil ich darauf bestehe, dass mein Pferd draußen in einem Paddock stehen muss. Oder aber ich kann mich damit abfinden, dass mir ein paar Tage lang nur eine Box zur Verfügung steht und mir diesen Aspekt bei der Ausbildung zunutze machen.

Ich weiß, dass einige Leser Letzteres bezweifeln werden. Worum es jedoch prinzipiell geht ist, dass es einem Pferd meiner Ansicht nach hilft, in einer Box wichtige Lebenserfahrungen zu sammeln, wenn es zum Beispiel irgendwann einmal lange in einem Hänger stehen muss. Es kann einen auch beruhigen, dass ein Stall für sie nichts Neues oder Beängstigendes ist, falls sie verletzt oder krank sein sollten und Boxenruhe oder Isolation vom restlichen Tierbestand vorgeschrieben werden sollte. Dies führt zu weniger Stress und einer besseren Bewältigungschance. Ich glaube aber einfach, dass sie oder welches andere Tier auch immer, nicht lebenslang zwischen vier Mauern eingesperrt werden sollten.

Von ihrer natürlichen Art und bereits seit jüngstem Alter, war Mia hinsichtlich ihrer Position im Spiel hochrangig und ihre Geschwister beider Geschlechter waren dieser starken und konsequenten Alpha-Stute auf Gedeih und Verderb ausgeliefert.

Wir müssen hier sowohl der Schönheit, als auch der instinktiven Schlauheit der Natur danken, denn diese junge Stute benahm sich wie ein erwachsenes Herdenmitglied und brachte den anderen Pferden Disziplin bei. Diesbezüglich kam sie selbst aber etwas zu kurz, weil ja kein anderes Pferd da war, das ihr Disziplin beibringen konnte. Als sie älter wurde, versuchten ein paar Pferde es aber trotzdem, hierauf komme ich später zurück.

Pferde sind fantastische Tiere! Sie können sich anpassen und lernen ständig. Vom Tag ihrer Geburt bis zum Tag, an dem sie sterben, denn sie sind nicht wie du und ich. Sie sind ab Geburt sofort lebens- und lernfähig, was in biologischen Fachkreisen auch als nestflüchtende Gattung bezeichnet wird.

Man kann es vielleicht am besten anhand eines englischen Sprichwortes erklären: You cannot teach an old dog a new trick (auf gut Deutsch: Was Hänschen nicht lernt, lernt Hans nimmermehr).

Genau wie wir, werden Hunde älter und ihre biologische Hirnfunktion lässt im Laufe der Jahre nach. Deswegen sind sie Raubtiere. Ein Pferdegehirn funktioniert im Alter jedoch mit genau der gleichen Lernkapazität wie das eines jungen Pferdes. Weil es Beutetiere sind, müssen sie immer weiterlernen, um überleben zu können. Es kann einem so erscheinen, als ob ein junges Pferd schneller lernt als ein erwachsenes Pferd, aber das kommt einfach daher, dass sie am Anfang ja noch überhaupt nichts gelernt haben.

Pferde haben, wie ich es gerne nenne, drei supersensorische Wahrnehmungssysteme: ihre Ohren, Augen und Nüstern. Ohne im Detail darauf eingehen zu wollen, wie diese genau funktionieren, möchte ich trotzdem kurz ein paar ihrer Vorteile und einige wissenswerte Details aufzeigen. Das Pferd hat ein hervorragendes Gehör und benutzt dies oft bevor es sein Sehvermögen anspricht. Nicht selten werden auch Hören und Sehen miteinander kombiniert. Ihr Sehvermögen ist perfekt an ihr Leben als Beutetier angepasst und - verglichen mit unserem Sehvermögen – sehr viel hochentwickelter.

Hinzu kommt der Geruchssinn, den sie anwenden um festzustellen, ob die „Luft rein", also die Umgebung sicher ist. Größtenteils benutzen sie ihn aber, um einander, Futter, Objekte usw. zu beriechen. Mit diesem Wissen können wir schnell selber feststellen, wie ein entspanntes und zufriedenes Pferd aussieht. Es sollte ein Pferd sein, dessen **Kopf und Hals entspannt** herabhängen, das die Ohren nicht bewegt und kaum Geräusche wahrnimmt. Seine Augen sind weich und wenn es entspannt ist, fast geschlossen. Sein Atem ist flach, fast so flach, dass es kaum zu sehen ist, dass seine Nüstern sich bei jedem Atemzug bewegen. Ein nicht entspanntes Pferd hebt seinen Kopf, seine Ohren sind entweder weit nach hinten oder weit nach vorne gerichtet. Es ist auf der Suche nach etwas, was ihm Angst einflößt oder nach einem sicheren Ort. Es kann sich auch starr auf etwas fixieren, was eine mögliche oder sichere Gefahr darstellt, meistens kombiniert mit weit aufgesperrten Nüstern. Mit diesen weit aufgesperrten Nüstern regt es seine Atmung an und füllt so seine Lungen mit möglichst viel Sauerstoff, damit es, wenn nötig, sofort schnell flüchten kann. Es ist unglaublich wichtig, dass man dies versteht. Ein Pferd, das zufrieden oder fröhlich ist, ist - wie bereits gesagt -meistens sehr still. Wenn es Angst hat, schnaubt es manchmal, und wenn es sich verloren oder alleine fühlt, kann es durchaus schon einmal verzweifelt wiehern. In den meisten Fällen, wird jedoch kein stimmlicher Laut produziert.
Es ist ebenfalls wichtig, zu verstehen, dass ein Pferd Geräusche, Bilder und Geruche sehr gut voneinander trennen kann. Damit will ich sagen, dass es zum Beispiel unabhängig voneinander in

jedem Ohr ein anderes Geräusch wahrnehmen kann. Es kann wahrgenommene Bilder und Gerüche voneinander isolieren. Dies ist sehr bemerkenswert und könnte auch eine Erklärung dafür bieten, warum sie bereit mehr als 55 Millionen Jahre auf diesem Planeten überleben konnten. Im Vergleich zum Menschen, der es bisher nur auf ungefähr 200.000 Jahre gebracht hat.

Einige weitere interessante Aspekte sind, dass wenn beide Pferdeohren nach vorne weisen, dies nur bedeutet, dass das Pferd sich auf etwas, was sich vor ihm befindet, konzentriert. Es bedeutet nicht, dass das Pferd froh und zufrieden ist. Tatsächlich ist es so, dass wenn ein Pferd beide Ohren und Augen auf etwas richtet, was sich vor ihm befindet, es dies aus eigenem freien Willen tut und dies wirklich nur bedeutet, dass es etwas im Blick hat oder dass es beobachtet, ob sich eine mögliche Gefahr vor ihm befindet. Häufig wird gesagt, dass ein Pferd nur zufrieden ist, wenn seine Ohren nach vorne gerichtet sind. Das ist leider eine Illusion. Wenn man Fotos von seinem Pferd macht, möchte man natürlich gerne die schönsten Fotos bekommen. Man wird sich besonders viel Mühe geben, das Pferd soweit zu bekommen, dass es seine Ohren nach vorne richtet. Bei Fotoshootings wird von Pferden erwartet, dass sie auch wenn sie nicht zufrieden sind, ständig und manchmal stundenlang die Ohren nach vorne richten, etwas was für das Pferd sehr unnatürlich ist. Was sie nämlich vom Pferd verlangen, ist einen Überlebensreflex zu zeigen und zugleich lange stillzustehen, sich zu entspannen und sich zu benehmen.

Ich hoffe, dem Leser entgeht diese wichtige Botschaft nicht. Was ich hier sage soll keine Kritik sein, sondern Wissensvermittlung. Da es nun schon einmal ausgesprochen ist, würde ich mich jedoch sehr freuen, wenn ich damit einige Veränderungen in der Pferdewelt verwirklichen könnte. Zum Beispiel mehr Fotos von Pferden, die ruhig und zufrieden mit entspannten Ohren und weichem Blick, also mehr ihrer Art entsprechend, stillstehen.

Also nicht aus dem Idealismus eines geldgierigen oder sein eigenes Ego streichelnden Menschen.

Zurück zu Mia. Sie wusste bereits in diesem jungen Alter sehr genau, wer sie war und was sie machen musste, um Vorrang zu erhalten, wenn es um Futter und Wasser ging. Und was ich hier jetzt erzählen werde, ist auch das Fundament für die von ihr erlernte und perfektionierte Kunst, Menschen zu überlisten, insbesondere berechenbare Menschen. Dieses hübsche zwei Wochen alte Fohlen, das jetzt mir gehörte, nachdem ich mit einem Handschlag eine Anzahlung für sie geleistet hatte, war eigentlich wild. Mit wild meine ich, dass sie noch nie von einem Menschen angefasst oder sonstwie berührt worden war. Von allen Pferden, die verkauft werden sollten, war sie bei Weitem die Stärkste. Obwohl sie die Jüngste war, war sie die einzige, die über Ausdauer und ein glänzendes Fell verfügte und somit auch ein paar Pfund mehr kostete als die anderen angebotenen Fohlen. In meiner Aufregung, jetzt mein nächstes Traumpferd gekauft zu haben, pickte ich sie wörtlich so aus der Herde und sagte „Diese!", gab dem Händler die Hand und bezahlte die Kaution.

Zwischen diesem Tag und dem Tag, an dem sie zu mir kommen sollte, sieben Monate später, besuchte ich sie ungefähr alle drei Wochen. Obwohl sie bei jedem Besuch mehr Selbstvertrauen im Umgang mit Menschen zu bekommen schien, konnte ich sie nicht ohne Weiteres anfassen oder berühren. Es war eine merkwürdige Situation. Eigentlich gehörte sie ja bereits zum Teil mir, denn ich hatte ja eine Anzahlung geleistet. Dennoch hab ich mich nie getraut, sie selber zu trainieren oder zu zähmen, weil sie mir ja noch nicht <u>ganz</u> gehörte.

Ich werde den Tag, an dem sie zu mir kommen sollte, wirklich den Rest meines Lebens niemals vergessen. Ich war krank vor Aufregung und Spannung, schließlich war sie ja noch wild und ungezähmt. Zutiefst hoffte ich, dass sie sich im Umgang mit den Menschen seit meinem letzten Besuch vor ein paar Wochen etwas verbessert habe. Ehrlich gesagt wusste ich aber tief im Innern, dass das nicht so sein würde. Es wurde mir auch nicht mitgeteilt, dass der Verkäufer dies überhaupt vorhatte. Ganz kurz wurden meine Bedenken ausgeräumt, denn der Mann, mit dem ich den Kauf abgeschlossen hatte, führte Mia langsam und scheinbar mühelos aus der Scheune, weg von ihrer Herde zum großen grünen Pferdetransporter, den ich gemietet hatte, um sie nach Hause zu bringen.

Die Frage, wie er ihr das Halfter angelegt hatte, wurde nie beantwortet. Sie war sehr ruhig. Im Nachhinein bin ich mir sicher, dass sie zutiefst erschüttert gewesen sein musste. Sie hatte den ihr vertrauten und sicheren Bauernhof oder ihre Herde ja noch nie verlassen und jetzt plötzlich sollte sie an einen unbekannten Ort gebracht werden. Ihre Augen spiegelten ihre Gedanken wieder, sie waren weit aufgesperrt, die weiße Augenhaut sichtbar, wie ein Kaninchen im Scheinwerferlicht eines Autos und ich weiß noch, dass ich mir selber einredete: „Es wird in Ordnung sein, wenn sie zuhause ist, also bringen wir sie erst mal nach Hause".

Natürlich versuchte er, sie die Rampe heraufzuführen und in den hinteren Bereich des Lasters zu begleiten. Sie wusste jedoch nicht, was er von ihr wollte, stemmte daher ihre Beine in den Boden und sagte einfach nur „Nein". Sie sträubte sich nicht, sie erstarrte einfach. Ohne darüber nachzudenken und als ob er dies bereits hunderte Mal zuvor getan hatte, fragte er mich: „Bist du fertig?"

Ich nickte und konnte kaum fassen, was danach passierte. Es war unvorstellbar! Er schlug einfach seine Arme um sie, wie man es auch bei einem jungen Kalb machen würde, hob sie an und lief die Rampe hinauf. Er muss seine ganze Kraft aufgewendet haben, um sie schließlich ganz hinten im Pferdetransporter erst wieder abzusetzen. Meine unbewusste Reaktion auf dieses Ereignis war, die Klappe zu schließen, was ich auch machte. Er schaute mich an, schüttelte mir zum letzten Mal die Hand und brummelte einen unbeholfenen Abschiedsgruß, lief weg und wurde nie wieder gesehen.

Ich glaube ich muss ausgesehen haben, als ob gerade jemand meine Mutter gestohlen hatte. Nach einem kurzen Kopfschütteln und einem kurzen beruhigenden Geplauder mit meiner Komplizin, um den ersten Schock zu überwinden, war ich einfach nur dankbar, dass Mia auf allen vier Beinen gelandet war. Das Abenteuer hatte angefangen und ich war froh, dass sie im Pferdetransporter stand. So aufgeregt wie ich war, konnte ich gar nicht warten, bis ich sie bei mir zuhause hatte und in diese neue Freundschaft investieren konnte, mit endloser Liebe und einer guten Ausbildung.

KAPITEL 1   Teil III

Bindung
Wie es anfing

Bindung: zwei oder mehr Individuen, die sich vorübergehend oder dauerhaft gefühlsmäßig zugetan sind.

Ich hatte geplant zwei Wochen Urlaub zu nehmen, um mehr Zeit mit meiner neuen besten Freundin verbringen zu können. Ich hätte übrigens damals Vieles anders gemacht, wenn ich bereits gewusst hätte, was ich heutzutage über Pferde weiß. Ich kaufte ein spezielles Halfter ohne Metall- oder Plastikschnallen, sondern nur mit Klettverschlüssen, das sie auch in ihrer Box anbehalten konnte. Ich hoffte auf diese Weise, ab und zu auch ein wenig mit ihr arbeiten zu können. Und falls sie mit dem Kopf an etwas hängen bleiben sollte, würde dieses Halfter sich sofort lösen. Ich dachte damals, dass dies eine geniale Idee war und gewissermaßen glaube ich das heute noch immer.

Bevor sie mit den anderen Pferden auf die Weide durfte, musste sie erst entwurmt und geimpft werden. Weil sie zunächst im Stall bleiben musste, konnten wir mehr Zeit miteinander verbringen. Eigentlich gar keine schlechte Idee, da ich bisher noch keine Ahnung hatte, wie ich sie auf der Weide jemals fangen sollte. Ich verbrachte Stunden damit, einfach nur im Stall zu sitzen und es ihr zu ermöglichen, mich zu berühren. Irgendwann ließ sie sich dort auch von mir anfassen. Noch ein Grund, warum ein Stall manchmal doch ein praktischer Ort sein kann.

Eigentlich lief alles ziemlich gut und obwohl ich es damals noch nicht wusste, war der Grund dafür, dass dieser Zähmungsvorgang so schnell ging wahrscheinlich, dass ich ihr

Zeit gab, mich erst zu ausgiebig entdecken und zu berühren. Es dauerte nicht lange, bis ich sie überall anfassen konnte und sie vom Stallgelände weg führen konnte. Wir konnten zusammen spazieren gehen und sie konnte neue Sachen entdecken. Es war eine gute Übung. Ich fing damals auch bereits an, ihr beizubringen, wie sie an einer Stelle festgebunden stehenbleiben musste und wie sie ihre Beine anheben musste, damit ich ihre Hufe auskratzen konnte. Eigentlich die wichtigsten grundlegenden Übungen, die man mit einem jungen Pferd macht.

Da ich ja bisher noch niemals ein wildes Pferd gezähmt hatte, ereignete sich damals bereits Vieles, dessen Bedeutung mir erst viel später bewusst wurde. Sie brachte nämlich auch mir besondere Dinge bei. Dinge, die ich früher nie mit und von anderen Pferden gelernt hatte. Ich bin davon überzeugt, dass es damals der Anfang meiner langen Reise war, bei der ich unterwegs nicht nur lernte, wie ich Pferde betrachten und trainieren musste, sondern – und vielleicht noch viel wichtiger - wie ich ihnen zuhören musste.

Weil ich diejenige war, die sie fütterte und weil ich ihr erlaubt hatte, selber den ersten wichtigen Kontakt zu mir herzustellen, zeigte mir auch immer wieder, dass sie mir unerschütterlich und ganzen Herzens vertraute und sich bei mir sicher fühlte. Und falls jemand versuchen sollte, in unsere kleine Mini-Herde (nur wir beide) einzudringen, sie dem- oder derjenigen dies unmissverständlich verdeutlichen würde. Zunächst war es ihr gelungen, mich ganz subtil und vorsichtig zu dominieren. Später änderte sich dies, wurde aber erst viel schlimmer, bevor es sich zum Glück irgendwann wieder verbesserte.

Zu dem damaligen Zeitpunkt war sie anderen Menschen gegenüber unglaublich unsicher. Manchmal konnte sie blitzschnell flüchten und sehr spukhaft und ängstlich sein und manchmal war sie eher kampfbereit, bereit sich auf ihre eigene explosive Art selbst zu verteidigen. Dieses Verhalten führte zu den unterschiedlichen Namen, die ihr im Laufe der Jahre gegeben wurden, wie „verrückte Stute" und „freches Pferd". Ich erinnere mich noch sehr gut daran, dass jemand sie „die wilde Pferdezicke" nannte. Komischerweise hatten sie im Nachhinein ja sogar Recht, aber die Bezeichnung „Zicke' würde ich selber weglassen. Denn sie war immer noch wild und nur dann ab und zu zahm, wenn es um Futter und Wasser oder eine Übung, die sie mit mir machen sollte, ging. Und vielleicht auch, wenn sie an mich dachte oder mich sah. Ich sage bewusst, **vielleicht**, denn wenn sie mir wirklich vertraut hätte, hätte sie sich dann genauso benommen? Damals hätte ich Nein gesagt, heutzutage würde ich sagen: *Es hängt davon ab.*

Ich habe mehrere Erklärungen dafür wie sich dies zu dem entwickelte, was es war, und in Ermangelung besserer Wörter, zu einem extrem unpraktischen Teil unseres gemeinsamen Lebens wurde. Dieses Verhalten zeigte sie mehrere Jahre lang und irgendwann sogar bis zu dem Punkt, dass es ihr fast das Leben gekostet hätte.

Eine der wichtigsten Ereignisse, die meiner Ansicht nach zu ihrer sehr sensiblen Reaktion auf Menschen beigetragen hatte, ereignete sich bereits in der ersten Woche nachdem sie bei mir angekommen war und ich mit meinen Zähmungsversuchen angefangen hatte.

Es muss der zweite oder dritte Tag nach ihrer Ankunft gewesen sein. Der Tierarzt musste sie impfen und den Identifizierungs-Mikrochip implantieren. Zu dem Zeitpunkt war sie ja eigentlich noch wild und kaum gezähmt. Ich kann nicht behaupten, dass sie extrem ängstlich war, als der Tierarzt im Stall war. Sie zeigte sogar einige tapfere Anzeichen vorsichtiger Neugier und schnupperte um sich herum, aber es war sehr schwierig sie festzuhalten, wenn jemand anderes versuchte, sie zu berühren. Sie hatte schnell gelernt, wie sie ihre unglaubliche Kraft rasend schnell und meistens sehr effektiv gegen den Menschen einsetzen konnte, indem sie sich wie ein Aal wild schlängelte. Zu dem Zeitpunkt konnte ich aber auf jeden Fall bereits spüren, dass sie mir ein bisschen vertraute, wodurch meine Bedenken ein wenig gemildert wurden. Im Nachhinein betrachtet, weiss ich nämlich, dass sie schon viel eher angefangen hatte, sich an mich zu binden. Viel eher als ich damals glaubte. Ich erinnere mich noch daran, wie ich sie aus dem Stall, der sich in einer großen langen Scheune befand, herausführte, um auf den Tierarzt und seinen Assistenten zu warten, die sie im langen Flur behandeln würden. Mia machte auf den ersten Blick einen ziemlich ruhigen Eindruck.

Der Tierarzt bereitete im Handumdrehen die Spritze vor, reinigte ihren Hals mit einem Stückchen in Alkohol getränkter Watte, setzte die Spritze an und injizierte ihren Inhalt in den Halsmuskel. Sie protestierte ein wenig, was ja viele Pferde und auch Menschen machen. Scheinbar war sie völlig gelassen, aber das war natürlich überhaupt nicht so. Als der Tierarzt diese Handlung wiederholen wollte, erstaunte es mich, dass und vor allem wie unglaublich schnell Mia wusste was jetzt passieren würde und sich also auch darauf vorbereiten konnte. Sie wusste, dass was auch immer er jetzt machen würde, er ihr genauso oder noch mehr weh tun würde als beim ersten Mal und ihre Antwort in Pferdesprache war sich hoch auf den Hinterbeinen aufzurichten, sich aufzubäumen und versuchen zu flüchten. Zum Glück reagierten wir schnell und wussten wir ganz genau, was wir machen mussten. Wir hielten sie zu dritt fest und bevor wir es überhaupt bemerkt hatten war es ihm bereits gelungen, den Mikrochip mit einem Gerät, das übrigens sehr einer Pistole glich, in ihren Hals zu schießen. Es war vorbei und Mia, die kurz unruhig gewesen war, schmiegte sich jetzt nahe an mich. Nach einem kurzen Gespräch mit dem Tierarzt führte ich sie wieder zu ihrem Stall, wo sie in aller Ruhe anfing, ihr Heu zu fressen und sehr entspannt aussah, als ob gar nichts passiert war.

Endlich kam nach mehreren Wochen der große Tag, an dem sie mit einigen anderen Pferden auf die Weide durfte. Ich freute mich so sehr für sie, machte mir aber auch Sorgen, dass ich sie jetzt vielleicht nicht mehr fangen konnte. Ich hielt mir jedoch vor, dass wir auch dieses Problem lösen würden, falls es denn auftreten würde und ließ sie frei, um auf den wunderschönen und hügeligen Weiden nach Herzenslust rennen und spielen zu können. Und es bereitete mir niemals Schwierigkeiten, sie zu fangen.

Fast mein ganzes Leben seit der Schule und auch nachdem wir in die Niederlande emigriert waren, hatte ich eine Vollzeitanstellung Um für meine Pferde sorgen zu können, war ich bereits frühmorgens im Stall, noch bevor die Vögel anfingen zu zwitschern, und blieb abends so lange, dass sie schon lange schlafen gegangen waren.

Ich liebe es, selber für meine Pferde zu sorgen und damals bat ich nicht häufig um Hilfe. Mia hatte sich schnell mit einem jungen Pferd und einem pensionierten Pony angefreundet, die jedoch beide von niedrigerem Rang waren. Obwohl ich niemals wirklich gesehen habe, dass sie aktiv spielte, übrigens bis heute noch nicht, wurde sehr viel gerannt und wichen die beiden anderen Pferde nicht von ihrer Seite. Sie war nicht sehr „nett" zu ihnen, aber was ist „nett" in der Pferdesprache? Sie war auch nicht gemein zu ihnen, außer einem gelegentlichen Tritt oder kleinen Biss. Es wurden auf jeden Fall keine Haarbüschel ausgerissen. Das hat sich bis zum heutigen Tage auch nicht geändert. Sie hat nur andere Herdenkameraden bekommen, aber ihr Verhalten ist immer dasselbe geblieben.
Sie blieb ungefähr vierzehn Monate in dieser Gruppe und wuchs zu einem unglaublichen starken und großen Pferd heran.

Es war und ist immer noch ein schöner Pensionsstall, jedoch mit ein paar traditionellen Regeln, wie die Trennung der Weidegruppen nach Geschlecht, also Stuten- und Wallachweiden. Irgendwann teilte man mir deshalb mit, dass sie alt genug war, um zu den erwachsenen Stuten gestellt zu werden.

Es war richtig schlechtes Wetter gewesen und der Lehmboden der Weide war durch den Regen sehr glitschig geworden. Das beunruhigte mich irgendwie. Aber Regeln sind Regeln und ich ließ sie in ihrem neuen Lebensraum los, um ihre neue Herde kennenzulernen. Eine ihrer besonderen kleinen Gewohnheiten war, dass wenn ich sie auf der Weide losließ, sie erst ruhig acht bis zehn Meter im Schritt von mir weglief, um anschließend, als sie merkte, dass sie frei war, wie eine Irre wegzurennen. Sie machte an diesem Tag genau dasselbe, nur mit der Ausnahme, dass es eine neue Weide mit neuen Pferden war.

Diese Pferde waren groß und obwohl Mia ja auch nicht gerade klein ausgefallen war überragten einige Pferde sie sogar. Es waren Stuten unterschiedlicher Rassen, Kaltblüter und Warmblüter. Sie kamen sofort auf sie zu, um zu entdecken, wer dieser Neuankömmling war und ob die bisherige Hierarchie von ihr bedroht wurde. Als Mia sich endlich beruhigt hatte und anfing zu grasen, galoppierte eine große Warmblutstute in hohem Tempo auf sie zu. Es war die Leitstute. Als sie sich Mia näherte, hielt sie plötzlich abrupt an, drehte sich rasend schnell um, trat mit beiden Hinterbeinen drei oder vier Mal kräftig auf Mia ein, galoppierte wieder weg, um kurz danach mit einer Kumpanin zurückzukehren, um nochmals auf Mia einzutreten, jetzt aber zu zweit. Ich weiß noch, wie ich dachte: *Scheiße, das wird wahrscheinlich wieder eine schöne Tierarztrechnung werden.* Die Ironie war jedoch, dass Mia gar nicht verletzt wurde, wahrscheinlich aber schwarz und blau gewesen sein muss. Zum Glück dämpfte ihre Decke die mit scharfen Hufen ausgeteilten Tritte ein wenig.

Was mich am meisten faszinierte, war wie Mia auf diese kleine Auseinandersetzung reagierte, sie akzeptierte die Tritte einfach. Sie bewegte sich überhaupt nicht, es war so, als ob sie aus Stahl war und als der Angriff vorbei war, graste sie friedlich weiter. Ich konnte keinerlei Anzeichen von Nervosität feststellen, sie rief auch nicht nach ihren bisherigen Weidekameraden auf der alten Weide. Es war als ob sie einfach wieder wusste, dass sie dorthin gehörte und sie sich nur für das Futter und vielleicht Wasser zu interessieren hatte.

Sie erstaunte nicht nur mich, sondern auch die in Verlegenheit gebrachte, aber sehr sympathische Besitzerin der dominanten Stute. Sie waren dabei gewesen, um sich das Schauspiel anzusehen, was oft passiert, wenn ein neues Herdenmitglied in eine Herde eingegliedert wird. Ungefähr fünfzehn Minuten gingen vorbei, in denen der Rest der Herde näher herangekommen war, um zu untersuchen, was los war. Es waren - glaube ich - ungefähr zwölf Stuten und ungefähr acht dieser Stuten einschließlich der Leitstute und ihrer Kumpanin gingen langsam auf Mia zu, um, wie Stuten das einfach machen, um aneinander zu riechen, gefolgt durch das ebenso normale Quietschen und ein paar Tritte. Es dauerte nicht lange, bis sie alle wieder den Kopf ins Gras steckten, um zu fressen, mit Mia in der Mitte. Es war vorbei.

Ich habe danach nie mehr gesehen, dass die Stuten auf Mia herumhackten. Ich erinnere mich aber, dass ich manchmal vorsichtig herüberschielte, um nicht zu besorgt zu erscheinen, als ich sah, dass Mia sich anders benahm und ihre Kraft und Energie benutzte, um ihren Status zu sichern. Denn sie war sehr schnell und ziemlich mühelos auch in dieser Herde wieder die Leitstute geworden.

Ein anderes wichtiges Ereignis, dass sich auf ihr Benehmen auswirkte, ereignete sich als sie ungefähr zwei Jahre alt war. Sie war wie immer draußen auf der Weide und als sie zum Stall zurückkehrte, entdeckte ich eine Stichwunde auf der äußeren Seite ihres Vorderbeins, mitten im wichtigen Streckmuskel.

Es war nicht viel Blut zu sehen, nur ein großes unwillkommenes klaffendes Loch. Natürlich rief ich sofort den Tierarzt an und dieser verschrieb die typischen Medikamente, die damals bei einer solchen Verletzung üblicherweise verschrieben wurden. Ich erhielt die Anweisung, die Wunde sauber zu halten, indem ich sie dreimal täglich mit bestimmten Lösungen spülen musste. Dazu möchte ich sagen, dass dies heutzutage immer noch so gemacht wird, vielleicht nur mit Ausnahme der verschriebenen Medikamente und Reinigungsmittel. Eine solche Wunde sollte am besten von innen nach außen heilen, wodurch Infektionen vermieden werden und weniger Narbengewebe entsteht. Ich machte, was man mir erklärt hatte: nämlich dafür sorgen, dass die Wunde sich nicht schloss und regelmäßig die Temperatur messen. Am dritten Tag war ihre Temperatur außergewöhnlich hoch, ich weiß nicht mehr genau wieviel Grad, aber auf jeden Fall sehr hoch. Ich rief wieder den Tierarzt an und dieser empfahl mir, ein paar Stunden zu warten und versprach mir, dass falls sich bis zum nächsten Morgen nichts geändert haben sollte, er zur Mittagszeit einen Notfallbesuch einplanen würde.

Bedauerlicherweise änderte es sich nicht und inzwischen hatte sie auch aufgehört zu fressen und zu trinken. Ich war in Panik. Eine Tierärztin kam und teilte mir mit, dass es so aussah, als ob sie eine ernsthafte Entzündung hatte und ich sie schnellstmöglich in die Klinik bringen musste. Ich war schockiert, wie konnte eine solche Stichwunde so viel Aufregung verursachen. Es gelang mir, sie mit meinem eigenen Hänger zur Klinik zu bringen und ich kann mich noch erinnern, dass der dortige Tierarzt mich irgendwie nervte. Ich wollte wissen, ob man mir etwas anderes empfehlen konnte, was ich machen konnte, um solche Vorfälle zukünftig zu vermeiden. Ich war nämlich wirklich sehr sorgfältig gewesen. Natürlich war das nicht möglich. Sie hatten mit dem ihnen verfügbaren Wissen ihre beste Diagnose gestellt und rückblickend stellten sie fest, dass es durchaus möglich war, dass die Wunde doch verunreinigt worden war.

Mit Widerwillen und schweren Herzens hinterließ ich Mia bei der Tierarztpraxis und vertraute sie der Pflege der dortigen Mitarbeiter an. Ich fuhr zurück zum Stall, um nochmals auf der Weide nach dem Bösewicht zu suchen, der eine solche Verletzung verursacht haben konnte. Ich war zunächst überzeugt, dass es nichts in der Weide gewesen sein konnte, woran sie sich so geschnitten hatte, aber dann fand ich doch etwas! Mich an die

Stirn schlagend stellte ich fest, dass es die Ecke des Wassertanks gewesen sein muss. An dieser befand sich etwas Rost. Ich fand auch Spuren wässrigen Blutes, das an der Seite des Tanks herablief. Irgendwie war ich erleichtert, dass ich jetzt wusste, was es gewesen war, aber auch böse auf mich selber, dass ich die Ursache nicht eher gefunden hatte.

Als ich den Tierarzt anrief, um ihm mitzuteilen, was ich gefunden hatte, fuhr der Stallbesitzer mit seinem Traktor und einer Feile in der Hand los, um alle Ränder der Wassertanks auf den Weiden auszufeilen. Am nächsten Tag wurde bestätigt, dass sie eine Blutvergiftung hatte und mindestens noch eine Woche, und abhängig von ihrer Genesung vielleicht sogar noch länger in der Klinik bleiben musste.

Die Tatsache, dass sie weder trank noch fraß, war besorgniserregend. Ich nahm noch ein paar Tage frei, damit ich sie möglichst oft besuchen konnte, nichts war jetzt wichtiger als das. Die interessanteste Entwicklung daran war jedoch, dass sie am zweiten oder dritten Tag nach ihrer Aufnahme anfing, aus meiner Hand zu fressen, aber sobald ich weg war, auch sofort wieder mit dem Fressen aufhörte.

Zum Glück war ihre Temperatur am vierten Tag wieder auf den normalen Wert zurückgegangen. Ihr Überlebensinstinkt war stark und sorgte dafür, dass sie wieder fressen und trinken wollte. Die Kehrseite war, und das machte mich traurig, wie Mia ihre Behandlung selber erlebte. Leider war es dann allerdings schon zu spät. Erst die Impfungs- und Mikrochiperfahrung und jetzt dieser Klinikaufenthalt hinterließen eine Narbe, eine sehr tiefe Narbe. Jeden Tag mussten ihr mit mehreren Spritzen Medikamente verabreicht werden. Eine Nadel für die Tropfinfusion, um ihr Feuchtigkeit zu verabreichen und viele andere Nadeln für Antibiotika und alle möglichen anderen Medikamente. Sie war ein richtiges Nadelkissen. Sie wusste natürlich nicht, dass es zu ihrem eigenen Besten war. Und so kam es, dass jedes Mal, wenn sie wieder etwas einspritzen wollten, sie sich immer ein bisschen mehr wehrte.

Als ich sie letztendlich mit nach Hause nehmen durfte, nachdem man ihr glücklicherweise orale Medikamente für die Nachbetreuung verschrieben hatte, sagte die Pflegerin in der Klinik noch zum Abschied zu mir: *Etwas Disziplin wäre nicht schlecht* und *Wenn dies mein Pferd wäre, würde ich ihr jetzt erst einmal zeigen, wer hier der Chef ist!*
Ich erinnere mich noch daran, dass ich mit dem Kopf nickte, um höflich deutlich zu machen, dass sie Recht hatte. Innerlich aber dachte ich *Oh, verpiss dich, ich habe diese Probleme gar nicht, nur du hattest sie!*

Es war wieder eine Situation, in der ich nicht abwarten konnte, sie wieder aus dieser großen verständnislosen Welt nach Hause zu bringen. Zu meiner Überraschung lief sie sowohl zur Klinik hin als auch von der Klinik weg problemlos in den Hänger, wie ein Profi. Ich glaube, sie war einfach nur zu schwach, um Nein zu sagen, auch wenn sie es vielleicht gerne getan hätte. Vermutlich war sie einfach nur froh, dass ihre Futterquelle und Retterin wieder bei ihr war.

Mein allgemeines Training war normalerweise an die Anforderungen ihres Alters angepasst. Einige Übungen, die wir machten, klappten sehr gut und ohne viele Probleme. Andere dahingegen überhaupt nicht, insbesondere alle Übungen, bei denen andere Menschen dabei waren.

Ihre zweite und dritte Impfung waren, wie soll ich es sagen, irgendwie interessant: derselbe Tierarzt, ein Mann, impfte sie sechs Wochen nach der ersten Impfung zum zweiten Mal. Es ging ungefähr so wie beim ersten Mal. Sie schlängelte sich wieder wie ein Aal und protestierte, aber es gelang ihm trotzdem.

Die dritte Impfung wurde von einer Tierärztin gemacht. Diese jährliche Impfung erforderte eine andere Taktik. Ich erzählte ihr, welche Probleme wir in der Vergangenheit gehabt hatten, aber sie schien nicht sehr beeindruckt zu sein. Sie hatte beschlossen, Mia nicht in ihren Halsmuskel, sondern in den Brustmuskel zu impfen, genau oberhalb und zwischen den beiden Vorderbeinen. Mein Gott, hoffentlich war sie schnell genug! Genau wie ihr männlicher Kollege holte auch sie einen in Alkohol getränkten Wattebausch hervor, aber Mia kannte diesen Geruch natürlich bereits. Sie legte ihre Ohren flach nach hinten an als Warnung und bewegte sich hin und her, schwer frustriert und völlig auf die Tierärztin fixiert, was letztendlich dazu führte, dass diese sie überhaupt nicht mehr anfassen konnte. Da es keine andere Möglichkeit gab, war es jetzt ein Fall aufs so genannte Geratewohl. Schießen und hoffentlich treffen. Sie traf die Markierung, benutzte aber eine etwas andere Technik, bei der sie die Injektionsnadel erst einbrachte und anschließend, sobald das Pferd sich beruhigt hatte, die Spritze mit der Flüssigkeit aufstecken konnte. Ein durchaus normales Verfahren bei der Behandlung von größeren Tieren. Ich hoffte, dass dies auch bei Mia funktionieren würde, aber es wurde nur noch schlimmer. Mia wehrte sich so kräftig, dass ich mich um ihre Sicherheit sorgen musste. Es war der ganzen Sache auch nicht zuträglich, dass die Tierärztin jetzt böse wurde. Die ganze Situation war richtig schlimm. Letztendlich fragte sie mich: *Wie ist sie denn, wenn du sie anfasst?* Ich antwortete stöhnend, weil ich mit meinen Armen versuchte, die vierhundert Kilo zusammenzuhalten: *Keine Ahnung, aber wir können es ja einfach versuchen!*

Die Wahrheit ist, dass ich gar nicht wusste, wie sie reagieren würde. Das Pferd kämpfte um sein Leben während ein messerscharfes Ding in seiner Brust stak. Ich hoffte, dass ich sie irgendwie beruhigen konnte. Ich kann mich noch daran erinnern, dass ich tief einatmete, alle negativen Gedanken aus meinem Kopf verbannte und versuchte, ihr mit jeder Zelle meines Gehirns und Körpers deutlich zu machen, dass sie mir vertrauen konnte. Zu unserer großen Freude beruhigte sie sich und mit einer kleinen kitzligen Reaktion ließ sie mich die Nadel in ihrer Brust anfassen. Ich schaute über meine Schulter hinweg zum

Tierarzt, unglaublich stolz auf mich selbst. Sie gab mir die Spritze. Ich steckte sie auf die Nadel und spritzte die Flüssigkeit ein. Wir hatten es geschafft!

Seitdem impfe ich sie jährlich selber. Dumm durch meine damalige Unkenntnis glaubte ich wirklich nicht, dass es schlecht war, dass ich alles mit diesem Pferd machen konnte und andere nicht. Das sah ich so unglaublich falsch. Ich wusste damals eben noch nicht, was ich jetzt weiß. Nämlich, dass es die Einstellung eines Menschen ist, die ihm Zugang zum Herzen dieses Pferdes gewährt. So ein großes Pferd, das aufgrund seiner eigenen Angst oder Unsicherheit deutlich zeigt, zum Kampf bereit zu sein, kann Menschen nervös machen.

Deshalb kann es auch zu einem unerwünschten Rückschlag führen. Weil das Pferd dieses Problem nicht selber durch logisches Nachdenken lösen kann, wäre es da nicht angebracht, wenn der Mensch, der nun einmal über diese Fähigkeit verfügt, diese auch benutzt und sein Verhalten an das des Pferdes anpasst und jegliche Gewalt unterlässt?

Ich hatte noch nie gesehen, dass jemand ihr mit Gewalt begegnet war. So etwas hätte ich auch gar nicht erlaubt, aber die Einstellung der Menschen reichte bereits. Sie brauchten ihr gar nicht weh zu tun, Mia wusste einfach, dass sie sie nicht mochten, insbesondere wenn sie böse waren.

KAPITEL 2   Teil I

Das Erwachen
Ein ernsthaftes Problem

Ungefähr Anfang 2003, als sie drei Jahre alt war, wurde mir deutlich, dass ich Hilfe brauchte. Gleichzeitig wusste ich auch, dass ich noch keine traditionelle Unterstützung wollte, auf jeden Fall jetzt noch nicht. Mit dem Wissen und der Erfahrung, über die ich damals verfügte, wusste ich instinktiv, dass Gewalt oder jegliche andere Form, mit der ihr Geist und ihr Willen gebrochen werden konnten, wahrscheinlich für viele Trainer die normale Antwort für ihre Probleme gewesen wäre. Das jedoch war in meiner kleinen Pferdewelt noch nicht einmal einen Gedanken wert. Aus diesem Grund suchte ich etwas Anderes. Die Welt veränderte sich so enorm schnell und ich wusste, dass es noch einen anderen Weg geben musste, um ihr helfen zu können. Ich wusste nur noch nicht, welcher Weg das war.

Eines Tages fiel - wie gerufen - eine Zeitschrift, die ich abonniert hatte, mit einem lauteren Plumps als üblich in den Briefkasten und das machte mich neugierig. Ich wollte wissen, was es war, und schön in durchsichtiges Plastik eingepackt fand ich eine DVD und zwar genau die, auf die ich unbewusst gewartet hatte. Ich war immer schon ein großer Fan des Buches „The Horse Whisperer" (Der Pferdeflüsterer) von Nicholas Evans gewesen und bis heute habe ich es bestimmt mindestens zehn Mal gelesen. Den Film habe ich so oft gesehen, dass ich mittlerweile zu zählen aufgehört habe. Und ich habe mehrere Kapitel meines Buches geschrieben, während im Hintergrund die Filmmusik von Thomas Newman lief. Irgendwo in meinem Unterbewusstsein hatte ich gehofft, dass es diesen Cowboy, der mit Problemen belasteten Pferden hilft, wirklich gäbe. Im Rahmen meiner Nachforschungen stellte ich zu meiner großen Freude fest, dass er wirklich bestand und es sogar mehrere davon gab. Und nicht nur sie, sondern auch ihre Ideen waren Schülern in aller Welt zugänglich, auch wenn man am anderen Ende der Welt lebte. Dieser Cowboy existierte also wirklich und nicht nur in den romantischen Träumen eines Pferdemädchens.

Von dem besonderen Moment, an dem ich die transparente Hülle öffnete bis zu dem Abend, als ich mir das Video zum ersten Mal anschaute, war es der Anfang dessen, was Mia und ich heutzutage gemeinsam geworden sind. Ich hatte ja bereits angefangen, meinem Pferd unbewusst zuzuhören, aber jetzt war ich zum ersten Mal in meinem Leben erst richtig imstande, noch mehr über sie zu lernen und nun hatte ich genau das richtige Mittel gefunden, dies auch zu verwirklichen.

Ich wollte furchtbar gerne lernen, gerade weil ich jetzt die Möglichkeit gefunden hatte, noch mehr über meine große Leidenschaft, Pferde, die ich seitdem ich alt genug war, um meine eigenen Entscheidungen zu treffen, von ganzem Herzen liebte, zu lernen. Und plötzlich wurde Lernen für mich zu einer Sucht. In der Schule war ich eine durchschnittliche Schülerin, ohne allzu viele Einsen auf dem Zeugnis. Ich glaube, das war so, weil keines der Fächer mich richtig interessierte außer vielleicht Sport und Kunst, also die unterhaltsameren Fächer! Irgendwie habe ich meine Pferdeliebe immer als Entschuldigung für meine Unfähigkeit benutzt. Ich hatte sogar den britischen Nationalsport Feldhockey aufgegeben, weil ich lieber an Pony-Gymkhanas (Ponyspielen) teilnehmen wollte. Witzig daran war, dass ich wirklich sehr gut Hockey spielte und bei den Gymkhanas unglaublich schlecht war.

Ungefähr vier Monate bevor ich die DVD empfangen hatte, war mir klar geworden, dass Mia und ich wirklich ein ernsthaftes Problem hatten. In meinem Job hatte ein großes Projekt angefangen, was bedeutete, dass ich sowohl in der Woche als auch an den Wochenenden viel mehr arbeiten musste als bisher. Dadurch veränderte sich meine tägliche Routine zeitweilig. Ich war nicht mehr die Einzige, die sich morgens und nachts um mein Pferd kümmerte. Urlaub war bisher niemals ein Problem gewesen, meistens fuhr ich mitten im Sommer in den Urlaub, wenn die Pferde noch auf der Weide standen. Später in diesem Jahr musste ich Mia wegen Problemen mit ihrer Hinterhand ohnehin vierundzwanzig Stunden pro Tag auf der Weide lassen, aber darauf komme ich später in diesem Kapitel noch zurück.

Im Stall war ein nettes junges Mädchen, das sich etwas dazuverdiente, indem sie Pferde von anderen Stallkunden auf die Weide brachte und wieder von der Weide holte. Gegen ein kleines Entgelt führte sie auch einige kleine Handlangerdienste für die Stallkameraden aus, wie zum Beispiel Decken wechseln und Boxen ausmisten. Für viele Pferdebesitzer war das damals eine hervorragende Lösung. Ich dachte, ich würde sie einfach um ihre Hilfe bitten und hoffte, dass es gut klappen würde.

Ich hatte sie darum gebeten, Mia morgens auf die Weide zu stellen und meinen Stall auszumisten und falls ich nicht rechtzeitig im Stall sein konnte, konnte ich sie anrufen und ihr Bescheid sagen. Es war ein sehr nettes und liebes Mädchen und nachdem wir uns kurz unterhalten hatten und ich ihr erzählt hatte, dass Mia *schon, ehm.., recht schwierig* sein konnte, versicherte sie mir, dass das für sie kein Problem war und sie bestimmt nicht so schlimm war wie einige der anderen Pferde, die man ihr bisher anvertraut hatte. Zufrieden über ihr Selbstvertrauen, dachte ich nicht weiter darüber nach.

Nach meinem ersten langen Arbeitstag konnte ich jedoch abends noch schnell zum Stall fahren. Zum Glück! Ich war froh, dass ich noch selber zum Stall fahren konnte, weil ich an diesem Tag bereits drei Stunden eher angefangen zu arbeiten hatte. Das Mädchen teilte mir im Stall mit: *In der Box war sie ok, aber ich musste ihr ein Halfter anlegen, um ihre Decke wechseln zu können, und auf dem Weg zur Weide war sie ein wenig unbeständig, aber ansonsten gab es keine Probleme!* Es hatte geklappt, ich konnte beruhigt arbeiten und brauchte mir keine Sorgen zu machen. Die Wochen gingen vorbei und wenn ich mich richtig erinnere, hatte ich irgendwie vergessen, ihr mitzuteilen, dass ich bald morgens wieder selber kommen konnte.

An dem bewussten Morgen war ich bereits früh angekommen und sah wie sie Mia von der Scheune zur Weide führte. Mir fiel die Kinnlade so plötzlich herunter, dass sie eigentlich hätte brechen müssen! Wie konnte ich nur so naiv gewesen sein! Natürlich sagte das Mädchen, dass es ok sei, natürlich ignorierte sie das Wegdrücken, Beißen und die Kopfstöße und natürlich gelang es ihr, Mia letztendlich zur Weide zu bringen, natürlich, natürlich, natürlich, denn für viele Menschen ist dieses Verhalten, auch heute noch, ein Verhalten, welches als normal betrachtet wird. Es war doch gar nicht ihre Aufgabe, meinem Pferd etwas beizubringen. Sie hatte ja auch bereits zugegeben, dass Mia großschnäuziger war als die meisten Pferde, mit denen sie arbeitete, aber dass sie das nicht störte. Irgendwie fand ich sie deshalb eigentlich auch geradezu brillant. Ich sah Mias Hintern den ganzen Weg lang hin- und her hüpfen, sah sie um das Mädchen herumspringen, das zum Glück, sehr ruhig neben ihr lief und sich gar nicht aus der Ruhe bringen ließ.

Und ich hätte es fast verpasst, wenn ich mich nicht ganz kurz umgeschaut hätte. Mia drehte ihren Kopf zur Seite und ich konnte deutlich sehen, dass das Mädchen sie sehr fest unter dem Kinn festhielt. Was mich aber richtig erschreckte, war die Führkette um ihre Nase. Weder das Mädchen noch Mia sahen mich, bis sie von der Weide zum Stall zurückkam. Irgendwie gelang es mir, mich in diesem einen Moment sehr zu beherrschen, und ihr ganz ruhig mitzuteilen, dass ich leider vergessen hatte, ihr Bescheid zu sagen, dass ich ab jetzt wieder im Stall sein werde und ihre Hilfe also nicht mehr brauchte. Ich fügte noch hinzu, dass ich mich, wenn nötig, wohl wieder an sie wenden würde. Ich bedankte mich bei ihr und lief weiter. Ich sagte nichts über die Kette, ich machte ihr auch auf keinerlei Weise deutlich, dass mir überhaupt nicht gefiel, was ich gerade gesehen hatte. So wurde es einfach gemacht und ich hätte ihr damals ja auch gar keine Alternative vorschlagen können.

Was mir auch weh tat und meinen Magen zusammenkrampfen ließ, war, dass ich plötzlich zu dem Schluss gelangt war, dass alle Pferde, die ich jemals besessen hatte, ein Gottesgeschenk gewesen waren. Sie waren lieb, einfach, bombensicher und bissen nur gelegentlich. Ich hatte jedoch noch nie ein Pferd gehabt, das Probleme mit Menschen hatte. Sie hatte auch angefangen, in ihrer eigenen Umgebung Probleme hinsichtlich ihres Selbstvertrauens zu zeigen, sogar große Probleme, und das machte uns beide unglücklich. Mia, wenn sie sich unsicher fühlte, und mich, wenn ich merkte, dass sie unsicher war. Ich musste etwas tun. Dieser Zustand musste aufhören.

Ungefähr zur gleichen Zeit erhielt ich ein weiteres deutliches Zeichen, dass wir wirklich ein ernsthaftes Problem hatten. Eine gute Freundin von mir traute sich plötzlich nicht mehr ihr eigenes Pferd von der Weide, auf der auch Mia stand, zu holen. Ich war mir dessen gar nicht bewusst gewesen, wohl mindestens eine Woche nicht, denn wir waren immer zu anderen Zeiten im Stall. Am Wochenende erzählte sie mir endlich, was das Problem war. Sie teilte mir mit, dass jedes Mal, wenn sie auf die Weide kam, Mia sie wegjagte. Und sie meinte wirklich was sie sagte! Ich konnte es kaum glauben, ich dachte, dass ihr Pferd sich vielleicht in Mias Nähe befand und sie vielleicht nur ihre Ohren anlegte und drohte oder so ähnlich. Aber nein, wie ich kurz danach selber feststellen konnte, war es viel schlimmer. Sie fragte mich, ob ich zuschauen wollte, damit sie es mir zeigen konnte, und natürlich tat ich ihr den Gefallen.

Unsere Ställe befanden sich auf einem Hügel oberhalb eines schmalen Tales, perfekt gelegen für das Vorhaben, sie zu beobachten, denn von oben konnte man auf die Weiden herabschauen, wo die Stuten zu dem Zeitpunkt grasten. Ich wartete dort und schaute ihr nach als sie den Hügel herablief. Ich konnte hören, wie sie das Gatter öffnete und hinter sich wieder verschloss. Danach verschwand sie hinter einer breiten Hecke, aber kurz danach sah ich sie wieder, als sie auf der Weide den Hügel wieder heraufging und dann passierte es! Mia befand sich ungefähr fünfhundert Meter von ihr entfernt und ich konnte deutlich sehen, wie mein großes und sehr selbstbewusstes Pferd den Kopf hob, meine Freundin sah und ohne zu zögern auf sie zu galoppierte. Nicht im Schritt oder im Trab, auch nicht im Renngalopp, sondern in einem leichten Arbeitsgalopp.

Auf den ersten Blick hätte man glauben können, dass ihr das Pferd freudig entgegen liefe und nicht auf sie zu. Meine Freundin reagierte so, wie die meisten Menschen reagieren würden, die es einfach nicht besser wissen. Sie erstarrte als sie sah, dass Mia auf sie zu galoppierte und machte dann den größten Fehler, den man in einer solchen Situation wohl machen konnte, sie rannte vor ihr weg.

Sie rannte, so schnell wie sie konnte zum Gatter zurück. Als sie beim Gatter ankam, befand Mia sich nur ungefähr einen oder zwei Meter hinter ihr und hatte ihre Ohren flach nach hinten angelegt. Es wäre für jeden deutlich gewesen, dass sie böse war. Mehr konnte ich wegen der Hecken nicht sehen, vermutete aber das Schlimmste. Ich rannte den Hügel hinab und sah wie meine Freundin im Schlamm kniete, sie war über das Gatter gesprungen, zum Glück noch rechtzeitig. Natürlich war sie sehr aufgebracht und bestürzt, sagte aber immer wieder, dass es ihr furchtbar leid täte. Ich konnte es total nicht fassen. Wir beschlossen, erst einmal etwas Warmes trinken zu gehen und darüber zu reden. In meinem Kopf schwirrten schon die wildesten Gedanken und ich wurde von einer riesigen Gefühlswelle überrollt.

Was soll ich bloß machen?
Ich kann sie nicht verkaufen!

Vielleicht muss ich sie verkaufen!
Sie hätte sie töten können!

Nach einer wohlverdienten Tasse Tee fragte ich meine Freundin, warum sie sich entschuldigt hatte und nicht böse war, denn ich hätte mich ja wohl bei ihr entschuldigen müssen. Sie erklärte mir, dass sie das getan hatte, weil ihr klar war, dass dieser Vorfall für mich und Mia zu Problemen im Stall führen könnte und falls wir keine Lösung finden konnten, wir dann wahrscheinlich einen anderen Stall suchen mussten und das wäre ja überhaupt nicht, was sie wollte. Die ganze Zeit stellte sich mein Gehirn wie wahnsinnig immer dieselben Fragen.

Was wäre, wenn sie dies jemand anderem antun würde?
Was wäre, wenn sie dies einem Kind antun würde?

Zum Glück konnten wir das Problem letztendlich lösen, indem ich dafür sorgte, dass Mia nicht mehr auf der Weide stand, wenn sie ihre Stute holen wollte oder indem wir zusammen gingen. Leider musste ihre Stute kurz nach diesem Vorfall aus Gesundheitsgründen eingeschläfert werden und als die Zeit den Schmerz der Trauer gelindert hatte, kaufte sie sich ein neues Pferd. Es wurde ein Wallach, also ein kastrierter Hengst, wodurch sie nicht mehr auf die Stutenkoppel gehen musste. Soweit ich weiß hat Mia damals niemals mehr jemanden ge- oder verjagt oder, falls das doch so gewesen sein sollte, dann hatte man es mir einfach nicht erzählt. Ich frage mich übrigens immer noch, warum Mia das damals gemacht hatte.

Weil ich Pferde heutzutage besser verstehe und hoffentlich zukünftig noch besser verstehen werde, kann ich mir aber einigermaßen vorstellen, wie dies so eskalieren konnte. Ich kann mir vorstellen, dass meine Freundin, die sehr lieb und nett ist, sich von Mia eingeschüchtert gefühlt haben muss und dies sich langsam so weiter entwickelt hatte bis zu dem Tag, an dem ich Zeugin von Mias Verhalten wurde. Vielleicht ist sie am ersten Tag einfach erst nur einen Schritt zur Seite gegangen, um sich das bedrohliche Pferd vom Hals zu halten und wurden es nach einiger Zeit ein paar Meter und letztendlich eine Art von Jagd. Der genaue Grund, warum gerade dieses Pferd, dass im sozialen Umgang eigentlich immer ziemlich faul erschien und bis heute, überhaupt gar kein Interesse für Spielchen oder gegenseitige Fellpflege mit seinen Weidekameraden gezeigt hatte, sich plötzlich so viel Mühe gab, einen Menschen über eine derartige Entfernung so in die Flucht zu jagen, war uns nicht bekannt. Ich fühlte, dass ihr etwas fehlte: sie mochte einfach keine Menschen.

Ansonsten war das Leben für Mia und mich damals ziemlich normal, außer unseren kleinen Problemchen hatten wir viel Spaß miteinander. Sie lernte viele neue Dinge, die ein dreijähriges Pferd unbedingt lernen und wissen muss. Mir gegenüber offenbarte sie niemals ein Problem. Sie war mein Ein und Alles und ich dachte wirklich Tag und Nacht an sie.

Im Sommer und ganz unerwartet fiel mir etwas ganz anderes auf: ihre Hinterhand. Sie machte merkwürdige Bewegungen und es schien, als ob ihr Bein sie im wahrsten Sinne des Wortes einrastete, als ob sie erstarrte oder gelähmt war. Es war mir eines morgens als ich sie aus dem Stall holte und am Nachmittag desselben Tages erneut aufgefallen, und zwar immer dann wenn sie längere Zeit an derselben Stelle gestanden hatte. Es war deutlich erkennbar, dass es ihr schwer fiel, eines ihrer Beine zu „entriegeln". Mein Instinkt befahl mir, sie einen Schritt zurückgehen zu lassen, um die Blockade wieder zu lösen. Zu meiner großen Erleichterung funktionierte das auch. Sie schleifte ihr Bein kurz hinter sich her, bis die Blockade sich löste, verursachte dabei aber oberflächliche und hässliche Wunden an ihren Hufen, dem Hufkronenband und dem unteren Bereich des Fesselgelenks. Es schien ihr nicht weh zu tun, aber es sah sehr beunruhigend aus und natürlich rief ich sofort die Tierärztin an. Ich erklärte ihr die Situation und als ich Mias Namen nannte, wusste sie sofort, um welches Pferd es sich handelte, was in diesem Fall sehr hilfreich war. Sie kannte sie ja noch von dem letzten längeren Besuch als Mia die Blutvergiftung hatte.

Es ist eine sehr traurige Geschichte. Je mehr ich über unser anfängliches gemeinsames Leben schrieb und nachdachte, desto besser begriff ich, wie tragisch es eigentlich war, dass sie in einem solchen jungen Alter bereits als gefährliches Pferd eingestuft worden war. Und das war nur so, weil unbekannte Menschen ihr gelegentlich helfen mussten. Hilfe, die von ihr selber gar nicht als Hilfe betrachtet wurde. Ich wusste auch, dass es noch schlimmer werden würde, wenn ich nicht bald eine Möglichkeit finden würde, dies zu ändern.

Es kam wieder ein Tierarzt, man hatte mich vorab darum gebeten, sie in ihrer Box stehen zu lassen und ihre Bewegungsfreiheit zu beschränken, weil das Problem dann deutlicher festgestellt werden konnte und das stimmte auch. Der Tierarzt, der sich wegen seiner bisherigen Erfahrung mit Mia eigentlich nicht traute sie zu berühren, teilte mir mit: *Es sieht aus wie eine Patellaluxation, aber da ich sie nicht körperlich untersuchen kann, wäre die sie am wenigsten belastende Behandlung jetzt wahrscheinlich, ihr möglichst viel Bewegung zu verschaffen. Dadurch kann dieses Problem sich gelegentlich von selber lösen.*
Das war's, er kam und ging wieder, alles innerhalb von fünf Minuten.

Ich hatte zwei Tage darüber nachgedacht. Ich war weder zufrieden noch beruhigt, denn er hatte mir keinen Zeitplan mitgeteilt und obwohl ich ihn dafür bezahlt hatte, dass er dabei war, wusste er nicht, wie schnell er wieder verschwinden sollte. Ich hoffte nur, dass der Grund dafür war, dass er anderenorts benötigt wurde. Ich rief die Tierarztpraxis nochmals an und machte ihnen deutlich, dass ich nicht zufrieden war. Ich hatte Angst, Mia würde sich ihr Genick brechen, weil es so schlimm aussah, wenn es passierte. Letztendlich schlug der Tierarzt mir vor, sie zu ihnen in die Praxis zu bringen, wo sie sie in eine Untersuchungsbox stellen und eine vollständige körperliche Untersuchung durchführen konnten. Eine Untersuchungsbox ist eine kleine Box, in der Pferde sicher stehen können. Sie kann beidseitig wie auch vorne und hinten mit einer Stange, meistens aus Metall, geschlossen werden. Dadurch verringert sich das Risiko, dass Pferde ihren Körper verdrehen und sich selber oder die anwesenden Mitarbeiter verletzen können. Ich war erleichtert, dass sie bereit waren, uns zu helfen und bereits im Voraus über für uns geeignete Lösungen nachgedacht hatten.

Der anwesende Tierarzt verdiente wirklich ein Lob. Er war der erste Sachverständige in ihrem bisherigen Leben, den wir bisher noch nicht in der Praxis kennengelernt hatten und er gab sich auf jeden Fall ernsthaft Mühe, sich erst mit ihr anzufreunden. Er wusste aus Erfahrung, dass er etwas für sie tun musste, während sie vermutlich dachte, dass er ihr etwas antun würde. Bevor er sie untersuchte, versuchte er auf jeden Fall erst, ihr Vertrauen zu gewinnen. Als er sie mit Leckerlis für sich einzunehmen versuchte und sie streichelte und behutsam berührte, um sie zu beruhigen und letztendlich ihre Hinterbeine berühren zu dürfen, war ich so gerührt, dass ich sogar schnell ein paar Tränen wegwischen musste und ich hoffte, dass niemand es gesehen hatte. Nach ungefähr vierzig Minuten beruhigte Mia sich wirklich ein bisschen, aber er durfte ihre Beine immer noch nicht anfassen. Sie wirkte gelegentlich sogar entspannt und interessierte sich auch sehr für seine kleinen Schmeicheleien, aber leider nicht lange. Im Bruchteil einer Sekunde ließ sie ihren Schweif wieder hin- und hersausen und stampfte wild. Wenn ihr Kopf nicht festgebunden gewesen wäre, hätte ich garantieren können, dass sie wahrscheinlich auch zugebissen hätte, umso mehr da die Stange, die sich hinter ihr befand, verhinderte, dass sie nach hinten ausschlagen konnte.

Wir waren einer Meinung, dass es im Interesse aller Anwesenden war, sie zu sedieren, damit er sie gründlich untersuchen und ein paar Röntgenfotos machen konnte. Die Spritze selber war erwartungsgemäß unangenehm, sie wusste nämlich ganz genau, was wir vorhatten, als er die Einstichstelle mit Alkohol abtupfte.

Ich musste meinen Führstrick ein paar Mal um die Stange vorne an der Untersuchungsbox legen, um mich zu vergewissern, dass es sicher genug für ihn war und sie ihn nicht beißen konnte als er ihr das Beruhigungsmittel in den Hals spritzte. Natürlich machte sie einfach nur zum Trotz einen mordsmäßigen Sprung. Sie tat mir wirklich leid, und auch wenn ich sie noch so liebte, ich konnte ihr alleine in diesem Fall jetzt leider nicht helfen.

Auf den Röntgenfotos war nicht viel zu sehen, aber nach einer ausgiebigen Untersuchung der Gelenke, stellte der Tierarzt die Diagnose und bestätigte, dass es sich um eine Patellaluxation handelte. Es ist ein häufig vorkommendes Problem bei Pferden, die eine (zu) steile Hinterhand haben. Das Kniegelenk des Pferdes entspricht in anatomischer Hinsicht dem menschlichen Kniegelenk und verfügt über ein Ligament oder Band, das als das mediale Patello-femorale Ligament bezeichnet wird. Es hat eine wichtige Funktion, indem es in eine Einkerbung am Ende des Femurs einhakt, wenn das Pferd stillsteht oder ruht, um das Knie zu stabilisieren und es dem Pferd so ermöglicht, auch ohne den Einsatz der Muskulatur Gewicht auf seine Hinterhand verlagern zu können. Das ist auch der Grund warum Pferde sehr lange stehen und sogar im Stehen schlafen können. Wenn das Pferd sein Bein nach vorne bewegt, gleitet das Band aus der Einkerbung und das Bein wird wieder befreit. Bei einer Patellaluxation gleitet das Ligament wegen eines bestimmten Beinstandes nicht mehr ohne weiteres aus der Einkerbung und blockiert deshalb das Bein. Viele Pferde finden schnell heraus, dass wenn sie ihr Bein ein paar Schritte hinter sich her schleifen, sie anschließend wieder laufen können. Sie wissen selber, wie sie das Ligament befreien müssen, und genau das hatte Mia auch bereits entdeckt.

Es klang wie Musik in meinen Ohren als er mir auch noch mitteilte, dass sie keine Schmerzen hatte und auch nicht daran operiert werden musste. Es war eigentlich dieselbe Prognose, die mir der vorige Tierarzt im Stall erteilt hatte, aber es beruhigte mich, dass ich jetzt eine zweite Meinung eingeholt hatte, gerade weil es so dramatisch und s beängstigend aussah. Er beseitigte noch mehr Zweifel, als er mir erklärte, dass sie, weil sie noch so jung war, höchstwahrscheinlich ganz von selber aus diesem Problem herauswachsen werde. In der Zwischenzeit wäre es am besten, wenn sie mehr draußen sein könnte, vorzugsweise sogar vierundzwanzig Stunden pro Tag. Falls das Problem in vier bis sechs Monaten immer noch bestehen sollte, würde er auf jeden Fall zurückkommen dann und müsste dann vielleicht andere Behandlungsmöglichkeiten in Betracht ziehen.

So verblieben wir und ich erhielt einen Brief vom Tierarzt, in dem er dem Stallbesitzer deutlich erklärte, warum Mia vorzugsweise vierundzwanzig Stunden pro Tag und mindestens den ganzen Sommer lang draußen bleiben musste. Einige der anderen Pferdebesitzer protestierten, denn sie fanden es nicht fair, dass Mia eine solche Vorzugsbehandlung erhalten sollte. Woraufhin ich sie fragte: *Was soll ich denn machen?* Es frustrierte mich irgendwie, dass sie es nicht verstanden. Wenn ihre Pferde ein solches oder ähnliches Problem gehabt hätten, hätten sie wahrscheinlich genau dasselbe gemacht wie ich. Der einzige Unterschied wäre dann jedoch gewesen, dass ich ihre Entscheidung niemals hinterfragt hätte.

Das Timing der DVD hätte nicht perfekter sein können. Sie benötigte nicht nur mehr Bewegung wegen ihres Knies, ich wollte, nachdem ich mir die DVD angeschaut hatte, auch immer mehr darüber lernen, um über neue Methoden zu verfügen, um Mia mit sinnvoller Bodenarbeit die für sie richtige Bewegung zu verschaffen. Ich werde nie vergessen, wie ich mich fühlte, nachdem ich mir die DVD zum ersten Mal angeschaut hatte. Ganz viele unterschiedliche Personen übten gemeinsam mit ihren Pferden und hatten dabei offensichtlich auch noch unglaublich viel Spaß miteinander, und zwar auf eine Art und Weise, die ich noch nie gesehen hatte. Mit den unterschiedlichsten Pferderassen wurde Bodenarbeit gemacht, nur mit einem Knotenhalfter und einer langen Leine, oder sogar ohne Leine, völlig frei, und die

Pferde folgten ihren Begleitern ohne jeglichen Zwang. Sie legten sich miteinander hin, die Pferde gingen wie von selber in den Hänger. Ein Mann ritt sein Pferd ohne Zaumzeug und Sattel und das Pferd sprang mühelos über hohe Hindernisse. Es war unglaublich und sah aus wie Zauberei.

Der Teil, der mich jedoch am meisten begeisterte, war, dass sie einander gegenseitig halfen, Probleme mit ihren Pferden zu lösen. Man brauchte keine Workshops zu besuchen und musste auch nicht in die Vereinigten Staaten reisen, wenn man keine Lust oder kein Geld hatte. Man konnte sich ein Trainingsprogramm kaufen und sich dieses Zuhause ansehen und die Methode selber erlernen. Ich hatte noch niemals so etwas gesehen und ich war von dieser Idee einfach nur begeistert. Hiermit konnte ich meinem Pferd helfen und ich war felsenfest davon überzeugt, dass ich es sofort versuchen musste.

Ich wusste, dass dies die einzig mögliche Art und Weise war, mit ihr weiterzukommen. Als das Lehrmaterial per Post ankam, nahm ich sofort alles durch, als ob mein Leben davon abhing. Ich hatte mich entschieden, mir erst alles anzusehen, alles zu lesen und anzuhören, bevor ich es mit Mia ausprobierte. In den nächsten Tagen arbeitete ich weiter mit Mia wie bisher, und hörte und schaute mir inzwischen zuhause immer wieder das Lehrmaterial an. Es dauerte ungefähr eine Woche, bis ich mir in meinen freien Stunden abends alle DVDs angesehen hatte. Ich machte mir Notizen und bereitete mich gründlich vor, bevor ich anfing, nicht nur die Aufgaben, sondern auch die zugrundeliegende Psychologie und Sprache mit Mia zu üben. Ich wollte eine ganz neue Partnerschaft mit Mia zustande bringen, um zumindest ein paar ihrer Probleme mit Menschen zu lösen.

Ein letzter Vorfall, der zur Abwärtsspirale des Misstrauens gegenüber Menschen beitrug, ereignete sich nicht lang nachdem die Diagnose der Patellafixation gestellt worden war. Mir fiel auf, dass sie sich immer noch nicht bewegte, wie sie eigentlich sollte. Ich dachte damals, dass es wieder dasselbe Problem war

und glücklicherweise war an dem Tag der Tierarzt, der sie letztes Mal behandelt hatte, wieder bei uns im Stall, um ein anderes Pferd zu behandeln. Ich bat ihn, sich Mia noch einmal anzusehen. Ich kann es nicht mit Worten beschreiben, wie groß meine Überraschung damals war. Wenn sich früher ein Tierarzt in ihre Nähe begab, gleichgültig ob er für sie kam oder für ein anderes Pferd, reagierte sie immer sofort mit flach angelegten Ohren: *Wage dich bloß nicht an mich heran.* Scheinbar war es an diesem Tag nicht ihre erste Reaktion und der Tierarzt war genauso verblüfft wie ich als er einfach ihren Hals berühren durfte, um sie mit einem freundlichen Klaps zu begrüßen. Verblüfft dachte ich:
War es wirklich so einfach? Das konnte doch einfach nicht wahr sein?

Konnten die Übungen dieses Cowboys, die vor kurzem einfach so bei mir im Briefkasten gelandet waren, so schnell funktionieren? Oder hatte Mia vielleicht letztendlich nach dem letzten Mal, dass sie einen Tierarzt gesehen hatte und sediert worden war beschlossen, dass Tierärzte, doch gar nicht so schlimm waren? Oder hatte sie nur diesen einen Tierarzt plötzlich akzeptiert, weil er bisher der Einzige war, der versucht hatte, sich mit ihr anzufreunden? Ich wusste es wirklich nicht. Er beobachtete, wie sie sich bewegte und schlug vor, einen Chiropraktiker hinzuzuziehen. Weil er sie gar nicht untersucht hatte, versprach er, mir keine Rechnung zu schicken und bat mich darum, das Training, das ich mit ihr gemacht hatte, unbedingt fortzusetzen. Ich war jetzt richtig aufgeregt und konnte gar nicht abwarten, bis ich meinen Stallgenossen diese Neuigkeiten erzählen konnte. Einige von ihnen dachten, ich sei jetzt völlig verrückt geworden und sagten mir das auch ehrlich. Zum Beispiel mit Bemerkungen wie: *Warum in aller Welt würdest du jetzt überhaupt noch Zeit an so etwas verschwenden wollen?* Dies irritierte mich damals sehr und auch heute noch, wenn ich daran zurückdenke. Ich möchte deshalb an dieser Stelle gerne kurz darauf eingehen.

Viele Leute beziehen sich sowohl damals als heute auf etwas, von dem sie nur sehr wenig Ahnung haben. Wenn sie wirklich von dieser Art des Trainings gehört hätten oder dieses selber angewendet hätten, hätte ich sie gerne um ihren Rat gebeten, weil ich immer gerne neue Fähigkeiten lernen möchte. Es verwirrt mich, wie jemand eine Meinung über etwas haben kann, von dem er aber überhaupt nichts versteht. Um die ganze Sache noch zu verschlechtern, wurden Bemerkungen gemacht, wie zum Beispiel *Du wirst sie ruinieren,* obwohl sie sich überhaupt nicht der Tatsache bewusst waren, dass ich dann selber dachte: *Scheiße, Mann, sie ist doch sowieso bereits ruiniert.* Eines der Mädchen redete sogar überhaupt nicht mehr mit mir.

Traditionen können Menschen so fest im Griff haben, dass sie sich fast wie Roboter benehmen. Wenn jemand eine andere Meinung hat oder einmal etwas Neues ausprobiert, wird er häufig wie ein Störenfried oder ein Ausgestoßener behandelt. Auch wenn er vielleicht gar nichts Falsches macht, sondern sich nur auf eine andere, weniger traditionelle Weise, mit seinem geliebten Pferd beschäftigen möchte. Anders bedeutet nicht zwangsläufig, dass es auch falsch ist. Der starke Teil meiner Persönlichkeit, der sich ab und zu zeigt, bemühte sich zunächst, sie einfach zu ignorieren. Ich habe mich sowieso niemals nur mit den traditionellen Trainingsmethoden vereinbaren können. Ich ging nach Hause und lernte weiter und glaubte wirklich, dass es mir alleine gelingen würde. Ich wollte alles machen und lernen, um auch zu einer solchen Traumpartnerschaft mit meinem Pferd zu gelangen.

Ich vereinbarte einen Termin mit einer örtlichen und mir empfohlenen Chiropraktikerin. Ein paar Tage später kam sie zum Stall, um Mia zu untersuchen und, sofern nötig, zu behandeln. Ich war sehr neugierig, ob das, was Mia dazu gebracht hatte, sich beim letzten Mal beim Tierarzt anders zu benehmen, wieder passieren würde, und ob die Tatsache, dass andere Personen sich ihr letztes Mal problemlos nähern durften oder versuchen durften, ihr zu helfen, kein Zufall gewesen war. Ich erklärte der

Chiropraktikerin, dass Mia sensibel-temperamentvoll sein konnte, wenn Fremde sich ihr näherten. Ich fügte aber auch sehr stolz hinzu, dass ich zurzeit ein zielorientiertes Training mit ihr machte, um diese Probleme zu lösen. Die besagte Dame, die, was wir nicht vergessen sollten, einen ansehnlichen Betrag für ihre Behandlung erhalten würde, war aber irgendwie gar nicht mein Typ. Das war schon so, als sie aus dem Auto stieg und ich sie zum ersten Mal sah. Ich hatte irgendwie kein gutes Gefühl bei ihr. Offensichtlich hatte sie viel Erfahrung mit Pferden, das bezweifelte ich nicht und wenn das nicht so gewesen wäre, hätte ich auch keinen Termin mit ihr vereinbart, aber ich konnte nicht einmal Blickkontakt mit ihr bekommen und ich glaube nicht, dass sie mir überhaupt zugehört hatte. Ich bereute es bereits, sie über Mias Probleme informiert zu haben und fragte mich, ob das Ergebnis dasselbe gewesen wäre, wenn ich es nicht erzählt hätte.

Genau wie der Tierarzt bat sie mich, Mia zu longieren und auch, wenn möglich, ein paar Meter geradeaus mit ihr zu gehen. Überraschenderweise war Mia, die sich auch an ihren guten Tagen gelegentlich wie eine Irre benehmen konnte, an diesem Tag sehr entgegenkommend. Nachdem mir die Dame Anweisungen erteilt hatte, wie und wo ich mit dem Pferd (hin)gehen sollte, in welcher Gangart, und wann ich umkehren sollte, teilte sie mir in einem ziemlich uninteressierten Ton ihre Diagnose mit. Sie hatte festgestellt, dass Mia Probleme mit ihrer Hüfte und ihrem Becken hatte. Dem fügte sie in einem leicht sarkastischen Ton hinzu: *Ich bin übrigens gar nicht der Ansicht, dass da etwas mit der Gemütsart des Pferdes nicht in Ordnung sein soll.* Aber ja, logisch, dachte ich, *wir hatten ja auch noch gar keine Zeit gehabt, ihr alles zu erklären.*

Das größte K.O.-Kriterium kam ja noch, nämlich ob sie Mia auch wirklich berühren durfte. Bereits in dieser frühen Phase ihres Besuches, der in meinen Gedanken bereits zu einer fürchterlichen Situation eskaliert war, wollte ich einfach nur noch, dass sie, wenn möglich, meinem Pferd half und sofort wieder verschwand. Wir brachten Mia zurück zum Stall und dort fing es an. Wenn ich zurückblicke, war dies eine meiner ersten wichtigen Lektionen, nicht nur hinsichtlich dieses wunderschönen Pferdes, sondern meines Lebens. Ich konnte Mia sagen, fast sogar fordern hören: BESCHÜTZE MICH BITTE! Und zum allerersten Mal in ihrem Leben tat ich das auch. Ich hatte endlich den Mut, mich für sie einzusetzen und sagte NEIN!

Als ich sie zum Stall zurückbrachte und bevor ich überhaupt die Chance erhielt, sie auf kleinster Fläche umzudrehen, schlug die Frau meinem imposanten Pferd kurz auf den Hintern, vermutlich mit der Absicht, dass Mia sich schneller umdrehen sollte. Lassen wir nicht vergessen, dass das Pferd gerade eine vorläufige Diagnose eines Hüften- und Beckenproblems bekommen hatte, und noch lernen musste, mit ihrer hakenden Kniescheibe zu leben und zurechtzukommen, worüber die bewusste Dame deutlich informiert worden war. Ebenso wie über die Tatsache, dass die Stute gelegentlich empfindlich auf Fremde reagieren konnte. Ich möchte nicht vergessen, diesbezüglich auch darauf hinzuweisen, dass ich Mia so umdrehte, dass sie sich an ihrer Außenseite befand, ich mich also im hinteren Bereich des Stalles in der linken Ecke befand, als diese Dame sie fast umschubste. Ich wusste überhaupt nicht, warum sie das getan hatte. Es fühlte sich so an, als ob es aus irgendeiner tief verborgenen gemeinen Ecke ihres Inneren kam. Vielleicht wollte sie auch nur ihre Überlegenheit zeigen oder mir etwas beweisen, ich weiß es einfach nicht. Auf jeden Fall war es ihr gelungen, ihren Arm zu befreien. Das gestresste Pferd versuchte die scharfe Wendung auf allen Vieren so schnell zu machen, dass sie fast umfiel. Gottseidank hatte ich mich dazu entschieden, ein Seilhalfter zu benutzen, welches ausreichte, sie die paar Zentimeter, die sie noch von dieser dummen Frau entfernt war, zu mir zurückzuziehen, bevor sie sie angreifen konnte.

Ich war wütend, es wurde nicht viel geredet, aber die Dame wusste ganz genau, dass sie eine Grenze überschritten hatte. Als ich versuchte, Mia zu beruhigen, gelang es mir endlich wieder, etwas zu ihr zu sagen, aber mehr als *Würden Sie bitte zumindest anständigerweise die Scheißtür zumachen?* konnte ich nicht herausbringen.

Sie war schlau genug, zu machen, worum ich sie gebeten hatte, aber als sie die Tür greifen wollte, sprang Mia wieder auf sie zu. Es war eines der wenigen Male, bei dem ich diesem Pferd gerne, wenn ich es könnte, ein High-Five gegeben hätte, aber zugleich konnte ich auch nicht glauben was da gerade geschehen war. Um meine Freundin so gut wie möglich zu verteidigen und zu beschützen befahl ich der Frau wegzugehen und draußen auf mich zu warten. Es war überhaupt gar keine angenehme Situation und ich zitterte inzwischen vor Wut. Ich nahm Mias Halfter ab und ließ sie in ihrer Box stehen, wo sie sofort wieder anfing, ihr Heu zu fressen, als ob gar nichts passiert war. Widerstrebend lief ich nach draußen, um mich mit der Frau auseinanderzusetzen. Als ich mich ihr näherte, war sie bereits sehr entschuldigend, aber ich konnte zunächst überhaupt kein Wort herausbringen. Sie bat mich, ihr noch eine Chance zu geben. Sie habe wohl nicht richtig begriffen wie ernsthaft die Situation mit diesem Pferd eigentlich wirklich war.

Ich fragte sie: *Welchen Teil des Satzes, dass das Pferd Probleme mit Fremden hatte, die sie berühren wollten, haben Sie denn nicht verstanden?* Und anschließend: *Was gibt Ihnen überhaupt das Recht, mein Pferd, oder gleichgültig welches Pferd auch immer, so herumzuschubsen?* Es war ihr fast gelungen, mich zu überzeugen, dass sie Mia beim Umdrehen hatte helfen wollte, und letztendlich hab ich ihr das auch abgenommen. Mein ganzes Leben und bis heute versuche ich immer, das Beste in den Menschen zu sehen. Das hat mich häufig in Probleme gebracht und das wird wahrscheinlich auch noch sehr viel öfter passieren. Keine schlimme Schwäche, die man haben kann, glaube ich, aber eine, durch die ich immer wieder verletzt wurde. Auch in dieser Situation. Ich hatte mich entschlossen, ihr doch zu vertrauen und wir kamen überein, es nochmals zu versuchen, aber dann sollte Mia draußen stehen. Aber ich bedauerte meine Entscheidung eigentlich fast sofort. Ich holte Mia und brachte sie nach draußen, aber mein Bauchgefühl sagte mir sofort, dass es auch jetzt nicht klappen würde.

Die Dame hatte beschlossen, sich jetzt zunächst einmal mit Mia anzufreunden, und streckte ihre Hand nach ihr aus, die Mia sofort zu zwicken versuchte. Dann bewegte die Dame sich auf Mia zu und versuchte, ihren Hals zu berühren, was meiner Meinung nach übrigens viel zu schnell war. Mia schüttelte ihren Kopf ein paar Mal voller Verachtung, trat einen Schritt zurück und ließ ihren Schweif hin und her sausen, ohne ihren Blick ein einziges Mal von der Dame abzuwenden. Mia sagte bereits deutlich „Nein" und als ich endlich den Mut aufgebracht hatte, ihr mitzuteilen: *Wissen Sie was, ich habe es mir anders überlegt, ich werde sie für ihren Zeitaufwand bezahlen, aber ich glaube, es ist besser, wenn sie jetzt gehen,* stellte sie sich an Mias Seite und versuchte, sie dort anzufassen, und dann ging alles sehr schnell. Mia sprang geschickt auf sie zu, ausreichend heftig, um sie umfallen zu lassen. Es ging so schnell, ich weiß gar nicht mehr, wie Mia das so schnell hingekriegt hatte. Der größte und schlimmste Fehler, den sie machte, war, dass sie böse wurde und als sie sich wieder aufrichtete, machte ihr Bein eine solche Drehung, dass ihr Fuß sich regelrecht in Richtung von Mias Bauch bewegte, als ob sie mein Pferd treten wollte. Mia war ein paar Zentimeter zu weit weg, um getroffen zu werden, wodurch die Dame auf ihrem Rücken landete. Es war unglaublich!

Als sie wieder aufstand, stand sie mir gegenüber. Ich stellte Mia hinter mich, um die beiden voneinander fern zu halten. Die folgenden Momente verlangten einen unglaublichen Mut von mir. Ich musste dieser Frau, die fast einen halben Meter größer war als ich, direkt in die Augen blicken und ihr mit nicht sehr freundlichen und unmissverständlichen Worten deutlich machen, dass sie verschwinden sollte: *Scheren Sie sich zum Teufel, verschwinden Sie, lassen Sie mich und mein Pferd in Ruhe, bevor ich Anzeige gegen Sie erstatte. JETZT SOFORT!*

Zum Glück stand Mia hinter mir, ziemlich ruhig sogar, als ob gar nichts passiert war. Gott sei Dank tat die Frau, was ich ihr befohlen hatte, und verschwand. Ein paar der Mädchen, die in der Nähe gerade ihre Boxen ausmisteten, hatten die Aufruhr gehört und kamen zu mir, um selber zu sehen, was passiert war, aber es war schon zu spät. Ich habe ihr übrigens keinen Cent bezahlt, wir sahen sie zum Glück auch nie wieder im Stall und um ehrlich zu sein, habe ich eigentlich seitdem auch überhaupt nie mehr etwas von ihr oder über sie gehört.

Nachdem ich eine Tasse Tee getrunken und mich mit meinen Freunden unterhalten hatte, entschloss ich mich, ihren Rat zu befolgen und die Tierarztpraxis wieder anzurufen und ihnen zu erzählen, was sich ereignet hatte. Ich fragte sie, ob es möglich wäre, Mia zu ihnen zu bringen, sedieren zu lassen und sie bei ihnen in der Praxis in einer Untersuchungsbox von einem Chiropraktiker behandeln zu lassen. Das sei kein Problem, es würden dort sogar ziemlich oft Pferde von einem Chiropraktiker behandelt. Sie empfahlen mir auch einen anderen Chiropraktiker für die Behandlung.

Am nächsten Tag brachte ich Mia zur Praxis und als sie in der Untersuchungsbox stand wurde sie leicht sediert und anschließend behandelt. Sie hatte wirklich ein paar Blockaden in ihrem Hüftgelenk und ihre rückseitige Oberschenkelmuskulatur war ziemlich verspannt, aber der Rest ihres Körpers war in hervorragender Verfassung. Es folgte keine weitere Behandlung mehr. Mir wurde nur empfohlen, mich wieder mit ihnen in Verbindung zu setzen, wenn mir innerhalb von zehn Tagen keine Verbesserung oder vielleicht sogar eine Verschlechterung auffallen sollte.

Sie sah bereits drei Tage später schon sehr viel besser aus und das ermutigte mich. Es war es wert, *oder nicht?*

KAPITEL 2   Teil II

Unter anderen Dingen
Der Anbruch von Allem und Nichts

In diesen ersten drei Jahren ihres Lebens ereigneten sich noch mehrere kleine Unfälle, wie zum Beispiel die merkwürdige Verletzung, die sie in der Weide entweder von einem Tritt oder als Kratzer von den umgebenden Bäumen erlitten hatte. Sie hatte auch Ringelwurm, ein Geschenk von einem neuen Herdenmitglied. Das hört sich so an, als ob ihr besonders viel passierte, aber ehrlich gesagt, sind das nun einmal die Risiken, die man eingeht, wenn man ein Pferd in einer sozialen Umgebung wie einer Herde leben lässt. Außer diesen kleinen alltäglichen Problemchen war das Leben damals großartig und während sie zu einer noch größeren und sehr imposanten Stute heranwuchs hatten wir viel Spaß miteinander.

Die meisten Pferde erleiden irgendwann einmal Verletzungen, aber nach der Behandlung und Genesung dauert es meistens nicht lange, bis sie die Ereignisse wieder vollständig vergessen. Leider war das bei Mia nicht der Fall. Die Erfahrungen, die ich mit ihr gemacht hatte, ermöglichten es mir, zu erkennen, dass ihr negatives Verhalten viel schlimmer war, wenn ich nicht dabei war, und dass ihr Verhalten in sehr hohem Maße von der Haltung und Absicht der entsprechenden Person abhing.

Ich lernte intuitiv, dass ich einigen Personen den Zugang zu Mia einfach entsagen musste. Es wurde schon fast zur Normalsache, dieses zu tun. So normal eigentlich, dass ich schnell vergaß, wie sie sein konnte, wenn sie sich nicht so verhielt. Die traurige Wahrheit ist jedoch, dass ich damals niemanden hatte, der mir bei ihrem Training helfen konnte oder mich gut beraten konnte, ohne sie schlagen, zwingen oder festbinden zu wollen, was ich rigoros ablehnte. Es waren damals einige der schönsten und meist entspannten Momente, wenn sie von Menschen umgeben war, die sie mochte, wie zum Beispiel ein paar meiner besten Freunde. Sie konnten sie berühren, herumführen, ihre Decken wechseln, sie füttern und eigentlich fast alles mit ihr machen. Es waren eigentlich nur bestimmte Personentypen, die sie nicht mochte. Personen, die sie irgendwie tierärztlich behandeln, untersuchen oder versorgen mussten, und Personen, die einfach kein *Gefühl* für sie hatten.

Überbleibsel dieses damaligen Verhaltens können auch heute noch gelegentlich bei ihr erkannt werden. Obwohl ihr Bedürfnis, sich selber mit Angriffen zu verteidigen, inzwischen fast verschwunden zu sein scheint, außer wenn ein Veterinär ihr eine Spritze geben will oder sie sonstwie ärztlich behandeln will. Auch das hängt wieder ganz von der entsprechenden Person ab und ich möchte in den nächsten Kapiteln meinen Lesern noch einige wichtige Erfahrungen mitgeben. Heutzutage rennt sie weg und versteckt sich, wenn sie in Situationen gerät, die sie nicht versteht oder nicht mag. Sie flüchtet jetzt lieber als dass sie kämpft, und erkennt Personen und damit möglicherweise zusammenhängende unangenehme Ereignisse bereits weit im Voraus und meistens viel früher als die Personen selber.

Wenn wir über das Wort *fühlen* reden, gibt es dafür viele Erklärungen. Im Zusammenhang mit Pferden muss alles, was wir mit ihnen machen, gefühlt und erlebt werden. Es ist viel besser, es zu fühlen, als es zu auszusprechen.

Ich werde versuchen, einen Aspekt an dieser Stelle etwas näher zu erläutern. Lassen wir uns vorstellen, ich befinde mich in einer Gruppe mir unbekannter Personen, die mich aus irgendeinem Grund von hinten und von der Seite so schubsen, so dass ich auf die Menschen vor mir pralle. Ich würde sie wahrscheinlich rein instinktiv zurückschubsen, es würde mir in einer solchen Situation auch nichts ausmachen, wenn ich meinen Ellenbogen in eine andere Person drücken müsste, insbesondere wenn aus deren Verhalten und Haltung deutlich hervorgeht, dass es sie nicht interessiert. Was würde jedoch in derselben Situation passieren, wenn die Personen, die vor, neben und hinter mir stehen, Personen wären, die mir nahe stehen und die ich mag? Wenn sie so geschubst würden, dass sie auf mich prallen, würden sie wahrscheinlich versuchen, mich nicht zu verletzen und ich würde wahrscheinlich versuchen, ihnen auszuweichen, um auch selber die Personen vor oder neben mir nicht umzustoßen, ebenfalls weil ich sie mag. Alles in mir, jede Zelle und jeder Gedanke würde mir eingeben: ich will dir nicht wehtun!

Wir müssen Pferde fühlen, wir müssen sie berühren, als ob wir sie lieben, bei jedem Kontakt und bei jeder Interaktion. Wenn ich etwas in den letzten zwei Jahrzehnten gelernt habe, ist es, dass wirklich jeder sich selber davon überzeugen kann, dass er ein Gefühl für Pferde hat. Aber wenn auch nur der geringste Zweifel an diesem Gefühl oder dieser Überzeugung besteht, weiß und fühlt das Pferd es sofort. Und einige Pferde – wenn auch nicht alle - werden einem sofort auf irgendeine Art und Weise deutlich machen, dass sie genau wissen, dass man zweifelt. Persönlich interessiert es mich nicht, welche Farbe, welches Alter oder welches Temperament ein Pferd hat oder welchem Geschlecht oder welcher Rasse es angehört. Ich weiß, dass ich sie alle fühlen kann, und ich bin mir sicher, dass sie das auch wissen. Nicht alle wird es interessieren, aber trotzdem wissen sie es. Es wird so schnell vergessen, dass Pferde die absoluten Meister im Lesen nicht nur unserer Körpersprache, sondern ALLER Körpersprachen sind. Aber mit einem derartig kleinen und einfachen Gehirn, verglichen mit dem unserem, können sie eine Situation gelegentlich trotzdem falsch beurteilen. Das ist der Grund, warum sie gefährlich und unberechenbar sein können. Sie machen einfach das, was ihr Instinkt ihnen rät.

Die andere schöne Seite der Medaille sind die Momente - und das ist glaube ich auch, warum Pferde für Leute wie mich so süchtig machend sind – in denen ein Pferd sich bewusst dazu entschließt, bei und mit einem zu sein. Es gibt wirklich kein schöneres Gefühl auf der Welt und es ist immer eine sehr bewusste Wahl des Pferdes, niemals Zufall. Sie wählen eine Person aus, sie können nicht lügen, sie können nicht weinen, sie zeigen immer ehrlich, wie sie über dich denken.

Mia kümmert sich mit einer unglaublichen Treue und Aufrichtigkeit um sich selber und ich beobachte und bewundere das immer wieder. Sie ist eine Überlebende, die ihr Selbstwertgefühl erfolgreich schützt. Früher hätte sie gekämpft. Heutzutage wendet sie sich einfach nur ab, wenn sie nicht an einem Ort oder bei einer Person bleiben möchte. Manchmal rennt sie sogar weg, das hängt jeweils von der Haltung und der Ausstrahlung der entsprechenden Person ab. Gelegentlich werden andere Leute hierdurch beunruhigt oder aus der Fassung gebracht und ich meine jetzt nicht nur durch Mia, ich meine ganz im Allgemeinen, auch durch ihre eigenen Pferde. Man braucht sich dafür keineswegs zu schämen.

Einem Pferd ist es egal, ob es beleidigt wird oder seine Gefühle verletzt werden, und es benötigt diese Gefühle auch gar nicht. Vielleicht, ganz vielleicht, ist dies eine wertvolle Eigenschaft, von der wir auch selber etwas lernen können.

Manchmal muss ich innerlich lächeln, wenn ich Mitteilungen und Bilder in den sozialen Medien oder sonst wo im Internet sehe, die uns daran erinnern sollen, dass *das Pferd das Fenster zu unserer Seele* oder *unser Spiegel* ist. Es gibt immer viele Leute, die das sehen, die darüber lesen und es wiederholen oder mit anderen teilen, es also ganz sicher zu wissen scheinen, was damit gemeint ist. Aber ich frage mich dann immer: *Praktizieren sie es auch?* Das ist nämlich schwierig und leider können beziehungsweise tun die meisten es auch nicht. Sonst würden wir nicht so oft sehen, dass Frustrationen den Pferden gegenüber geäußert werden. Und viel öfter, dass Menschen ihre Frustrationen aneinander abreagieren.

Mia ist ein perfektes Beispiel für diese Analogien. Wenn du sie nicht magst, fühlt sie das sofort und wird es dir auch zeigen. Wenn du sie nur ein wenig magst oder keine Zeit für sie hast, fühlt sie das ebenfalls und zeigt es dir ebenfalls sofort. Aber wenn man sich Zeit lässt und sie einfach als Lebewesen respektiert, ist sie das liebenswerteste und schönste Tier, mit dem ich jemals meine Zeit verbringen durfte.

Eine Person, von der sie offensichtlich angezogen wird, ist mein Vater. Wenn sie bei ihm ist, werden ihre Augen sanft und strahlen. Ich glaube, das kommt hauptsächlich, weil er sie wirklich mag, aber nichts von ihr verlangt. Er machte häufig den Witz, dass sie das erste Pferd war, für das er nichts zu bezahlen brauchte. Ehrlicherweise stimmte das ja auch.

Durch dieses Pferd war ich in meinem Leben vollständig unabhängig geworden oder vielleicht war es auch so, dass sie, als ich unabhängig wurde, einfach nur da war. Von meinen Schuljahren in der Oberstufe bis in meine späten Zwanziger war ich ziemlich schüchtern und auch heute kann ich das manchmal noch sein. Ich fand es nicht angenehm, im Beisein von Fremden zu essen und hatte Angst, im Mittelpunkt zu stehen. Ich fand es auch schrecklich, wenn mir im Beisein von mehreren Personen eine Frage gestellt wurde. Als ich mich in solchen Situationen befand wurde ich einfach nur rot und schlug mein Herz wie verrückt. Damals, ungefähr zwischen 1999 und 2003, war ich in meiner schlimmsten Entdeckungsphase. Ich hatte ab und zu mal einen Freund und ging auch gelegentlich aus, aber wie die meisten Mädchen in diesem Alter war ich unzufrieden mit meinem Aussehen. Ich bin mir sicher, dass ich meine eigene Unzufriedenheit auf Mia übertragen hatte und es leider auch der Grund für einige unserer Auseinandersetzungen war. Ich brauchte sie, dringend. Eigentlich weiß ich, dass ich sie mehr brauchte, als sie mich jemals gebraucht hat. Sie wurde meine Vertrauensperson, sie säte den Samen für die Person, die ich sein wollte, sein musste und werden konnte. Ab und zu bewässerte *ich* den Samen, manchmal machte *sie* es. Ich nannte sie meinen

Professor und seit mehreren Jahren bis heute und bis zum Tag, an dem der Tod uns scheiden wird, werde ich ihre hingebungsvolle Schülerin und größter Fan bleiben.

Im selben Jahr, 2003, reiste ich mit einer Freundin nach Italien und es gefiel mir dort so gut, dass ich beschloss, im Sommer fünf Wochen dort zu bleiben, bevor Mia alt genug war, um richtig mit ihr arbeiten zu können. Sie war damals nicht nur groß, sondern riesig und dazu auch noch perfekt gerundet und sah einfach fantastisch aus. Wir unternahmen viel zusammen, nahmen auch an einigen lokalen Zuchtschauen teil, bei denen das herausgeputzte Pferd von einem mindestens genauso herausgeputztem Besitzer einer Jury vorgeführt wurden musste. Gemeinsam gewannen wir damals viele Preise. Ein Vorteil dieser Zuchtschauen war, dass ich ihr damit auch ein Stück der Welt zeigen und erklären konnte und sie Lebenserfahrung sammeln lassen konnte, bevor ich sie während meiner Abwesenheit wieder der Weide überlassen musste, auf der sie in aller Ruhe zu einer starken und stolzen vierjährigen Stute heranwachsen konnte.

Ich fühlte mich aus vielen Gründen nach Italien hingezogen. Einer davon war, dass ich mich in einem Alter befand, in dem ich mich zum ersten Mal in meinem Leben nicht nur sehr unabhängig fühlte, sondern auch sein konnte, wer ich wollte, was mein Selbstvertrauen enorm stärkte. Was aber am Wichtigsten war, war dass ich mich dort inmitten der Freunde, die ich dort kennengelernt hatte, sehr glücklich fühlte. Es war eine tolle Zeit. Ich lernte dort auch meinen Traummann kennen, einen Niederländer, der dort lebte, und Jort hieß.

Er studierte Italienisch und er war mein perfektes Match. Wir hatten erst eine Fernbeziehung und zum Glück zeigte sich schnell, dass es viel mehr als ein kurzer Urlaubsflirt war. Den Rest des Jahres besuchte ich ihn noch ein paar Mal in Italien, bevor er endgültig in die Niederlande zurückkehrte und mich dann auch in England besuchte. Es war ein richtiger und sehr günstiger Zufall, dass in dieser Zeit von den neuen Billig-Airlines Flüge zu unglaublich niedrigen Preisen angeboten wurden. Ich kann mich sogar noch erinnern, dass ich einmal für nur ungefähr zwei Pfund nach Italien und für sechs Pfund in die Niederlande fliegen konnte. Natürlich lernte ich auch seine Freunde kennen und merkte, dass ich ihn vermisste sobald ich wieder Zuhause war. Ich hatte damals eine tolle Stelle, die ich ganz sicher nicht so schnell aufgegeben hätte, wenn ich nicht irgendwann beschlossen hätte, in ein anderes Land auszuwandern. Ich hatte viele Freunde in England und ein sehr angenehmes Leben, aber als ich Jort nach einiger Zeit lang genug kannte, stand ich neuen Abenteuern und Erfahrungen plötzlich sehr viel aufgeschlossener gegenüber. Mein Bruder und ich reisten viel mit unseren Eltern als wir Kinder waren. Ich wusste eigentlich immer schon, dass ich irgendwann woanders leben würde, vielleicht sogar in einem anderen Land. Unsere Familie hatte diesen Sommer auch ein junges Familienmitglied verloren und das brachte mich letztendlich dazu, doch meinem Herzen zu folgen.

Und so geschah es, dass Mia im Januar 2005 von einem professionellen Transportunternehmen in die Niederlande gebracht wurde. Ich packte meinen Wagen voll und fuhr ihr hinterher, meine Familie und Freunde und ihre zögernden aber gut gemeinten Gute-Reise-Wünsche zurücklassend. Natürlich hatte ich den ganzen Umzug im Voraus gut geplant und vorbereitet. Wir fanden sogar einen schönen Stall in der Nähe unseres zukünftigen Wohnortes. Das Einzige, was ich noch nicht hatte, war ein Job. Aber wie es auch für so viele andere Dinge galt, war ich fest entschlossen, schnell einen zu finden. Und bereits ein paar Tage nach dem Umzug hatte ich einen, wenn auch zunächst nur einen befristeten, Job gefunden.

Zuvor hatte ich bereits angefangen, auf Mia zu reiten, was traditionell auch als „zureiten" oder „anreiten" bezeichnet wird (auf Englisch „breaking in" was so viel bedeutet wie: „das Pferd brechen")

Damals verfügte ich zum Glück bereits über genug Wissen, um sorgfältig planen zu können, wie ich ein Pferd gewaltlos und angenehm an das Tragen eines Menschen gewöhnen konnte.

Eine freundlichere Bezeichnung ist heutzutage wohl „starting a horse", also ein Pferd sanfter „einreiten". Es verlief auch mit Mia ziemlich problemlos und ich konnte in diesen ersten Tagen sogar ein paar meiner Freundinnen auf ihr reiten lassen. Sie akzeptierte sie sofort auf ihrem Rücken, natürlich, denn es waren ja *unsere* Freunde und nach sechs oder sieben Ritten fühlte sie sich bereits so sicher und selbstbewusst an, dass ich mich traute, einen kleinen Ausritt in den Wald mit ihr zu machen und sie benahm sich, als ob das für sie die normalste Sache der Welt war. Ich war unglaublich stolz auf sie. Aus irgendeinem Grunde hatte sich aber mein sonstiges Training, welches zu Anfang so gut verlief und mit dem wir ihr Verhalten bei der Bodenarbeit durchaus verbessert hatten, in kürzester Zeit wieder in ein ziemlich traditionelles Training verändert.

Jetzt wäre es wohl an der Zeit, zuzugeben, dass wir durchaus noch ein paar Longierprobleme hatten. Es war sehr schwierig, dieses große Pferd in Bewegung zu bringen. Und wenn es mir dann endlich gelang, konnte ich sie nicht mehr aus meinem persönlichen Freiraum bekommen. Und wenn mir das gelang, sprang sie im Außengalopp um mich herum, buckelnd, steigernd und den Eindruck erweckend, sie verfüge über sehr viel Energie. Mit meinem damaligen Wissen betrachtete ich das damals niemals als eine schlechte Trainingsmethode. Ich dachte, der Grund dafür, dass sie sich so verhielt, war, dass ich es einfach zuließ und auch nicht wusste, wie ich sie korrigieren musste. Sie machte einfach, was ihrer Meinung nach das Richtige war. Erst später fiel mir auf, dass wir meistens auf der linken Hand longierten.

Ein interessantes Thema, wenn man bedenkt, dass uns traditionsgemäß beigebracht wird, die meisten Handlungen, wie Führen, Satteln, Aufzäumen, Aufsteigen usw. auf der linken

Seite auszuführen. Sie manövrierte mich also immer wieder erfolgreich auf die Seite, die für sie am bequemsten war. Ich sah es nur als etwas, das sich vielleicht nach einer gewissen Zeit ändern würde und als ein Problem, das sich von selber lösen würde. Mensch, was war das für eine Fehleinschätzung!

Leider war mein Ego damals zu schwach, um das oben genannte Trainingsprogramm, welches bereits ganz zum Anfang empfiehlt, beide Seiten abwechselnd zu arbeiten, um solche Probleme gar nicht erst entstehen zu lassen, fortzusetzen. Mein Gehirn las es zwar, hörte und sah es, aber nahm es nicht auf, um es dann am Pferd umsetzen zu können.

Ohne Entschuldigungen suchen zu wollen, muss ich zugeben, dass meine heftige Romanze mich damals durchaus ein wenig abgelenkt hatte. Durch den zusätzlichen Druck meiner gleichaltrigen Freunde und Freundinnen und meinem einfachen Bedürfnis nach normalen Unterhaltungen mit anderen Menschen, war mein neues Ausbildungsprogramm ganz deutlich zeitweise auf dem Abstellgleis gelandet. In gewissem Sinne glaube ich aber auch, dass wir damals einen gemeinsamen Frieden miteinander gefunden hatten und ich mache mir gelegentlich Gedanken darüber, wie es wohl gegangen wäre, wenn ich nicht in ein anderes Land umgezogen wäre. Mein Bauchgefühl sagt mir jedoch, dass es letztendlich wahrscheinlich dasselbe gewesen wäre.

Meine Hingabe für sie und alle anderen vorigen Pferde in meinem Leben geriet nie ins Wanken. Obwohl mein soziales Leben für ein Stadtmädchen in ihren Zwanzigern mehr als hinreichend war, fühlte es sich für mich nie wie eine Last an, morgens bereits früh zum Stall zu fahren, auch nicht, wenn ich nach dem Ausgehen erst zu früher Stunde zuhause war. Nichts kann mir meine Liebe und meine Sucht nach ihnen nehmen. Dieser intensiven Zuneigung werde ich niemals entwachsen und in jetzt, wo ich im Alter von vierzig Jahren dieses Buch schreibe, weiß ich hundertprozentig sicher, dass das wirklich niemals passieren wird.

Pferde sind eine Lebensweise und es ist eine Lebensweise, Pferde zu haben. Ein unglaubliches Glück, von dem ich hoffe, dass auch andere es finden werden.

KAPITEL 2   Teil III

Große Umbrüche
Voraussicht und Schicksal

Plötzlich waren wir jetzt also in den Niederlanden heimisch, ich war neunundzwanzig und Mia fast fünf Jahre alt. In den ersten Monaten lief alles hervorragend. Ich hatte einen Teilzeitjob und gönnte Mia viel Zeit, sich an ihr neues Zuhause und ihre neue Umgebung zu gewöhnen.

Der Stall und die Umgebung, die ich für Mia ausgesucht hatte, waren - und sind übrigens immer noch - sehr schön. Der Stall gehört in unserer Region zu einem der besseren Ställe. Grundstücke sind im Westen der Niederlande sehr teuer und das bedeutet, dass viele Pensionsställe leider nicht viel Weideflächen haben auf denen die Pferde sich zwölf oder sogar vierundzwanzig Stunden pro Tag frei bewegen können. Was ich an diesem Stall besonders liebte, waren die unterschiedlichen Einstellmöglichkeiten, die den Pferdebesitzern angeboten wurden. Man konnte zum Beispiel eine Box nehmen, bei der die Pferde im Winter dann nachts im Stall und tagsüber in einem großen Sandpaddock standen. Im Sommer bestand darüber hinaus die Möglichkeit, sie vierundzwanzig Stunden pro Tag auf die Weide zu stellen.

Die Weidegruppen, die so entstanden, bestanden aus Pferden des gleichen Geschlechts. Ich hatte mich zunächst für diese Möglichkeit entschieden, weil sie am meisten der Situation glich, die Mia bisher zuhause gewöhnt war. Später, als mir deutlich wurde, dass eine andere gebotene Möglichkeit vielleicht sogar noch besser und artgerechter für die Pferde war, änderte ich das. Mia konnte dann nämlich in einer sehr viel größeren Herde mit sowohl Stuten als Wallachen zusammenleben, stand in einem riesigen Paddock mit unbeschränkt viel Heu und die Herde verfügte darüber hinaus über einen Laufstall. Sie konnten dort rund um die Uhr draußen leben, auch im Winter, und standen im Sommer gemeinsam auf der Weide.

Der Stall verfügte darüber hinaus über einen Sandreitweg, der einen unmittelbar in die Dünen und zum Strand führte, weshalb ich Mia nach ungefähr einem Jahr endgültig von ihren Hufeisen befreien konnte. Seitdem lebte sie auf Sand und einem Stück Steinboden, die idealen Bedingungen für das was man in der Pferdewelt auch gerne als „barfuß" oder „barhuf" bezeichnet. Auch in dieses Thema habe ich mich in den vergangen Jahren vertieft und frage mich manchmal, was ich machen sollte, falls wir wieder nach England umziehen würden, wo die Böden größtenteils hart und steinig sind. Ich bin mir aber ziemlich sicher, dass ich ihr mit regelmäßiger Hufpflege und einer geeigneten Fütterung wahrscheinlich auch dort die Hufeisen ersparen könnte. Heutzutage ist dies ein ziemlich kontroverses Thema, auf das ich an dieser Stelle nicht zu detailliert eingehen möchte. Ähnlich wie mein Standpunkt über Pferde, die in Boxen untergebracht werden, habe ich auch generell gar nichts gegen Hufeisen. Es geht mir hauptsächlich darum, wie und warum sie verwendet werden.

Die Tatsache, dass sie in einer gemischten Herde lebte, schien sie überhaupt nicht zu stören und wie bisher war sie auch in dieser Herde ganz sich selbst: groß und wagemutig. Tritte von anderen Pferden nahm sie einfach hin und sie verteidigte sich eigentlich nur, wenn sie in die Enge getrieben wurde oder der Meinung war, dass es angemessen war.

Die Heufütterung war zu Anfang problematisch, weil man dort Heulage fütterte, was Mia zuerst nicht fressen wollte. Die Ursache war entweder, dass es ihr einfach nicht schmeckte oder dass sie noch vom Umzug gestresst war. Es war etwas ganz anderes, als das, was sie gewöhnt war, und sie nahm ein paar

Kilo ab, die sie sich jedoch später, als sie sich eingelebt hatte, schnell wieder anfutterte. Das Problem hinsichtlich der unbeschränkten Fütterung von Heulage ist, dass man nicht kontrollieren kann, wieviel die Pferde fressen, aber im Laufe der Jahre habe ich mich an diesen Nachteil gewöhnen müssen. Es ist nicht ideal und nun mal eben die Kehrseite, wenn eigene Pferde in einem Pensionsstall eingestellt werden und man sich an die Bedingungen des Stallbesitzers anpassen muss. Man kann es einfach nicht immer genau so bekommen, wie man es am liebsten hätte und hat sich als Gast einfach an die Stallregeln zu halten. Dies kann gelegentlich zu Situationen führen, in denen man sich ziemlich hilflos und unverstanden fühlt. Es gibt dann nur zwei Lösungen: entweder sich anpassen oder einen anderen Stall suchen. Um ehrlich zu sein, macht es auch gar nichts aus, wo man seine Pferde einstellt, denn es wird bei jedem Stall etwas geben, was einem nicht gefällt. Im Vergleich zu anderen Pensionsställen in der Umgebung war dieser Stall jedoch trotz der geringfügigen Nachteile relativ billig und ich nahm diese kleinen Minuspunkte in Anbetracht der zahlreichen Pluspunkte, die dieser Stall bot, gerne in Kauf.

Es waren aufregende und interessante Jahre, in denen ich die (Stall-)Kultur in den Niederlanden und eine ganz andere Mentalität kennenlernte. Einige der Mädchen im Stall machten mir gegenüber gelegentlich merkwürdige Bemerkungen über Mias ungewöhnliches Verhalten und ihr Benehmen. Nicht unbedingt gemein, aber sie mussten einfach immer überall ihren Senf dazugeben. Solche Stallgenossen gab es in England natürlich auch, aber hier wurden die Bemerkungen in einer anderen und mir noch nicht so geläufigen Sprache gemacht. Ich muss auch zugeben, dass ich gerade in solchen Momenten gelegentlich richtiges Heimweh hatte. Ich hatte noch keine neuen und festen Freunde in den Niederlanden gefunden, die mir helfen und mich unterstützen konnten, wenn ich sie brauchte, und das fehlte mir sehr.
Nichtsdestotrotz machten wir mit vollem Elan weiter und endlich fand ich auch eine Vollzeitstelle in einer kleinen Stadt in der

Nähe des Stalles, was bedeutete, dass ich regelmäßig am frühen Morgen auf dem Weg zur Arbeit bei Mia vorbeischauen konnte. Trotz der luxuriösen Situation, dass ich nicht auszumisten brauchte, fehlte mir dies merkwürdigerweise am Anfang sehr. Alle Routinearbeiten wurden bei diesem Stall für einen erledigt. Man brauchte nur sein Pferd zu besuchen, zu putzen, sich mit ihm zu beschäftigen und konnte dann wieder nach Hause fahren. Es war ein richtiger Kulturschock, denn bei uns zuhause in England wurde ein solcher Service als „Vollpension" bezeichnet und es war sehr teuer, sein Pferd in einem solchen Stall unterzubringen. Die monatlichen Stallkosten waren zwar etwas höher als das, was ich zuhause bezahlt hatte, aber dafür fielen jetzt keine zusätzlichen Kosten mehr für Heu und Stroh an. Dadurch waren die Kosten somit ungefähr gleich hoch wie damals in England, aber mit dem angenehmen Vorteil, dass ich jetzt viel mehr Freizeit hatte.

Es ist schon komisch, wie das Leben manchmal laufen kann. Meine neue Stelle, auf die ich so stolz war, erforderte schon nach relativ kurzer Zeit, dass ich fast meine ganze Freizeit in sie investierte. Ich arbeitete ungefähr sechzig Stunden pro Woche, wurde aber nur für vierzig bezahlt. Mein damaliger Job in England war traumhaft, ich konnte mir meine Arbeitszeit damals ziemlich flexibel einteilen, wenn ich wollte, und durfte auch um 10 Uhr anfangen und achteinhalb Stunden einschließlich Mittagessen arbeiten. Mein neuer Job stellte aber als Bedingung, dass ich immer pünktlich um 8.00 Uhr anfing und irgendwann hatte ich so viel zu tun, dass es für mich besser war, um 7.30 Uhr anzufangen, wenn ich zwischendurch auch noch zu Mittag essen wollte. Es wurde mir auf eine Besorgnis erregende Weise sehr deutlich gemacht, dass man es nicht schätzte, wenn ich vor 18.30 Uhr nach Hause ging und deswegen arbeitete ich meistens bis 19.00 Uhr. Ich arbeitete ungefähr zwölf Stunden pro Tag und falls ich einmal eher weggehen wollte, hatte ich am nächsten Tag plötzlich sogar noch mehr zu tun bekommen. Zurückblickend war es eine Art des Autoritätsmissbrauchs meines damaligen Arbeitgebers und leider habe ich mich viel zu lange damit abgefunden. Ich befand mich in einer heiklen Lage und das wussten sie und fast neun Monate lang habe ich diese Ausbeutung einfach ausgehalten. Es wäre mir selber egal gewesen, aber die niederländische Einwanderungsbehörde hatten beschlossen, dass einige meiner englischen Berufsqualifikationen in den Niederlanden nicht anerkannt wurden. Deshalb musste ich in einer herabgestuften Stellung arbeiten. Dafür bekam ich genauso viel bezahlt wie vor zehn Jahren in England.

Kurz zusammengefasst fühlte es sich so an, als ob man mir sagte, dass ich zur Hölle fahren sollte, mich aber nicht darüber beschweren durfte, sondern die Fahrt genießen musste.
Meine Geduld wurde stark auf die Probe gestellt, aber es machte mir nicht so viel aus, weil damals glücklicherweise alle anderen Aspekte meines Lebens sich irgendwie ausbalanciert hatten.
Zumindest zeitweise , bis wieder ganz neue Ereignisse darauf folgen sollten.

Mein früheres frohes Ich hatte langsam angefangen, sich immer weiter zurückzuziehen. Mein Charakter und meine Gemütsverfassungen schlugen eine ganz neue Richtung ein und es war herzzerreißend, dass sich demzufolge auch meine Beziehung zu Mia veränderte, und zwar ganz deutlich nicht im positiven Sinn.

Ich war bereits sechs Monate lang nicht mehr zuhause in England gewesen. Ich war fest entschlossen, dass ich in den Niederlanden glücklich werden wollte und es alleine schaffen musste. Ich wollte meiner Familie und meinen Freunden nämlich unbedingt beweisen, dass ich die richtige Entscheidung getroffen hatte. Es war damals eigentlich zeitweise eine einzige große Lüge. Es war auch nicht mehr so einfach wie im vorigen Jahr, ein spottbilliges Flugticket, das ich mir mit meinem unbedeutenden Hungerlohn überhaupt leisten konnte, zu kaufen. Auch aus diesem Grund hatte ich bisher nicht nach Hause fliegen können. Als es mir dann doch endlich gelungen war, einen Flug zu buchen, war ich sehr aufgeregt. Ich war bisher noch niemals so lange von zuhause weg gewesen. Als das Flugzeug im Landeanflug war, überfiel mich das Heimweh erst richtig. Ich war plötzlich sehr emotionell, weil ich am Flughafen endlich meine Eltern wiedersehen würde. Ich weinte nicht nur während der Landung, sondern auch bei der Passkontrolle, woraufhin der Beamte mich besorgt fragte, ob ich in Ordnung war. Ich weinte bis hin zu dem Moment, an dem ich meine Eltern sah, die auf mich gewartet hatten und fröhlich winkten. Und ab dann war ich plötzlich wieder tapfer und konnte meinen Aufenthalt zuhause letztendlich doch noch richtig genießen. Als ich dort war, wurde mir deutlich, wieviel Heimweh ich gehabt hatte. Aber im Laufe meines Aufenthalts änderte sich das, ich hatte plötzlich Heimweh nach meinem neuen Zuhause in den Niederlanden. Ich freute mich irgendwann sogar wieder richtig darauf, meine beide großen Lieben, Jort und natürlich Mia, wiederzusehen.

Auf dieser Reise merkte ich aber auch, dass ich irgendwie einen Riesenknoten im Bauch hatte, wenn ich an Mia dachte. Es war in letzter Zeit mit uns leider nicht so gut gelaufen. Seit einigen Monaten, lief sie sogar weg, wenn ich zu ihr in den Paddock kam. Wenn ich mich ihr nähern wollte, musste ich sie erst mit einer Karotte bestechen, bevor ich ihr das Halfter anlegen konnte.

Schlimmer noch, ich hatte festgestellt, dass sie mir nicht mehr so vertraute wie bisher. Jegliche schnelle Bewegung führte dazu, dass sie von mir weg flüchtete. Manchmal protestierte sie sogar mit flach angelegten Ohren, als ob sie mich angreifen wollte. Ich ignorierte diese Zeichen wohlweislich und bildete mir zunächst ein, sie würden von selber wieder verschwinden, was natürlich nicht geschah. Im Gegenteil, sie wurden noch schlimmer. Es ging sogar so weit, dass in den letzten beiden Arbeitsmonaten bei diesem anstrengenden Arbeitgeber, meine Handflächen nassgeschwitzt waren, wenn ich im Stall ankam. So schnell es mir möglich war, fing ich mit ein paar Dressurstunden unter Leitung eines Reitlehrers an. Ein sehr guter Reitlehrer übrigens, den ich heutzutage häufig den Kunden empfehle, die nicht so gut mit meiner Lehrmethode zurechtkommen.

Im Sommer bedeutete das, dass ich sie nicht aus dem Paddock sondern aus der Weide holen musste. Wenn ich sie überhaupt fangen konnte! Und wenn es mir gelungen war, sie zu fangen, begann sie im Kreis um mich herum zu rennen oder sich aufzubäumen. Sie protestierte und versuchte zu verhindern, dass ich sie von dem Ort mitnahm, an dem sie sein wollte, an dem sie sich inmitten ihrer eigenen Herde glücklich und sicher fühlte. Ich war für sie nicht mehr der Inbegriff von Sicherheit oder Vertrauen und was die Sache noch schlimmer machte, ich war selber auch sehr müde und häufig schlechtgelaunt und immer in Eile. Ich war selbst genau zu dem geworden, was sie an den Menschen nicht mochte. Ich liebte sie immer noch innig, aber sie muss gefühlt haben, dass ich weniger für sie empfand als vorher und mich auch nicht mehr hundertprozentig für sie einsetzte.

Man hatte mir empfohlen, sie vor dem Reiten erst zu longieren, um sie etwas zu ermüden. Sie sollte sich, wenn ich dann aufstieg, ein bisschen besser benehmen. Das funktionierte aber leider überhaupt nicht und führte nur dazu, dass ich lediglich das kleine Problem wieder entdeckte, welches ich bereits wieder vergessen hatte, nämlich dass das Longieren von Mia gar nicht so einfach war. Sie rannte so unkontrollierbar schnell um mich herum, dass sie fast umfiel, was leider auch einige Male passierte. Das Merkwürdige war, dass ich ein paar Mal um Hilfe und Rat gebeten hatte und einige Leute auch versuchten, mir zu helfen, aber schnell merkten, dass ihre Versuche ebenfalls scheiterten. Deshalb gaben sie es meistens ziemlich schnell wieder auf und schoben mir oder meinem Pferd die Schuld an diesen Problemen zu. Das tat meinem Selbstvertrauen natürlich überhaupt nicht gut. Immer wenn ich versuchte, sie auf der rechten Hand zu longieren, drehte sie sich nach ein paar Runden einfach auf die linke Hand um, wobei sie im Vorbeirennen auch noch mit ihren Hinterbeinen nach mir schlug. Nach ein paar Wochen war sie infolge des Trainings eigentlich nur noch fitter geworden und es dauerte ungefähr eine volle Stunde, bis sie nur annähernd müde wurde. Ich schäme mich, zugeben zu müssen, dass ich zugelassen hatte, dass es so weit gekommen war.

Es war inzwischen sogar so schlimm, dass ich Bauchschmerzen bekam, sobald ich nur daran dachte, in ihrer Nähe sein zu müssen. Ich zitterte vor Angst, wenn ich ihr das Halfter anlegen musste und natürlich merkte sie das.

Wir hatten plötzlich auch Schwierigkeiten mit so einfachen Handlungen wie dem Satteln. Dabei regte sie sich furchtbar auf und zwar so extrem, dass sie Holzstücke aus dem Balken biss, an dem sie angebunden war. Um ihr die Trense anzulegen, musste ich mich auf einen Tritt stellen, damit ich bis zu ihrem Kopf hinaufreichen konnte. Es klappte zwar immer, aber es war einfach nicht so, wie es sein sollte. An den seltenen Tagen, an denen ich mich traute, sie zu reiten, trabte oder galoppierte sie sofort in hohem Tempo los und hatte sie nur ein Ziel, nämlich mich schnellstens loszuwerden. Nach einiger Zeit hatte sie herausgefunden, dass sie mich mit einem plötzlichen und ziemlich gemeinen Stopp wirkungsvoll über ihre linke Schulter aus dem Sattel katapultieren konnte. Sie war darüber hinaus unglaublich guckig und was ich auch versuchte, es wurde immer schlimmer. Ich hatte leider noch niemanden gefunden, der mich gut und sinnvoll beraten konnte und mir zeigen konnte, wie ich diese Probleme hätte lösen können.

Es war für uns beide eine schreckliche Zeit und sowohl meine Persönlichkeit als auch mein Charakter fingen an, darunter zu leiden. Meine große Liebe, mein einziger Besitz, der mir wichtiger war als alles andere in der Welt, war zu einem Wesen herangewachsen, das mich hasste. Das dachte ich zumindest. Ich fing damals an, innerlich zu zerbrechen.

Um diesen Teil der Geschichte verstehen zu können, ist es wichtig zu wissen, wie das Gehirn eines Pferdes funktioniert. Wenn wir alles berücksichtigen, was ich bisher geschrieben habe einschließlich ihrer Entschlossenheit, sich mit mir auseinanderzusetzen und Probleme vorzugsweise auf der linken Hand zu lösen, ist das eine sehr interessante Feststellung.

Warum wollte sie nur auf der linken Hand longiert werden, warum warf sie mich immer auf der linken Seite ab, warum versuchte sie immer, mich links von ihr zu positionieren? Wie ich bereits andeutete, ist die Antwort auf diese Frage eigentlich viel einfacher als man denkt. Da Pferde über die fantastische Eigenschaft verfügen, sich sehr schnell anpassen zu können, bedeutet das auch, dass sie hervorragend lernen können. Um ihre Sicherheit zu gewährleisten suchen sie ständig nach einem Zustand, der für sie in dem jeweiligen Moment am günstigsten ist. Der Tradition zufolge war es normal, dass Menschen sich Pferden immer von links näherten, sie von links anfassten und auf der linken Seite aufstiegen. Abhängig von der Art der Ausbildung der Menschen ist dies auch heutzutage immer noch üblich. Dies lässt sich zum Beispiel sofort bei dem Besuch einer Reitschule feststellen. Alle Handlungen werden von der linken Seite aus ausgeführt, vom Führen und Festbinden, vom Satteln und Zäumen bis zum Auf- und Absteigen. Ein Fluchttier wie das Pferd muss sich schnell daran gewöhnen können und wird sich irgendwann dann auch sicher dabei fühlen, weil es zur Routine geworden und somit voraussehbar ist. Wenn dieses Fluchttier sich jedoch nicht sicher fühlt oder verwirrt ist, wird es immer erst versuchen, sich in die ihm vertraute und bequeme Position zu manövrieren, bei der der Mensch sich auf seiner linken Seite befindet.

Genau das ist es, was bei den Menschen und ihren Pferden auch heute noch täglich zu Problemen führt und auch genau das, was ich heutzutage in meinem Unterricht immer wieder erkläre. Du wirst dich selbst sicherer fühlen und ein sehr viel schlaueres und tapfereres Pferd bekommen, wenn du deine Gewohnheiten und Fähigkeiten anpassen kannst und zwar soweit bis das Pferd dich auf beiden Seiten toleriert, akzeptiert und dir vertraut. Und damit meine ich bei allem, was du mit ihm tust: beim Laufen, Führen,

Longieren, Satteln, beim Verladen in den Pferdehänger, einfach überall. Mia warf mich links von ihrem Rücken herab, denn das war ihre sichere Seite und die Seite, von der aus sie mich am besten kannte.

Was das Reiten angeht, hatte ich selber auch eine wichtige Hypothese formuliert. Dieses liebe, ruhige Pferd, das so oft auch ernst, friedlich und zufrieden erschien, hatte mir die ganze Zeit etwas mitteilen wollen. Das einzige Problem war, dass ich ihr noch nicht zugehört hatte. Natürlich hatte sie bereits mehrere Reiter auf ihrem Rücken gehabt, bevor wir umzogen, und wir hatten auch schon ein paar Ausritte gemacht, aber das Training hatten wir noch nicht vollständig abgeschlossen. Als ich sie nach dem Umzug wieder anfing zu reiten, ging ich einfach davon aus, dass wir sofort dort weitermachen konnten, wo wir vorher aufgehört hatten. Das war ein Riesenfehler. Das Training war noch nicht oft genug wiederholt worden, um ihr Langzeitgedächtnis erreicht zu haben. Ich hätte ihr Training eigentlich in den Niederlanden nochmals von Anfang an wiederholen müssen. Aber ich war selber inzwischen auch eine ganz andere Person geworden. Ich hatte mich durch neue Lebenserfahrungen verändert. Irgendwie ging ich einfach davon aus, dass sie damit umgehen konnte und sich vielleicht sogar um mich kümmern konnte. Das machte sie auch, aber nicht so, wie wir Menschen es erfassen konntem. Ich hatte auch keine Hilfsmittel wie zum Beispiel eine Checkliste, auf die ich zurückgreifen konnte, und ich wusste ehrlich gesagt noch nicht einmal, dass es solche Checklisten überhaupt gab.

Die Ruhe in diesem Pferd, die Weise, auf welche sie sich mit Sachen befasste oder lernte und danach ganz still und ruhig wurde, war die wichtigste Lektion aller Lektionen. Ich ging immer davon aus, dass dies der Gehorsam war, den ich ihr beigebracht hatte. Das stimmte aber nicht. Sie hatte gewisse Situationen nämlich zwar verarbeitet, aber noch lange nicht akzeptiert. Ich möchte gerne noch eine letzte Erkenntnis hinzufügen. Ich bin mir nicht hundertprozentig sicher, aber ich bin davon überzeugt, dass es eine wichtige Rolle bei ihrer Entwicklung spielte. Jedes Mal, wenn dieses Pferd etwas gelernt hatte, ob es nun die Flucht vor dem Tierarzt, vor einer Untersuchung oder einer Spritze war, die Auseinandersetzung mit einem Chiropraktiker oder der Kampf mit anderen Pferden um die Herdenhierarchie, es war immer Futter im Spiel. Sie wurde ständig mit Futter überladen und auch ihre Überlebensinstinkte wurden immer reichlich belohnt. Dieses willensstarke und kräftige Pferd erhielt immer wieder neuen Treibstoff und konnte dadurch gefährlich werden. Ohne es übrigens selber zu wollen. Und ich? Ich hatte wirklich gar nicht gemerkt, dass das der Fall war. Sie hatte darüber hinaus auch nie gelernt, vor Druck zu weichen. Sie hatte auf jeden Fall überhaupt gar keine Angst vor Druck. Es war ihr völlig egal.

Glücklicherweise kam ich im achten Monat meiner furchtbaren Zeit bei diesem Arbeitgeber wieder einigermaßen zur Vernunft. Ich war unglaublich müde, ein paar Tage krank und mir unterliefen ständig Fehler bei der Arbeit. Fehler, die die Firma Geld hätten kosten können, und es ist wohl verständlich, dass sie deswegen nicht sehr zufrieden mit mir waren. Irgendwann gelangten wir gemeinsam zu der Schlussfolgerung, dass es besser wäre, wenn ich kündigen, aber bis zum Ende des Kündigungsmonats noch weiter arbeiteten würde. In der ersten Woche des Kündigungsmonats musste ich mich wegen unglaublicher Müdigkeit, Gewichtsverlust und Konzentrationsprobleme aber wieder krankschreiben lassen. Ich war so erzogen worden und auch davon überzeugt, dass ich in diesem letzten Monat ebenso gute Arbeit leisten musste wie in meinem ersten Monat dort, um ein gutes Arbeitszeugnis zu bekommen. Ich musste ja anschließend wieder einen anderen Job suchen. Die zweite Woche ist ein verschwommener Fleck. Ich kann mich nur noch daran erinnern, dass ich meinen Kollegen, die sich übrigens inzwischen deutlich von mir distanziert hatten, einen Teil meiner Aufgaben übertragen hatte. In der dritten Woche fragten diese Kollegen mich sogar ganz dreist *Warum kommst du eigentlich überhaupt noch?* Es schockierte mich, dass sie jemanden, der bisher immer sehr gute Arbeit geleistet hatte, so behandelten. Ich hatte natürlich davon gehört und darüber gelesen, dass so etwas passiert, aber wenn man es selber miterlebt, ist es doch etwas ganz Anderes. Ich fühlte mich missbraucht.

Meine Kündigung und das Verlassen dieser Firma erwiesen sich letztendlich jedoch als ein wahrer Segen. Die letzten zehn Tage meines Kündigungsmonates brauchte ich nicht mehr zu arbeiten, was es mir ermöglichte, mental wieder stärker zu werden. Zum Glück zahlten sie mir aber noch mein vollständiges letztes magere Monatsgehalt. Danach hatte ich - und war ich - frei. Ich hatte endlich Zeit, über viele Dinge nachzudenken und einen neuen Job zu suchen. Den ich auch fand, wieder in der Nähe von Mias Stall. Mir wurden damals sogar von zwei unterschiedlichen Firmen, die sich auch noch nebeneinander befanden, unabhängig voneinander zwei Stellen angeboten.

Ich war froh, dass mir dies alles im Laufe der letzten zehn Tage gelungen war und da ich nicht mehr zu diesem furchtbaren Job zurückkehren musste, fühlte ich mich plötzlich auch sehr viel besser. Ich war zwar immer noch müde, aber auf jeden Fall etwas glücklicher. Am Anfang des nächsten Monats fing ich bei meinem neuen Arbeitgeber an. Ich hatte davor noch niemals von dem Ausdruck *Burnout* gehört und falls ich davon gehört hätte, hätte ich mich wahrscheinlich nicht damit beschäftigt. Ich glaube, es kommt dadurch, dass ich bisher niemals selber davon betroffen war. Aber damals erlitt ich mein erstes Burnout.

Positiv betrachtet, ging es mir - meine Karriere betreffend - viel besser. Ich erhielt ein besseres Gehalt und hervorragende Vergünstigungen, hatte nette Kollegen und normale Arbeitszeiten von neun bis siebzehn Uhr. Und Jort und ich hatten beschlossen, nun in einer Wohnung zusammenzuwohnen. Um ehrlich zu sein, wohnte ich nur einen Stock über ihm und wir hatten bisher noch keine Nacht getrennt voneinander geschlafen Wir hielten uns abwechselnd in seiner oder meiner Wohnung auf. Aber jetzt hatten wir beschlossen, dass es Geldverschwendung war, für zwei Wohnungen zu bezahlen und deshalb zog ich - eine Etage tiefer – in seine Wohnung ein. Er wusste natürlich, welche Probleme ich damals hatte, und da wir leider nicht die Möglichkeit hatten, Pferde im Hintergarten zu halten, kaufte er mir ein Kaninchen und ein Meerschweinchen, um mich aufzumuntern, wenn ich abends zuhause war. Es half mir auch wirklich und ich liebte sie. Er hatte mich auch dazu überredet, am Ende des Jahres mit ihm und ein paar seiner Freunde sechs Wochen nach Neuseeland zu reisen.

Was Mia betraf war ich ziemlich verwirrt und durcheinander. Ich hatte auf jeden Fall inzwischen beschlossen, mit unseren Dressurreitstunden aufzuhören. Mia war für mich ein hübsches und großes Haustier, das ich über alles liebte, aber dem ich mich nicht mehr so nähern konnte wie früher, weil ich Angst vor ihr hatte. Und wenn ich mich traute, ihr nahe zu kommen, wollte sie überhaupt nicht bei mir sein.

Ich merkte aber, dass sich Mias Verhalten mir gegenüber entspannte, nicht lange nachdem ich meine andere Arbeitsstelle hatte und mit dem traditionellen Dressurtraining aufgehört hatte. Ich sah und fühlte es. Es war nicht ausreichend, um keine Angst mehr vor ihr zu haben, aber ich konnte es trotzdem spüren. Auch wenn ich es damals noch nicht in Worte fassen konnte, wusste ich aber instinktiv warum. Ich bin mir sicher, dass meine Angst durch Frustration entstanden war und durch die feste Überzeugung, dass es völlig gleichgültig war, was ich jetzt noch machte oder versuchte, weil alles die ganze Situation wahrscheinlich ohnehin nur noch verschlechtern würde. Das passiert vielen Menschen, die sich mit Tieren beschäftigen. Sie geben es irgendwann einfach auf.

Ich hatte das überwältigende Gefühl, dass ich bei ihr in vielen Hinsichten fehlgeschlagen hatte und mein Training irgendwie unterwegs gescheitert war. Ich konnte mit diesem Gefühl gar nicht umgehen und verstaute es deshalb irgendwo ganz hinten in meinem Kopf, weit weg. Und mit dieser Einstellung und Überzeugung hatte ich einen - wenn auch noch nicht endgültigen - Beschluss gefasst, nämlich dass es am besten wäre, wenn ich sie verkaufen würde. Als ich endlich den Mut fand, Jort über diesen Beschluss zu informieren, und ich die Worte auch wirklich aussprechen musste, fühlte es sich an, als ob mein Herz zerbrach. Ich war am Boden zerstört. Wenn ein Fremder mich damals gesehen hätte, wäre er wahrscheinlich davon ausgegangen, dass mindestens gerade ein geliebter Mensch gestorben sein musste. Es war wirklich schrecklich. Meine Liebe, mein Traum, mein Sauerstoff, meine beste Freundin, ich war felsenfest davon überzeugt, dass ich Abschied von ihr nehmen musste.

Ein paar Tage lang ließ ich diese Gedanken ab und zu in meinem Kopf zu. Gedanken, mit denen ich mich gar nicht auseinandersetzen wollte. Und Fragen: *Wem könnte ich sie überhaupt verkaufen und wie sollte ich den Verkauf überhaupt hinkriegen? Was wäre, wenn sie das macht? Was passiert, wenn sie mit einer neuen Situation gar nicht umgehen kann?* Es waren Höllenqualen für mich.

Irgendwann gelang mir jedoch alles wieder etwas besser und meine ersten paar Monate im neuen Job liefen wie geschmiert. Mein Arbeitgeber war unglaublich großzügig und gönnte mir einen sechswöchigen Urlaub, wovon drei Wochen bezahlter Urlaub und drei weitere Wochen unbezahlter Urlaub. Die geplante Reise riss ein großes Loch in mein Konto, aber mein lieber Partner, und zukünftiger Verlobter, versprach mir, dass ich mir darüber keine Sorgen zu machen brauchte.

Genau wie bei allen vorherigen Reisen und Ausflügen hatte ich ein paar Bekannte gefunden, die sich um Mia kümmern wollten. Ich schickte ein Stoßgebet zum Himmel, dass sie sich bitte, bitte nicht verletzen sollte oder auf jeden Fall nicht so schlimm, dass sie einen Tierarzt gebraucht hätte.

Danach fing unsere Reise an, die im Nachhinein betrachtet eine wirkliche Traumreise war.

Meine plötzliche andere Arbeitssituation und die Entscheidungen, die ich bezüglich Mia treffen musste, hatten dafür gesorgt, dass ich ziemlich zugenommen hatte. Ich wog davor immer ungefähr 56 bis 58 Kilo und jetzt 68 Kilo! Ich fühlte mich aus diesem Grunde etwas depressiv, insbesondere weil die jungen Frauen und Männer, mit denen wir unterwegs, alle mindestens einen Kopf größer waren als ich und in meinen Augen viel schlauer, schöner und schlanker waren als ich.

Die Erinnerung an diese sechswöchige Reise ist verschwommen und neblig. Wir unternahmen traumhafte Ausflüge und viele unserer unterwegs erlebten Abenteuer und unserer dort entstandenen Erinnerungen werde ich niemals vergessen. Aber ständig beschäftigte und nervte mich auch diese eine Frage: *Was soll ich bloß mit meinem Pferd machen?*

Die schönen Momente, die wir auf der Reise hatten, dauerten leider immer nur kurz und wurden immer wieder von dem schrecklichen Gedanken an Mias Zukunft überschattet. Mia, die zuhause auf mich wartete. Wir verbrachten fünf Wochen in Neuseeland und machten auf dem Rückweg eine kurze Reisepause in Malaysia. Es war die letzte Woche vor unserem Rückflug. Damals sagte Jort etwas zu mir, was alles veränderte. Natürlich fühlte er meine Schmerzen und wollte er mir gerne helfen. Wir hatten bereits mehrere Möglichkeiten und Szenarien miteinander besprochen, was wir mit Mia machen sollten, machen konnten, machen wollten, sobald wir wieder zu Hause waren. Ich hatte mich eigentlich bereits mit einer noch nicht ganz endgültigen Situation abgefunden: Ich würde sie einfach in den Ruhestand treten lassen. Ich wollte einen Bauernhof in den Niederlanden oder einem der Nachbarländer, wie zum Beispiel Deutschland finden, vielleicht auch in England, wo sie in Ruhe leben konnte und den Rest ihres Lebens ein wildes Pferd bleiben konnte. Ich vermutete, dass sie, wenn ich dies nicht täte, irgendwann einmal jemanden - oder vielleicht noch schlimmer, sich selber - schrecklich verletzen würde. Jort sagte damals: *Warum versuchst du nicht einfach dieses andere Training, von dem du mir erzählt hast, als eine letzte Chance bevor du sie gehen lässt?* Ich wusste natürlich genau, wovon er redete, und mein Verstand war plötzlich hellwach. Ich war so aufgeregt, dass ich es kaum noch abwarten konnte, bis ich das wunderschöne Paradies, an dem wir uns gerade befanden, wieder verlassen durfte, um nach Hause zu fahren und sofort auszuprobieren, ob es funktionieren würde. Ich hoffe, dass es nicht zu selbstsüchtig klingt, aber ich muss gestehen, dass die Reise mich plötzlich gar nicht mehr interessierte, denn meine Zukunft mit Mia bedeutete mir damals viel mehr. Ich konnte nicht schlafen. Ich weiß noch, dass ich nachts an einem der schönsten Fleckchen der Erde stundenlang den weichen, kleinen Wellen des Ozeans, die vorsichtig gegen die Pfähle unserer Hütte plätscherten, zuhörte und mich immer wieder fragte, ob dies die Lösung sein konnte, die ich gesucht hatte.

Und obwohl ich mich noch nicht traute, es zuzugeben, wusste ich einfach, dass es klappen würde.

KAPITEL 3

Der Weg zur Erlösung
Gewaltloses Training

Erlösung: Die Tat oder der Vorgang des Rettens oder des Gerettet-Werdens von Unwohl, Fehlern, Sünden oder anderen Übeln.

Ich hatte mein Auto verkaufen müssen, weil es in England zugelassen war und nur ein Jahr mit einem englischen Nummernschild in den Niederlanden benutzt werden durfte. Ich fand es eigentlich gar nicht so schlimm, denn wenn ich mit dem Roller irgendwo hinfuhr, konnte ich unterwegs hervorragend nachdenken und meinen Kopf frei bekommen. Ich musste mir jetzt auch kreative Lösungen ausdenken, wie ich zum Beispiel große Futtersäcke für Mia auf dem Motorroller zum Stall transportieren konnte. Es gelang mir aber bereits nach einer Weile sehr gut, große und sperrige Güter auf meinem 50 ccm Roller mitzunehmen, was übrigens sehr viele Niederländer ständig machen, entweder indem ich sie zwischen meinen Beinen balancierte oder hinter mir auf dem Sitz abstellte.

Nachdem ich eine Reise von mehr als vierundzwanzig Stunden hinter mir hatte sprang ich, als wir zuhause angekommen waren, also sofort auf meinen Motorroller und fuhr zum Stall. Dort angekommen graste Mia zufrieden inmitten ihrer Herde und mit einem Kloß im Hals näherte ich mich ihr bis auf ein paar Meter und sprach laut zu mir selber, zu ihr und zum Universum: *Alles ist in Ordnung, es wird mir gelingen.*
Nach ungefähr einer halben Stunde ging ich wieder weg, ich hatte sie aber, obwohl ich mir das so dringend vorgenommen hatte, wieder leider nicht anfassen können.

Nachdem ich am nächsten Tag den versäumten Schlaf nachgeholt, die Koffer ausgepackt und mich wieder ein bisschen eingewöhnt hatte, bereitete ich mich auf den ersten Arbeitstag vor. Dabei fiel mir ein, dass ich eine Schachtel mit Videos und CDs eingepackt hatte als ich umzog, und ich fragte mich plötzlich, ob ich die wertvollen Ausbildungsvideos ebenfalls eingepackt hatte. Und siehe da, zu meiner Erleichterung fand ich sie recht schnell, es war ein wichtiger Moment und ich war sehr aufgeregt. Nach ein paar Tagen weiterer Nachforschungen und Studien fand ich heraus, dass das Lehrprogramm verbessert worden war und jetzt auf DVD zur Verfügung gestellt wurde. Nun auch mit begleitenden Anleitungen in Taschenbuchform und mit Diagrammen, mit denen man seine Fortschritte messen konnte. Ich bestellte sie sofort.

Jeden Abend wenn ich nach Hause kam sah ich mir mindestens zehn Minuten bis gelegentlich, wenn wir nichts anderes vorhatten - drei Stunden lang immer wieder diese DVDs an. Ich war total begeistert, alles war so logisch und es war, als ob jemand mir eine Landkarte mit dem Weg zu einem wertvollen Schatz überreicht hatte. Es war einfach unmöglich diesen Schatz nicht suchen zu wollen oder ihn nicht zu finden. Jort war fantastisch, er ermutigte mich auf jedem Schritt meines Weges, denn auch er sah, wie das Funkeln in meinen Augen, das er so lange nicht mehr gesehen hatte, zurückkehrte.

Es war mir bisher noch nicht deutlich geworden, dass die Mittel oder Instrumente, die ich für dieses Training benötigte, genauso wichtig waren wie die Kenntnis, die ich erwerben musste. Ich hatte zeitweilig eine andere Art Halfter benutzt, das von einem anderen Pferdeguru entworfen worden war und logischerweise auch von ihm empfohlen wurde. Es war nicht dasselbe wie das Knotenhalfter, das ich davor benutzt hatte, und sein Wert und seine Bedeutung waren mir noch nicht ganz deutlich. Das Knotenhalfter, welches ich vor ein paar Jahren gekauft hatte, hatte ich irgendwie verloren oder verlegt, den Bodenarbeitsstick (Carrot Stick) hatte ich jedoch wiedergefunden. Sobald ich es mir endlich wieder leisten konnte, kaufte ich mir auch den Rest der Ausrüstung dazu. Diese Grundausrüstung ist weder geheimnisvoll, noch magisch, wie viele Leute denken und behaupten. Sie sind einfach nur der Schlüssel zur Sprache des Pferdes und gewährleisten die eindeutige Kommunikation, die Pferde für diese Methode benötigen. Ich habe ein paar Fotos von den ersten Wochen, in denen ich damit angefangen hatte, diese Trainingsmethoden wieder anzuwenden. Es war aber schade, dass ich damals aufgrund meiner bisherigen Erfahrungen jetzt geradezu verlegen war, im Beisein anderer Menschen zu üben und mir viel zu viel Gedanken machte, was andere Leute über mein Training denken würden.

In den ersten paar Übungssessionen ging ich den Stallkameraden deswegen absichtlich aus dem Weg und entfernte mich noch weiter aus meiner Behaglichkeitszone indem ich mit Mia ein paar Minuten bis zum Eingang zu den Dünen ging und dort mit ihr arbeitete. Auf einem Foto ist deutlich zu sehen wie Mia sich aufbäumte und damit deutlich zeigte, wie sie über mich und meine Entscheidungen dachte. Es war als ob sie mir sagen wollte: *Nein, ich kann es nicht* oder *Ich verstehe nicht, was du von mir willst.*

Obwohl ich das Glück hatte mein ganzes Leben im Beisein von Pferden gewesen sein zu dürfen, lernte ich jetzt plötzlich und auf eine sehr harte Art, dass ich eigentlich gar nichts über sie wusste. Sie hatten immer mit geredet, aber ich hatte ihnen nie richtig zugehört. Ich wurde mir vieler trauriger Wahrheiten bewusst. Eine davon war, dass Mia nicht bei mir sein wollte, sie wollte viel lieber sicher und ungestört in ihrer Herde bleiben.
Eine weitere Erkenntnis, über die ich damals aber gar nicht nachdachte war, dass es ihr darüber hinaus völlig egal war, wieviel Geld ich für sie ausgab und wie oft ich sie küsste und streichelte.

Trotz all meiner Bemühungen machte mir die Tatsache, dass ich so weit vom Stall entfernt trainierte doch so viel Angst, dass ich nach ein paar Versuchen beschloss, das Starren und die unerwünschten Kommentare zu ignorieren und mit Mia in dem runden umzäunten Longierzirkel zu arbeiten, der sich genau in der Mitte des Stallgeländes befand. Zum Glück hatten sich mein logisches Denkvermögen und meine Willenskraft wieder rechtzeitig eingeschaltet, denn dort war es viel sicherer für uns beide. Falls ich Mia aus irgendeinem Grund doch einmal loslassen musste, konnte sie auf jeden Fall nicht weit weg rennen. Das war der Wendepunkt. Mein Training und mein Glauben daran waren jetzt stärker als der Einfluss, den die Meinung anderer auf mich hatte. Obwohl es nicht einfach war, wusste ich tief in meinem Herzen, dass diese Leute mich icht mehr davon abhalten würden, genau das zu machen, woran ich glaubte. Letztendlich hatten sie ja auch nicht die richtigen Antworten oder auf jeden Fall keine Antworten, die die Anwendung von Gewalt oder die Verletzung des Stolzes des Pferdes garantiert ausschlossen. Ich hörte zwar zu, wenn jemand mir einen Rat erteilte, aber mir wurde schnell klar, dass es immer dieselben Antworten war. Sie hatten keine Ahnung oder sie gaben mir und dem Pferd die Schuld ohne selber eine bessere Lösung anbieten zu können.

Es war glaube ich in der dritten Woche nachdem ich mit dem neuen Training angefangen hatte, dass meine Angst plötzlich verschwand und an einer ganz anderen Stelle in mir selber wieder auftauchte. Es hatte sich an den Bedingungen nichts geändert. Mia bot immer noch Widerstand und ich hatte auch immer noch Angst vor ihr. Aber anders als vorher. Ich bin mir sicher, dass das so war, weil ich eine neue Sicherheit gefunden hatte und mittlerweile einige von Mias Fragen beantworten konnte. Etwas hatte angefangen sich zu verändern und die Momente ihrer negativen Reaktionen mir gegenüber wurden kürzer. Dann passierte etwas Neues, was ich sogar in meinen Tagebüchern aufgeschrieben hatte, weil es mir so aufgefallen war. Mia wurde plötzlich ungewöhnlich ruhig. Ich machte mir Sorgen, ob sie vielleicht krank war, merkte aber schnell, dass das nicht der Fall war. Sie war einfach nur äußerst entspannt, wenn ich bei ihr war und ich hatte selber schon völlig vergessen, wie sie aussah und sich anfühlte, wenn sie entspannt war. Ich fing auch an zu begreifen, dass immer wenn Mia still gewesen war, sie damit beschäftigt war, etwas zu lernen beziehungsweise das Gelernte zu verarbeiten.

Der Unterschied war aber jetzt, dass es auf positive Weise geschah. In sehr kurzer Zeit veränderten wir uns beide enorm. Ein wichtiges Detail und ein Punkt auf den ich meine Schüler und Kunden gerne möglichst oft hinweise ist, dass sie zumindest versuchen sollten zu verstehen, nicht nur <u>wie</u>, sondern auch <u>warum</u> sie etwas auf eine bestimmte Art machten, insbesondere bevor sie über etwas urteilen. Ich nenne dies hier, weil es unseren gemeinsamen Fortschritt erheblich und weit mehr als erforderlich erschwert hatte, dass ich das erst nicht getan hatte. Ich muss zugeben, dass ich ab und zu unglaublich naiv sein kann, aber ich bin nicht dumm und ich kann mich gut in die Gefühle anderer einleben. Bis vor kurzem war dies eine Gabe gewesen, die ich als eine Last empfunden hatte, aber heutzutage betrachte ich es als ein Geschenk.

Aus diesem Grund dauert es bei mir auch nie sehr lange bis ich herausfinde, ob mich jemand mag oder nicht oder über mich und meine Pferde redet und das ist ok. So ist das Leben nun einmal. Ich kann es meistens bereits aus einem unangenehmen oder zögerlichen Gespräch mit einem Freund, Partner oder Familienmitglied der entsprechenden Person ableiten oder ihre Körpersprache entsprechend interpretieren.

Ein weiteres Beispiel dafür, wie wir gelegentlich von anderen schikaniert wurden, ereignete sich an einem Tag nachdem ich erfolgreich mit Mia gearbeitet hatte und anschließend sehr zufrieden mit ihr spazieren ging, fröhlich und mit federndem Schritt, äußerst glücklich und zufrieden. Ein paar Leute die mich scheinbar bereits von weiter weg beobachtet hatten, stellten sich auf dem schmalen Pfad, auf dem wir liefen, plötzlich vor uns und versperrten uns den Weg. Sie rumpelten mich mit einer

einfachen aber sehr unfreundlich gemeinten Bewegung an meiner Schulter an und warfen mir vor: *Du solltest nicht tun, was du da tust, es ist schlecht für dein Pferd, du musst damit aufhören.* Erstaunt über diesen Vorwurf atmete ich tief ein und aus und bat Mia freundlich, rückwärts von der jetzt für uns versperrten Stelle wegzuschreiten und so höflich, wie ich es gerade noch aufbringen konnte, antwortete ich ruhig: *Ich hatte keine Ahnung, dass ihr überhaupt wisst, was ich mache. Könntet ihr mir sagen, wie lange ihr diese Art des Trainings bereits gemacht habt? Denn ich würde mich sehr über euer Feedback freuen und gerne von euren Erfahrungen lernen.*
Sie schauten mich irgendwie verwirrt an, traten zur Seite und jemand sagte, jetzt in einem etwas vorsichtigeren Ton: *Also das kann ich dir nicht sagen, denn ich habe es noch nicht versucht, aber ich kann dir schon sagen, dass ich es auch nie machen werde, denn was ich sehe, gefällt mir nicht.*
Ich bemühte mich, nicht zu genervt zu klingen und erwiderte: *Ok, also du fandst es notwendig, mir deine Meinung mitzuteilen, um die ich dich gar nicht gebeten habe, um mir anschließend zu erzählen, dass du etwas nicht magst, worüber du eigentlich gar nichts weißt?* Als sie versuchten noch etwas herauszubringen wie *Nein, aber was ich meine ist...* hatte ich inzwischen genug von dieser Konversation und teilte ihnen deutlich mit meiner Körpersprache mit, dass das Gespräch beendet war und ging einfach weiter. Sie traten zur Seite und zurecht, denn die Anwesenheit und Größe dieses hübschen und sehr großen Pferdes, das hinter mir her lief, wäre auch ausreichend gewesen, eine Gruppe von vier Personen davon zu überzeugen, dass es wahrscheinlich sicherer wäre, ihm aus dem Weg zu gehen.
Ich habe mir solche Gespräche seitdem wohl hunderte Male anhören und diese führen müssen und werde das wahrscheinlich auch zukünftig noch oft machen müssen. Es ist eigentlich inzwischen fast meine zweite Natur geworden. Es entspricht der menschlichen Wesensart, etwas zu untergraben, was man nicht versteht oder woran man nicht glaubt. Ich bin nur der Ansicht, dass wir als intelligente Gattung lernen müssen, dies anders anzugehen und Lösungswege zu finden, anstatt ständig nur über

Probleme zu reden. Das Schöne daran war jedoch, dass ich von den Lehrmeistern meines Trainingsprogramms inzwischen auch einiges Wissenswertes über menschliche Emotionen, sowohl meine eigenen als die anderer, gelernt hatte. Ich lernte nicht nur wie ich mit den Gefühlen der Pferde umgehen musste, sondern auch wie ich mich Menschen gegenüber verhalten sollte, auch in ziemlich extremen Situationen.

Diese konfrontierenden Situationen, die mich früher zerstört hätten, waren jetzt zu wichtigen Instrumenten geworden, die zu meinem Wachstum beitrugen. Ich hatte die Kunst erlernt, ihnen zu antworten, indem ich ihre eigene Frage wiederholte. Mein Selbstvertrauen wuchs also, nicht nur was Mia betraf, sondern in allen denkbaren Lebenslagen. Mein Gehirn hatte gelernt, dass es egal war, was Leute von mir dachten oder über mich redeten. Das Einzige, was wichtig war, war was Mia dachte und mir sagte. Als ich letztendlich erkennen konnte, dass sie eigentlich Antworten suchte und Wege, um einen Kompromiss mit mir schließen zu können, machte meine Psyche eine Wende um hundertachtzig Grad und gab ich ihr etwas, was ich ihr schon lange nicht mehr gegeben hatte, nämlich mein Herz und meine Seele, zu hundert Prozent und einfach nur, weil ich endlich den Schlüssel zum Glauben an uns wiedergefunden hatte.

Der Anfang des Jahres 2007 war somit ziemlich beeindruckend und veränderte mein Leben. Ich habe danach auch niemals mehr zurückgeblickt. Ich fuhr öfter nach England, nach Hause, und je tiefer die Wurzeln in meiner neuen Heimat reichten, desto mehr fühlte ich mich wie jetzt fast wie ein Tourist in meiner ursprünglichen Heimat.

Ein anderer lebensverändernder Moment, den ich ebenfalls nie vergessen werde, war der Tag, an dem ich Mia zu einem Spaziergang in den Dünen mitgenommen hatte und Jort auf seine Knie sank und mir dort einen Heiratsantrag machte. Ich war verzückt, es war wie in einem Märchen. Ich hatte aber auch Angst. Hatte ich mich nun ja tatsächlich dazu verpflichtet, endgültig bei meinem Verlobten in den Niederlanden und weit weg von meiner Familie und Freunden zu bleiben. Diese neue Zukunft machte mich unsicher, fühlte sich aber zugleich auch richtig an.

Die besten Erinnerungen an damals waren die alten Gewohnheiten, die ich wieder aufgegriffen hatte, nämlich Mia auf dem Weg zur Arbeit zu besuchen und gelegentlich sogar morgens mit ihr zu arbeiten. Es war bezaubernd so früh an einem solchen schönen Ort sein zu dürfen, umgeben von zwitschernden Vögeln in den Bäumen und zum Glück alleine, ohne neugierige Zuschauer, die ihre Nasen in meine Angelegenheiten steckten. Dadurch konnte ich mir auch immer einfach aussuchen welche Einrichtungen wir nutzen wollten, weil noch niemand anders da war und so kam es, dass wir unglaublich schnell sehr große Fortschritte machten. Die Dinge, die mir zuvor Angst eingeflößt hatten, wurden letztendlich schöne und zugleich einfache Gewohnheiten und Fertigkeiten. Einfache Sachen, so wie Mia das Halfter anlegen, was jetzt wie selbstredend im Rahmen unserer neuen verständnisvollen Partnerschaft erfolgte und ganz einfach war. Ich brauchte sie nicht mehr dazu zu zwingen, im Gegenteil, ich konnte ihr beibringen, wie sie mir sogar dabei helfen konnte. Ich konnte irgendwo mit ihr hingehen, ohne dass ich sie, oder wenn ich ehrlich bin sie mich, mitschleppen musste. Wir hatten gelernt, miteinander zu gehen, ich sowohl an ihrer rechten, als auch an ihrer linken Seite und falls sie doch noch einmal Widerstand leisten sollte, hatte ich gelernt, sie voranzutreiben, anstatt sie hinter mir her zu ziehen. Und ich hatte gelernt, ihre Schwellen zu respektieren und ihr dabei zu helfen, diese zu überschreiten. Ich nenne hier nur ein kleines Beispiel, denn es gab (und es gibt immer noch) so viele mehr.

Ebenfalls bedeutungsvoll war, dass ich gelernt hatte, so mit ihr zu kommunizieren, dass sie mich auch wirklich verstehen konnte. Das Longieren, was zunächst unser meist gefürchteter Trainingsbestandteil gewesen war, war inzwischen zu einer unserer allerbesten Übungen geworden. Es hatte sich endlich von einem wilden und unkontrollierbaren Chaos zu einem gut choreographierten Longieren entwickelt und zwar sowohl mit einer langen Leine, als auch ganz ohne Leine - „at liberty", wie es im Trainingsprogramm bezeichnet wird - also in Freiheit. Ich konnte mich jetzt an ihre Energie, anstatt an ihre Gefühle anpassen, was ihr mehr Zeit gab, sich mit mir zu verbinden und mir Fragen zu stellen. Es passierte damals so viel gleichzeitig und ich war mir gar nicht bewusst, wie viele Samen ich in dieser Phase bereits gepflanzt hatte. Das begriff ich erst später.

Aus meiner Begeisterung heraus hatte ich angefangen ein Tagebuch zu führen, in dem ich unsere Fortschritte fleißig notierte. Ein solches Tagebuch hilft einem dabei sich zu erinnern, wie weit man bereits gekommen ist und motiviert bei neuen Herausforderungen.

Natürlich war damals noch nicht alles perfekt. Ich hatte bis Ende 2008 noch nie Hilfe von einem richtigen Trainer bekommen und alles, was ich erreicht hatte, war das Ergebnis meines Selbststudiums, aber ich hatte mich von Kopf bis Fuß in diese Methode verliebt. Denn dadurch hatte ich endlich einen Weg gefunden, mein Pferd so trainieren zu können, wie es mir am besten gefiel und wie es am besten zu mir passte. Es hatte einfach so sein müssen. Alles was letztendlich zählte war, dass ich Mia behalten konnte. Alle Gedanken und Ideen, dass ich sie verkaufen musste oder anderenorts unterbringen musste, hatte ich endlich weit hinter mir gelassen.

Das i-Tüpfelchen war jedoch, dass wir uns jetzt einfach wieder mochten. Ich stellte mir aber trotzdem oft diese eine quälende Frage: *Warum hast du damals dieses Training nicht fortgesetzt?* Die ehrlichste Antwort, die ich bedenken kann, ist: *Weil ich selber noch nicht so weit war, es jetzt aber endlich bin.*

Da waren wir jetzt also, plötzlich dazu in der Lage, so viele Sachen miteinander zu machen, Dinge von denen ich bisher nur hatte träumen können. Wir hatten auch damit angefangen, ein paar dieser Übungen zu machen, die ich auf der ersten DVD gesehen hatte. Wenn man mich ein paar Monate davor gefragt hätte, ob wir das jemals lernen könnten, hätte ich es nicht für möglich gehalten.

Und da gab es noch diese andere kleine Sache, die mir irgendwie immer wieder das Herz zerriss: Ich hatte mich immer noch nicht getraut, wieder auf ihr zu reiten. Aber auch das gelang mir letztendlich. Dazu später mehr. Je mehr Fortschritte wir erzielten, desto mehr Stoff wirbelten wir bei meinen Stallgenossen auf. Meistens ging ich morgens zum Stall, um ihnen aus dem Weg zu gehen, und falls ich gelegentlich tagsüber ging, wie zum Beispiel am Wochenende, wurden immer öfter interessierte und sogar sehr höfliche Bemerkungen gemacht, wie zum Beispiel: *Welches Pferd ist das denn?* oder *Hast du ein anderes Pferd gekauft?* Witzig daran ist, dass ein paar dieser Bemerkungen gerade von den Leuten gemacht wurden, die mich vor einigen Monaten immer nur sehr unwirsch und unfreundlich behandelt hatten. Und obwohl sie keine hilfreichen Antworten hatten oder sinnvolle Lösungen bieten konnten, blieben sie doch fest der Ansicht, dass diese uralten Trainingsmethoden einfach nicht funktionieren würden, auch wenn sie immer noch überhaupt gar nicht wussten, wovon sie redeten. Ich bin nicht böse auf sie oder auf die Situationen, in die sie uns gemeinsam gebracht hatten. Ehrlich gesagt bin ich ihnen einfach nur dankbar und werde das auch immer wieder gerne wiederholen, denn sie hatten mir genau zum richtigen Zeitpunkt geholfen, selber viel stärker zu werden.

Natürlich taten und tun mir ihre Bemerkungen gelegentlich immer noch richtig weh und ab und zu lassen sich meine Gefühle immer noch von ihrer negativen Haltung beeinflussen, manchmal sogar so weit, dass ich mich demzufolge völlig wertlos fühle, aber darum geht es hier nicht. Meine Botschaft ist viel mehr, dass wenn man wirklich an etwas glaubt, man es einfach versuchen muss und - wenn möglich - auch wirklich alles dafür geben muss. Wenn man mit etwas aufhört, was man selber mag, nur weil jemand anders das will, was hat man denn dann eigentlich noch für ein Leben? Und wie soll man dann jemals weiterkommen und seine Ziele erreichen? Es ist ein Glücksspiel, das stimmt, aber andererseits: *Ist nicht alles im Leben nur reine Glückssache?*

Man muss hart arbeiten und endlos viel Zeit, Hingabe und Schweiß darin investieren, insbesondere wenn man Probleme lösen muss, wie ich es damals musste. Und die Arbeit mit lebenden Tieren kann nun einmal gefährlich sein. Punkt, Ende, Aus! Ich benutzte sowohl ihre negativen, als auch positiven Bemerkungen, um uns Munition zu verschaffen und eines der ersten Ergebnisse war eben, dass ein paar von ihnen Mia irgendwann nicht mehr wiedererkannten. Einige Personen waren felsenfest davon überzeugt, dass ich Mia einfach umgetauscht hatte, andere waren fasziniert und freuten sich für uns.

Und Mia und ich? Wir fühlten wir uns endlich wieder richtig wohl in unserer Haut. Leider oftmals nur bis sich wieder die nächsten Vorfälle im Stall ereigneten und ich mich wieder richtig hilflos fühlte. Letztendlich sah ich mich deshalb dazu veranlasst, Mia wieder in einem anderen Pensionsstall einzustellen.

Der erste Vorfall ereignete sich eines Tages, als ich im Stall ankam und feststellte, dass sie lahm war. Sie konnte nicht mehr auf ihrem linken Vorderhuf stehen, es war beängstigend und sie hatte offensichtlich furchtbare Schmerzen. Ein Tierarzt stellte fest, dass sie einen Abszess in ihrem Huf hatte. Entweder infolge der Tatsache, dass ich ihre Hufeisen hatte abnehmen lassen, wodurch die Hufform sich zu schnell ändert, oder wegen einer zu schnellen Umstellung des Raufutters von Heulage auf Gras. Obwohl es natürlich sehr ärgerlich war, fand ich heraus, dass Hufabszesse in den Niederlanden sehr oft vorkommen und mit traditionellen Behandlungen sehr gut geheilt werden konnten. Es konnte theoretisch sogar bereits innerhalb einer Woche wieder völlig genesen sein. Zum Glück war das auch bei uns so. Sie musste aber ein paar Tage im Stall bleiben, denn sie war zu verletzlich, um auf die Weide zu dürfen, weil sie überhaupt nicht laufen konnte.

Ich hatte zeitweilig eine Box für sie bekommen, in der sie sich erholen konnte, aber weil alle ihre Kameraden draußen auf der Weide waren, beruhigte sie sich überhaupt nicht und machte sich selbst sogar völlig verrückt. Ich erhielt ein oral zu verabreichendes Beruhigungsmittel, um sie ruhig zu stellen. Ich war zunächst abgeneigt, muss aber zugeben, dass es ihr half. Das Mittel beruhigte sie auf jeden Fall ein bisschen. Aber sogar etwas ruhiger geworden, schaute sie ständig aus der Boxentür, um ihre Weidekameraden zu rufen und ihnen mitzuteilen, dass sie noch da war. Ich hatte eine schlaflose Nacht und machte mir Sorgen über alles, was ihr jetzt passieren konnte und leider wurden meine Ängste auch jetzt wieder bewahrheitet.

Als ich am nächsten Morgen ankam sah ich, dass ihre Nase extrem geschwollen war und zwar so schlimm, dass ihr Gesicht gar nicht mehr aussah wie ein Pferdegesicht. Es stellte sich heraus, dass sie mit ihrer Nase so schwer auf den Balken oberhalb der Boxentür geprallt war, dass es ein Wunder gewesen wäre, wenn sie sich diese nicht gebrochen hätte. Ein weiterer Anruf beim Tierarzt bestätigte, dass ihre Nase eventuell gebrochen sein konnte, aber er versicherte mir, dass so lange sie normal atmete, nicht hustete oder nach Luft schnappte, und normal essen und trinken konnte und falls es natürlich nicht schlimmer würde, sie wahrscheinlich schnell wieder in Ordnung sein würde. Er konnte leider erst mehr sehen und eine richtige Diagnose stellen, wenn die Schwellung abgeklungen war.

Nach ein paar Tagen mit Medikamenten und der richtigen Hufbehandlung war ihr Hufabszess tatsächlich wieder verschwunden und auch ihre Nase wurde wieder schmaler und zu meiner Erleichterung konnte sie endlich wieder auf die Weide. Ich durfte ihre Nase vorsichtig berühren und es schien ihr nicht weh zu tun. Glücklicherweise ließ sie mich zu und war sehr geduldig, das war ganz ohne weiteres ein Resultat unserer inzwischen viel besser gewordenen Beziehung. Aber es fiel mir schon auf, dass sie wohl ein psychisches Trauma erlitten hatte, denn sie schreckte immer mit dem Kopf weg, wenn man sich schnell bewegte, insbesondere wenn man in ihrer Nähe seine Arme schnell hin und her bewegte.

Ein paar Tage später, als ich sie von der Weide holte, kostete es sie offensichtlich viel Mühe, mir beim Anlegen des Halfters zu helfen. Sie wollte zwar, konnte es aber einfach nicht. Wir hatten damals bereits so viel Vertrauen zueinander aufgebaut, dass ich sie nur mit einem Führstrick um den Hals zum Stall zurückbringen konnte, bis eine geistreiche Bemerkung einer der anderen Pferdebesitzerinnen dieses Vertrauen zerstörte. Sie versuchte mich zu überzeugen, dass ich Mia ein Halfter hätte anlegen müssen, weil das, was ich machte, ihrer Ansicht nach sehr gefährlich war. Um den Frieden zu bewahren, stimmte ich einfach nur zu. Im Nachhinein hatte sie ja wohl auch teilweise Recht, es liefen ja auch Kinder auf dem Stallgelände herum. Also befolgte ich ihren Rat, wenn auch ein wenig widerwillig, und legte Mia ihr Halfter wieder an. Ich führte sie still zum Putz- und Waschplatz und band sie mit einem traditionellen Pferdeknoten an der hölzernen Anbindestange an.

Bereits als ich das tat, wusste ich, dass es ein Fehler war und es dauerte nur einen Bruchteil einer Sekunde, bevor sie zurückzog. Und zwar so kraftvoll und schnell, dass sie in Panik geriet und weil sie sich so kraftvoll in das Halfter stemmte, schnitt es in ihre Nase, genau an der Stelle, an der sie solche schrecklichen Schmerzen hatte. Ich versuchte, den Strick zu lösen, ohne mich irgendwie zu verletzen und plötzlich passierte es: eine gelbe und grüne Flüssigkeit schoss aus ihren Nüstern, wie Zahnpasta, die zu schnell aus einer Tube gedrückt wird. Es war kein Anblick für zart besaitete Gemüter. Es war einfach eklig! Die Flüssigkeit bedeckte ganz schnell fast die ganze Anbindestange, den Boden bei ihren Vorderhufen, ihre Vorderbeine, meine ganzen Arme, mein Haar, Gesicht und Mund. Es war, als ob jemand einen riesigen Pickel ausgedrückt hatte, oder vielleicht noch schlimmer als das, denn der Geruch war wirklich abscheuerregend und widerlich. Es war einer dieser Lebensmomente, an denen man, während sie sich in Zeitlupe zu ereignen scheinen, sehr genau weiß, was passiert, aber einfach nicht weiß, was man tun muss, und die, sobald man endlich eine Lösung gefunden hat, schon wieder vorbei sind.

Innerhalb von Sekunden hielt Mias Panik auf und es war, als ob die Infektion, die tief in ihrer Nase geschlummert hatte ebenfalls plötzlich verschwunden war. Sie stand einfach nur mit gesenktem Kopf da und leckte sich ihre Lippen ab, ruhig und erleichtert.

Ich war in einem Schockzustand und einige der anderen Pferdebesitzer, die dabei waren fühlten sich wohl genauso und ohne jegliches Zögern rief ich den Tierarzt an. Er bestätigte, dass es sich wahrscheinlich wirklich um eine Infektion infolge des Unfalls handelte und möglicherweise von einem kleinen Stückchen eines abgebrochenen Knochens verursacht worden war. Die Infektion kam glücklicherweise nicht zurück und ich kann mich auch nicht erinnern, nach diesem Tag jemals noch eine Verletzung bei ihrer Nase gefühlt oder gesehen zu haben. Mit Ausnahme des einen einzigen Males, an dem ich ihren Kopf putzte und - als ich mit meiner Hand entlang des langen Nasenknochens glitt - eine ganz kleine Kerbe fühlen konnte. Ich hätte diesem Buch also eigentlich auch den Titel *Das Pferd, das zwei Beine und seine Nase brach* geben können.

Die Situation wäre für meine liebe Mia viel günstiger gewesen, wenn man ihr während ihrer Boxenruhe einen Stallkameraden gegönnt hätte, aber die Stallregeln ließen das damals nicht zu und darüber war ich bitter enttäuscht. Ich kann zu meiner Zufriedenheit aber jetzt bestätigen, dass die Stallregeln infolge dieses Vorfalls angepasst wurden.

Der zweite Vorfall ereignete sich nicht viel später und wiederum als eine Folge des eigenmächtigen Handelns von fremden und gefühllosen Leuten, die sich mit Mia befassten und meine

Anweisungen nicht befolgten. Ich möchte jedoch zuerst hinzufügen, dass auch wenn dies ein unangenehmer und sehr unwillkommener Vorfall war, alle Beteiligten viel davon gelernt haben. Heutzutage habe ich keine schlechte Meinung mehr über diese Individuen, möchte aber dennoch den Vorfall beschreiben, weil man so viel davon lernen kann.

Aufgrund ihrer Probleme hatte ich eine Vereinbarung mit der Leitung des Stalles getroffen, dass ich zukünftig Handlungen wie zum Beispiel das Entwurmen selber machen würde, aus dem einfachen Grund, dass es für alle besser war und ich dies auch bereits seit Jahren selber bei ihr machte.

Ein Pferd wird normalerweise alle sechs, acht oder zehn Wochen entwurmt. Das hängt jeweils von einem sogenannten Entwurmungsplan ab und ich war davon ausgegangen, dass ich unsere außergewöhnliche Situation vorab ausreichend verdeutlicht hatte. Aus Gründen, die ich bis heute nicht verstehe, hatte eine kleine Gruppe von Personen, die zweifellos gerne helfen wollten, beschlossen, dass ich nicht deutlich genug gewesen war und weil sie bereits seit vielen Jahren mit Pferden umgingen, selber Entscheidungen getroffen, die nicht meinen Wünschen entsprachen. Ich hasse diese eigenmächtigen Entscheidungen, die von solchen Leuten getroffen werden, die zwar mit allen guten Absichten ganz gewiss nur das Beste vorhaben, aber nicht gut genug darüber nachdenken. Dies war wieder so eine Situation, in der meine ganzen Ängste wieder von Mia bestätigt wurden, die sich in einer hilflosen Situation befand und wirklich davon überzeugt war, dass sie sich selber schützen musste und zwar so extrem, dass sie dabei fast jemanden getötet hatte, oder eigentlich sogar zwei Personen.

Irgendwie war es ihnen gelungen, ihr das Halfter anzulegen und ich hörte später, dass sie sie mit einer saftigen Karotte bestochen hatten und Mia es deshalb einigermaßen willig zugelassen hatte. Es dauerte nicht lange, bis sie feststellten, dass das Herumfuchteln mit einer orangefarbenen Spritze, die für Mia wahrscheinlich sehr einer Injektionsnadel glich, bei ihr nicht funktionierte und deshalb stellten sie sie wieder in ihre Box, in der Hoffnung, dass sie dort nicht herumlaufen konnte und sie sie besser in den Griff bekommen konnten. Und das war ein Riesenfehler, denn sie hatten jetzt ein Pferd vor sich, das nicht nur sehr ängstlich und gefangen war, sondern auch das Bedürfnis hatte, sich selber zu verteidigen.

Sie machten noch einen anderen sehr dummen Fehler, als sie einen langen Strick von ihrem Halfter zwischen ihren Vorderbeinen hindurch, um ihren Brustkorb und wieder zurück zwischen ihren Vorderbeinen hindurch und letztendlich wieder am Halfter befestigten. Eine sehr alte Methode, wahrscheinlich irgendwann erfunden, um Pferden eine Lektion zu erteilen und ihnen deutlich zu zeigen, dass die Menschen ihnen überlegen waren. Die Idee dahinter war, dass wenn sie an dem Seil zogen, sie den Kopf und Nacken des Pferdes mit ihrer eigenen Körperkraft im Zaum halten konnten und das Pferd zugleich zur Unterwerfung zwingen konnten. Ich bewundere schon, dass es ihnen überhaupt gelungen war, das Seil so an ihr zu befestigen, aber wenn mir eine solche Geschichte nochmals zu Ohren kommen würde, würde ich wahrscheinlich wegen einer unüberlegten Kurzschlusshandlung hinter Gittern landen.

Ironischerweise kam ich kurz nach dem Vorfall selber im Stall an, nachdem Mia kaum eine andere Wahl gehabt hatte als diese Leute fast zu töten. Es herrschte eine Riesenaufruhr und ich wurde sofort von mehreren Personen umringt, die alle gesehen hatten, was passiert war und gar nicht abwarten konnten, bis sie es mir erzählen durften. Dies geschah, bevor ich überhaupt meinen Helm absetzen oder von meinem Roller absteigen konnte. Ich konnte in dem ganzen Chaos gar nicht genau verstehen oder herausfinden, was sich wirklich ereignet hatte. Ich dachte sogar kurz, dass Mia mindestens schwer verletzt oder vielleicht sogar tot sein musste. Weder mein Herz, noch mein Gehirn konnten aufnehmen, was sie hörten und sahen, bis mich jemand endlich beiseite nahm und es mir genau erklärte. Es stellte sich heraus, dass mein Pferd - obwohl ich niemandem erlaubt hatte, es so anzufassen - fast eine Person zerquetscht hatte und ihr schwere Rippenverletzungen beigebracht hatte. Erstaunlicherweise hatte sie, als sie stieg und anschließend auf der anderen Person landete, diese nicht getötet. Beide Personen waren glücklicherweise mit ein paar Kratzern und Prellungen davongekommen.

Noch schlimmer war, dass ich mich jetzt in einer Situation befand, in der ich diese Menschen bemitleiden musste und man eine Entschuldigung von mir erwartete. Und das, obwohl ich wirklich sehr wütend war. Dieser Vorfall war für mich der Siedepunkt und ich konnte mich kaum noch beherrschen. Die Person, die mir den Vorfall geschildert hatte, beruhigte mich jedoch insoweit, dass sie mir bestätigte, dass Mia in Ordnung war und inzwischen wieder bei ihrer Herde auf der Weide stand.

Als ich das gehört hatte, machte ich mich sofort auf die Suche nach den verletzten Personen. Sie standen immer noch auf dem Stallgelände herum und ließen sich wegen meines ungezogenen Pferdes ausgiebig von den Zuschauern bemitleiden. Sie sahen wie ich auf sie zukam und es muss kein schöner Anblick gewesen sein. Ich musste von einer der beiden abgehalten werden, damit ich sie neben meinem Wutausbruch nicht auch noch körperlich angehen würde, während die andere einfach nur anfing furchtbar zu heulen. Mir reichte das Ganze jetzt endgültig, aber ich wusste auch, dass egal was ich jetzt sagen würde, man mir doch nicht zuhören oder glauben würde. Sobald ich wieder zuhause war erzählte ich Jort, was sich ereignet hatte und fing sofort damit an, einen anderen Stall für Mia zu suchen.

Ich fand einen geeigneten Pensionsstall, nicht sehr weit von meiner Arbeit entfernt. Das war sehr praktisch, denn jetzt konnte ich Mia sogar in meiner Mittagspause kurz besuchen. Es war einer der sehr wenigen Ställe in der gesamten Umgebung, der über Weiden verfügte. Die Pferde konnten also - auf jeden Fall annähernd - im Freien leben. Leider war es ein sehr großer Stall, eine Art Pferdefabrik, mit ungefähr zweihundertfünfzig Pferden. Es wurden dort auch Turniere abgehalten und deshalb war auf dem Gelände immer viel los. Ich war jedoch sehr begeistert von den angebotenen Einrichtungen: drei Reithallen, zwei Reitplätze, drei Longierzirkel, von denen einer sogar überdacht war, ein benachbarter Park, in dem man reiten konnte und die Unterbringung der Pferde in Boxen mit einem eigenen Auslauf, einer Art kleiner eigener Pferdeterrasse. Ich hatte noch niemals einen solchen Stall gesehen und in den folgenden zwei Jahren verbrachten wir dort viele schöne und fröhliche Momente, von denen manche mein Leben richtig veränderten.

Meine Horsemanship-Reise fing damals erst so richtig an. Ich hielt mich an meine Routine, vor der Arbeit zum Stall zu fahren und mit ihr zu trainieren und freute mich, dass ich wieder selber für sie sorgen und selber ihre Box ausmisten durfte. Nach der Arbeit besuchte ich sie nochmals und sorgte für alles, was sie bis zum nächsten Tag brauchte. Nur Pferdeliebhaber verstehen den therapeutischen Wert dieser einfachen Handlungen und verstehen diese Zufriedenheit, die einen erfüllt, wenn man weiß, dass man alles tipptopp in Ordnung gebracht hat und es genauso ist, wie man es selber am liebsten haben möchte. Ich vertiefte mich weiter in mein Training und in meine eigene Weiterentwicklung.

Ich wollte ein besserer Mensch werden, damit ich, wenn auch abseits der ausgetretenen Pfade, auf meine eigene Weise wieder dafür sorgen konnte, dass Mia Menschen wieder vertrauen konnte. Es gab Bereiche auf dem Stallgelände, die, wenn ich dort mit Mia spazieren ging, zu Problemen führten, wie zum Beispiel der große Kuhstall. Sie mochte diesen Stall überhaupt gar nicht und wollte auch nicht daran vorbeigehen und weil ihr das Selbstvertrauen für eine solche Herausforderung fehlte, erschien sie dort geradezu Todesängste zu erleiden. Auch vom Freien in eine Reithalle gehen war wegen des Übergangs von Hell nach Dunkel eine hoffnungslose Angelegenheit. Indem ich mich aber an die Grundregeln des Programms hielt und das bisher Gelernte konsequent anwendete, konnte ich bald ihr Vertrauen gewinnen.

Ich kann mich noch daran erinnern, dass ich die ersten paar Tage mit ihr auf dem Gelände herumspazierte und alte Gewohnheiten sich wieder einschlichen. Ich hielt zum Beispiel den Führstrick wieder genau unter ihrem Kiefer sehr kräftig fest, um sie im Zaum halten zu können. Es ist eigentlich absurd, dass wir glauben, dass wir das Pferd auf diese Weise besser kontrollieren können. Mia wog damals ungefähr sechshundertundfünfzig Kilo und ich nur läppische fünfundsechzig Kilo. Sie hatte mir in der Vergangenheit bereits mehrmals gezeigt, dass sie mich sogar nur mit ihrem Kopf mühelos anheben konnte. Ich wusste, dass das, was ich tat, uns nicht helfen würde und seit meinem Selbststudium hatte ich auch ein deutliches Bild vor Augen, was ich zukünftig anders machen wollte und wie es dann sein würde.

Ich bin der festen Überzeugung und habe es auch so gelernt, dass man erst ein deutliches Bild und Ziel haben muss, bevor man erfolgreich zu einem Endresultat gelangen kann. Das Bild, das ich vor mir sah, war, dass ich eine halbe Führstricklänge von ihr entfernt neben ihr gehen würde und zwar so, dass der durchhängende Strick den Boden berührte, und wir gemeinsam und im gleichen Tempo zufrieden zusammen spazieren gehen konnten. Man könnte glauben, dass es nur ein sehr bescheidenes Ziel für uns sei, aber in Wirklichkeit wäre es eine Riesenleistung, insbesondere weil ich beabsichtigte, überall so mit ihr spazieren gehen zu können und nicht nur auf dem Stallgelände. Um dieses herausfordernde Ziel zu erreichen, eine entspannte Mia an einem lässig-losen Führstrick am Kuhstall vorbeiführen zu können oder mit ihr die Reithalle betreten zu können, war es zunächst erforderlich, dass ich Pferde im Allgemeinen und ihre Reaktionen im Besonderen verstehen können musste.

Pferdepsychologie ist heutzutage schon fast normal geworden, aber was ich damals lernte, war noch nicht so wie heute überall erhältlich. Ich kann mir vorstellen, dass jemand dies liest und denkt: *Was war denn überhaupt das Problem?* und deswegen möchte ich diese Frage gerne an dieser Stelle beantworten.

Ohne mein Training mit Mia zu detailliert beschreiben zu wollen oder in Einzelheiten zu verfallen, wie ich ihr dabei geholfen habe, ihre Ängste zu überwinden, möchte ich doch an einigen Stellen in diesem Buch anhand von Beispielen aufzeigen, wie wir diesbezüglich Fortschritte erzielen konnten, in der Hoffnung, dass andere Menschen, die ähnliche Probleme haben, dazu motiviert werden, ebenfalls zu ihnen passende Methoden und Lösungen zu suchen. Man braucht heutzutage einfach nur gut zu suchen, zu beobachten und tapfer genug zu sein, um den ersten Schritt zu wagen.

Ich benutz(t)e das Programm, das bereits damals und heute immer noch als Parelli Natural Horsemanship™ bezeichnet wird, und werde dies auch den Rest meines Lebens weiterhin anwenden. Es ist nicht meine Absicht mit diesem Buch, für dieses Trainingsprogramm zu werben, aber ich möchte doch gerne an dieser Stelle befürworten, dass es ein sehr geeignetes Programm für all diejenigen ist, die ihre Pferde erfolgreich sowohl am Boden als auch reitend ausbilden möchten.

Genau wie bei jedem anderen Trainingsprogramm haben die Methoden und Fertigkeiten nichts mit Zauberei zu tun. Man muss selber dafür sorgen, dass es funktioniert, sich konsequent an seine eigenen Leitsätze halten und natürlich die richtige Einstellung haben.

An das allererste Mal als ich dieses Programm selber ausprobierte oder auf jeden Fall tapfer genug war, einen ersten Versuch zu wagen, meine Fantasie, mein Zukunftsbild, Wirklichkeit werden zu lassen, werde ich mich ewig erinnern. Danach war ich unglaublich stolz und es war ein sehr vielsagender und aufschlussreicher Moment. Ich bin davon überzeugt, dass wenn mein Vertrauen in diese Methode damals nicht so groß gewesen wäre, ich in der nachstehend beschriebenen Situation vielleicht gar nicht auf diese „etwas andere" Weise reagiert hätte. Ich fand selber, dass ich richtig reagiert hatte, auch wenn mein Vertrauen in andere Menschen immer noch sehr gering war. Ich werde nicht lügen und auch nicht behaupten, dass es eine angenehme Situation war, denn ganz im Gegenteil, sie war sehr unangenehm und rührte sogar viele der von der Vergangenheit herbeigeführten schrecklichen verletzten und schmerzhaften Gefühle wieder auf, aber dennoch war es ein guter Anfang. Als wir über das Stallgelände liefen und uns hinter den großen Parkplätzen befanden, wo die Pferdehänger standen, rannte eine Frau, die uns unbeabsichtigt beobachtet hatte, auf uns zu und sagte: *Was du hier machst ist gefährlich und siehst du nicht, dass dein Führstrick über den Boden schleift?*

Ich blickte sie freundlich an und ohne sarkastisch klingen zu wollen antwortete ich *Oh ja, das stimmt* und ging, ohne etwas daran zu ändern, einfach an ihr vorbei. Es war so, als ob meine bessere Hälfte plötzlich erwacht war: Ein sehr wichtiger Moment in meiner persönlichen Entwicklung. Die Frau konnte ja auch nicht wissen, warum ich mit Mia dort entlang ging. Offensichtlich war es ihrer Meinung nach ein großer Fehler, dass ich meinem Pferd die Möglichkeit bot, freiwillig neben mir her zu gehen und ich hätte nach Ihrem Empfinden den Strick kürzer halten und das Pferd unmittelbar neben mir gehen lassen müssen. Es geht darum, dass das Einstehen für mich selber und für Mia inzwischen ganz normal geworden war und ich mich davon nicht mehr aus der Ruhe bringen ließ.

Es fühlte sich sogar großartig an.

KAPITEL 4   Teil I

Die Ruhe vor dem Sturm
Wenn nur der Glaube bleibt

Freund: Ein Bündnis auf der Grundlage gegenseitiger Zuneigung; Gefährte, Kamerad, Seelenverwandter.

Ich las irgendwann einmal ein Zitat von einem französischen Philosophen, der sich Blaise Pascal nannte: *Alles Unglück in der Welt kommt daher, dass man nicht versteht, ruhig in einem Zimmer zu sein.*

Wenn wir zählen würden, wie viele Stunden ein durchschnittlicher Pferdebesitzer pro Woche mit seinem Pferd verbringt, einschließlich der täglichen Routinearbeiten, Putzen und Reiten, dann würde sich das auf viel mehr beziffern als mancher Pferdebesitzer zugeben dürfte. Und wenn wir zählen würden, wie viele dieser Stunden damit verbracht werden, sich einfach nur bei den Pferden aufzuhalten und nichts zu machen, dann wäre das normalerweise sehr viel weniger als man zugeben dürfte. Tradition, Kultur, Umwelt, Zeit und Lebensstil beeinflussen wie wir unsere Pferde halten und wenn man bedenkt, dass Pferde soziale Tiere sind und gerne Zeit miteinander und mit uns verbringen, könnte man meinen, dass es logisch wäre, wenn wir uns, gleichgültig wo wir uns auf diesem schönen Planeten befinden, öfter bei ihnen aufhalten würden. Ironischerweise ist dies jedoch nicht immer der Fall und eine der Übungen, die ich gelernt hatte und liebte, war, einfach nur Zeit mit Mia zu verbringen und nichts zu machen, so wie Pferde es miteinander auch gerne tun.

Diese Übung kann am besten an einem ruhigen Ort stattfinden, wo - im Idealfall - der Mensch und das Pferd ganz alleine miteinander sind. Für Mia und mich war unser neuer Stall hierfür der beste Ort.

Eine der Regeln ist, dass man versuchen muss, das Pferd nicht anzufassen, sofern es nicht unbedingt nötig ist, um zum Beispiel seinen persönlichen Freiraum zu schützen, wenn sie sich einem zu neugierig mit der Nase, dem Mund oder den Hufen nähern. In den ersten paar Monaten waren wir fast jeden Tag hiermit beschäftigt und manchmal, wenn die Arbeit es zuließ, gönnte ich mir eine längere Mittagspause und fuhr zu ihr, einfach nur um mich zu ihr zu setzen.

Es dauerte nicht lange bis ich feststellte, dass das Resultat bemerkenswert war. Mia erteilte mir hierbei eine ihrer persönlichen Lektionen, nämlich wie ihrer Ansicht nach das Band unserer Freundschaft definitiv bekräftigt werden musste. Dies holte bei mir die schönen Erinnerungen an die erste Woche, die wir miteinander verbrachten, als sie noch ungezähmt war, wieder zurück. Ich stellte auch fest, dass die zusätzliche Zeit, die wir uns damals gegönnt hatten um einander besser kennenzulernen, diesem heutigen Ritual sehr glich.

Um unsere Beziehung zu prüfen, vergewisserte ich mich, dass Heu und Wasser vorhanden waren und als die ersten Tage vorbeigingen, stand sie zunächst erstmal einfach herum und fraß ungefähr zwanzig Minuten lang, bevor sie mir überhaupt irgendwelches Interesse entgegenbrachte. Als wir diese Übung beherrschten und ich es mir in der Ecke der Box auf einem umgekehrten Wassereimer bequem gemacht hatte, zeigte sie fast sofort Interesse an mir.

Es fing damit an, dass sie zu mir herüberkam, mich vorsichtig mit ihrer Nase anstupste und anschließend neugierig meine Hände untersuchte. Gelegentlich hob sie ein Vorderbein an, um mich mit einem Huf zu berühren, genauso wie die Anweisungen des Programms es vorhergesagt hatten und musste ich meine Arme still und langsam hin und her oder herauf und herunter bewegen und vorsichtig auf meine Oberschenkel klatschen, um dieses unerwünschte Verhalten zu entmutigen. Jedes Mal gab es eine neue und atemberaubende Entdeckung, ich wurde von ihrer Neugier, Sanftheit und Bereitwilligkeit, aber am meisten von ihrer besonnenen Entscheidung, sich freiwillig und bewusst in meiner Nähe aufhalten zu wollen, richtig hypnotisiert. Es kostete mich jedes Mal Mühe, meine Tränen der Rührung zurückzuhalten.

Dieses große und wunderschöne Pferd, vor dem ich unlängst noch so viel Angst hatte, öffnete sich für mich in seiner eigenen Sprache. Einer Sprache, die ich trotz aller meiner Erfahrungen mit Pferden in der Vergangenheit, erst jetzt richtig verstehen konnte.

Mia bevorzugte drei bestimmte Positionen. Eine dieser Positionen war, dass sie mit ihrem Körper und Kopf unmittelbar vor mir stand und ihre Augen und ihr langer Nasenrücken sich genau vor meinem Gesicht befanden. Irgendwann fiel dann ihr Kopf Millimeter für Millimeter in meinen Schoss, tropfte ein bisschen Spucke aus ihrem Mund und ruht ihre herabhängende Unterlippe auf meinem Knie.

Eine der anderen bevorzugten Positionen war, dass sie sich parallel zu mir stellte, wobei ich mich auf der Höhe ihres Unterbauches befand. Ganz langsam stellte sie sich dann immer näher an mich heran, bis ich mich fast ganz unter ihrem Bauch befand. Die von mir persönlich bevorzugte Position ist seit Anfang an, wenn sie nahe neben mir steht und sich nach ein paar Minuten immer ein wenig weiter auf mich zubewegt, näher und näher heran, bis ich mich unter ihrem Hals und zwischen ihren Vorderbeinen befinde, als wolle sie mich beschützen, wie eine Stute ihr Fohlen schützt. Während ihres Nickerchens legt sie dann gelegentlich den Kopf schief und schaut zu mir herunter, als ob sie sich vergewissern will, dass ich noch da bin.

Ich kann zwischen zehn Minuten und zwei Stunden einfach so bei ihr sitzen, manchmal in einem Buch lesend, während sie über mir steht und einfach nur einen sehr zufriedenen und glücklichen Eindruck macht.

Nach einem Monat, als sie sich endgültig für ihre bevorzugte Position entschieden hatte, also genau vor mir, letztendlich mit ihren Nüstern in meinem Schoss endend, fing sie plötzlich damit an, sich neugierig mit meinen Händen zu beschäftigen. Sie wollte sie gar nicht mehr loslassen. Pferdenasen sind unglaublich vielseitig und einfallsreich. Es ist ein erstaunlicher Teil der Pferdeanatomie und gleicht in gewisser Hinsicht unseren Händen. Weich und vorsichtig benutzte sie ihre Lippen, um meine Hände umzudrehen oder zu öffnen und gab deutlich an, dass sie gerne wollte, dass ich sie anhob. Zunächst missdeutete ich ihre Fragen und legte sofort meine Hände auf meinen Schoss, woraufhin sie darauf bestand, wieder mit meinen Händen weiterzuspielen, bis eine Hand angehoben war und nach ein paar ihrer geduldigen Versuche verstand ich plötzlich, was sie von mir wollte. Ich kann das Gefühl gar nicht beschreiben, das ich damals hatte, aber endlich begriff ich, dass sie mich nicht bat, ihr Gesicht zu berühren, sondern ihre Aura. Ich fand das eigentlich sogar ziemlich schnell heraus, denn wenn ich ihr Gesicht berührte oder versehentlich ihre Wimpern oder Tasthaare streifte, drehte sie ihren Kopf weg und machte mir damit deutlich, dass dies nicht die richtige Antwort auf ihre Frage war. Danach fing sie wieder von vorne an. Wenn ich die Aura um ihr Gesicht herum streichelte, wurde sie sofort sehr ernst und ruhig. Ihre Augen und Ohren, ihre Energie, ihr ganzes Wesen gebarten mir, ihrer Bitte einfach nur zu entsprechen.

Es war auch ihre bereits bekannte Ruhe, die mir deutlich machte, dass sie damit beschäftigt war, Gelerntes zu verarbeiten. Kurz gesagt glaube ich aufrichtig, dass indem ich ih*r* gab, was *sie* brauchte, sie *mir* gab, was *ich* brauchte. Und als Gegenleistung wurden wir beide belohnt mit dem, was wir beide am meisten brauchten und bisher gesucht hatten, und was nicht mehr war als einfach nur ein authentisches und auf Gegenseitigkeit beruhendes richtiges Miteinandersein.

Da ich eine sehr sensible Person bin, wenn auch nicht so extrem wie früher, zeige ich meine Gefühle sehr offen und stehe ich auch anderen Menschen und deren Gedanken und Gefühlen, unserer Erde und dem Leben im Allgemeinen sehr offen gegenüber.

Im Gegensatz zu Mia, hatte ich der Naturheilkunde oder anderen alternativen Heilmethoden, wie zum Beispiel Energieheilung, bisher niemals viel Interesse entgegengebracht. Ich stellte jetzt aber fest, dass Mia mir eine Art der heilenden Berührung oder eine Art von Reiki zeigte und je mehr ich darüber nachdachte, desto mehr faszinierten und bezauberten mich ihre Vorschläge. Wenn wir über Heilung sprechen, ohne uns hierbei auf eine höhere Macht, Spiritismus oder das kosmische Universum zu beziehen, sondern nur auf die Beziehung zwischen zwei Individuen, dann bin ich voll und ganz der Ansicht, dass sie uns damals sehr deutlich einen Weg zu unserer Heilung zeigte und ich kann nur hoffen, dass ich das auch für sie tat. Über gutes Timing gesprochen: Es war ein perfekter Zeitpunkt in unseren beiden Leben und es fühlte sich so an, als ob sie mir auf ihre eigene Weise mitteilen wollte: *Mach weiter, mir gefällt das.*

Heutzutage ist das nicht anders, unser gegenseitiges Offenstehen für diese gemeinsamen Momente ist nur reifer geworden. Ich kann das Gefühl, das ich jedes Mal wieder aufs Neue bekomme, unmöglich beschreiben und ich muss oft weinen, weil sie mich immer wieder daran erinnert, wie besonders sie ist und wie weit wir zusammen gekommen sind. Manchmal legt sie sich neben mich und gelegentlich fühlt sie sich besonders wohl, wenn ich mich vor ihr hinknie und meine Hände reibe, denn sie weiß, dass sobald ich sie öffne, sie ihren Kopf in meine Hände legen kann und mir damit ermöglicht, ihre Aura zu liebkosen. In solchen Momenten kann ich alles andere um mich herum, alle Weltprobleme und manchmal sogar meine eigenen Sorgen völlig vergessen.

An einem sonnigen Morgen, als ich mit ihr in einer der Reithallen arbeitete, zwitscherten die Vögel in den Dachsparren und schien helles Sonnenlicht durch die großen Fenster der Halle. Es war warm und ich hielt an, um mir den Schweiß und Staub vom Gesicht zu wischen, als zwei Mädchen in der Türöffnung erschienen, uns zusahen und offensichtlich über uns redeten. Ich schauderte bei dem Gedanken, dass sie mich vielleicht stören würden und mir unerwünschten Rat erteilen würden, aber zu meiner Überraschung gingen sie wieder weg, kamen aber am nächsten Tag wieder. Sie lachten und machten mich auf sie aufmerksam und teilten mir mit, dass sie dasselbe Trainingsprogramm benutzten und gestern einen dringenden Termin hatten und deshalb so schnell weg mussten, sich aber freuten, mich jetzt wieder zu sehen. Es war so schön, endlich Leute kennenzulernen, die dasselbe machten wie wir und mit denen ich endlich auch darüber reden konnte. Ich war unglaublich froh.

Nur ein paar Tage vorher hatte jemand eine Postkarte an Mias Stalltür geheftet mit der Abbildung einer Hexe auf einem Besen. Wer dies auch getan hatte, hatte dazu geschrieben: *Liebe Zowie, hör endlich mit deinem Hokuspokus auf!* Früher wäre ich wahrscheinlich in Tränen ausgebrochen und hätte ich mich sehr von einer solchen Situation verletzt gefühlt, aber in diesem Fall nicht. Ich nahm die Karte mit zum großen Anschlagbrett, das sich in der Kantine befand, und schrieb mit einem schwarzen Filzstift meine eigene Mitteilung für sie auf, und zwar genau unter ihren Text: *Lieber Freund, liebe Freundin, pass bloß auf, ich betreibe nämlich auch SCHWARZE MAGIE. Gruß Zoe*
Man könnte sagen, dass es eine unerwachsene Reaktion war, mich auf ihr Spielchen einzulassen, aber ich muss leider ehrlich zugeben, dass es mir eine gewisse Genugtuung verschaffte. Da man mir, ob ich es wollte oder nicht, erzählt hatte, wie die Leute

über mich dachten, war jetzt endlich der kleine Teufel in mir wach geworden und manchmal konnte ich sogar darüber lachen. Ich habe später herausgefunden, dass eine Gruppe Erwachsener, die sich häufig im Stall trafen, übrigens mehr zum Bier trinken, anstatt sich mit ihren Pferden zu beschäftigen, wahrscheinlich die (Übel)-Täter gewesen waren. Als sie eines Tages an mir vorbeigingen schrien sie mir auf Holländisch etwas zu, von dem ich aber nur *Hokuspokus* verstehen konnte. Ich lächelte nur, klatschte ihnen gegenüber sarkastisch in meine Hände und machte einfach weiter mit dem, womit ich gerade beschäftigt war. Später sah ich, dass jemand mit seinem Schlüssel mein Auto an der Fahrerseite von vorne bis hinten zerkratzt hatte. Vielleicht ein Zufall, aber da mein Auto ganz am Ende des Parkplatzes in einer Parklücke stand und sogar ein Traktor einfach daran hätte vorbeifahren können, bezweifle ich das.

Wieder ein paar Tage später sah ich, dass Mias wunderschöne Mähne mit einer Schere hässlich abgeschnitten worden war. Und das ist kein Scherz, es ist wirklich passiert. Wenn ich eine gemeine Person wäre, hätte ich so eine Behandlung vielleicht verdient, aber das war ich nicht. Ich war aus deren Sicht vielleicht nur ein wenig eigenartig wegen meiner anderen, ihnen unbekannten Trainingsmethode. Die Schande ihrer Taten müssen sie übrigens selber tragen.

Gottseidank vergaß ich das wieder schnell. Ich hatte einen sehr interessanten Ausflug mit Mia eingeplant. Wir sollten endlich zu unserem ersten Trainingslager mit echten ausgebildeten Parelli-Professionals, die selber unterrichten durften, was ich bisher gelernt hatte, fahren. Obwohl ich tolle Sachen über ihn gehört hatte, hatte ich den einzigen offiziellen Trainer in den Niederlanden, der im Süden des Landes wohnte, bisher noch nicht getroffen. Zufälligerweise sollte aber ein fünftägiges Trainingslager mit ihm und einem anderen Trainer aus der Schweiz nur ungefähr anderthalb Stunden von mir entfernt stattfinden. Ich war außer mir vor Freude über diese Gelegenheit und nichts konnte uns jetzt noch von einer Teilnahme abhalten.

Es war ein neuer Anfang unserer langen Ausbildungsreise. Da ich mir alles selber beigebracht hatte, hatte ich das Gefühl, dass ich ein paar Sachen ändern und anpassen musste. Sachen, die nicht ausschließlich anhand von Videos erlernt werden können. Es war zu Anfang schwierig und viel herausfordernder als ich es mir vorher vorgestellt hatte, aber sobald ich einmal begriffen hatte, wie ich es machen musste, ging es ziemlich schnell. Ich musste akzeptieren, dass ich ein paar Dinge, die wir geübt hatten, bisher einfach noch nicht oft genug geübt hatte und andere Lektionen hatte ich überhaupt noch gar nicht gemacht, hauptsächlich weil mein Gehirn diese Information bisher noch nicht aufnehmen konnte. Ich war aber sehr angenehm überrascht als ich herausfand, dass wir durchaus alles richtig machten. Mit einer Riesenbegeisterung und mich bemühend, neben dem *Wie* auch das *Warum* zu verstehen, machte ich genau was man mir sagte und es lohnte sich ungemein. Bereits nach den ersten drei Kurstagen lernte ich, wie ich eines Tages ohne Trense in großen offenen Geländen reiten lernen konnte. Dieser Lehrmeister wurde bald zu einem regelmäßig anwesenden Mentor und wurde im Laufe der Jahre sogar zu einem sehr guten Freund. Es ist ihm zu verdanken, dass Mia nach ihrem verhängnisvollen Unfall wieder zu Kräften kommen konnte.

Bei diesem ersten Kurs hatte ich ein paar erste Schritte gemacht, um endlich wieder mit Mia ausreiten zu können. Es war nicht einfach und ich werde nicht so tun, als ob ich nach ein paar Ritten auf einem sicheren Reitplatz plötzlich auf magische Weise geheilt worden war, denn es dauerte länger als ein Jahr bevor ich mich im Gelände mit ihr endlich wieder vollständig sicher fühlte. Sogar wenn ein Reitlehrer dabei war kostete es mich Mut und Überwindung, im Freien und zwischen anderen Pferden zu reiten. Die einzige mögliche Art, eine solche Angst zu überwinden, ist es, das Problem unmittelbar an der Wurzel zu lösen und anschließend phasenweise zu lernen, wie das Gehirn und der Überlebensinstinkt so umtrainiert werden können, dass andere Antworten gefunden werden können, die an Stelle der Furcht treten können.

Es funktionierte und natürlich war auch alles andere, was ich lernte, besser als es je zuvor war - nicht nur mit Mia, sondern auch mit all meinen vorigen Pferden. Wir hatten so viel erreicht, die Sachen, die uns Angst eingeflößt hatten, waren verschwunden. Die unbeherrschten Verhaltensweisen, die mich immer in Schrecken versetzt hatten, hatten sich in Luft aufgelöst und das Pferd, das bisher von fast niemandem berührt werden konnte, war jetzt *anfassbarer* als je zuvor. Die Impfungen waren zwar immer noch ein Problem, aber zum Glück befand sich eine Tierarztpraxis auf dem Gelände und nachdem ich dem dortigen Tierarzt, wie immer, unsere Probleme ausführlich erklärt hatte, zeigte er schnell Verständnis für meine Besorgnis und stimmte zu, dass es für alle besser wäre, wenn ich Mias Impfungen zukünftig selber machte.

Zurückblickend und vielleicht weil auch alles andere gerade so gut ging, war auch das jährliche Impfen plötzlich nicht mehr so ein unüberwindliches Problem. Aber dass das Problem immer noch da war, sollten wir bald merken.

In diesem Jahr erhielten Jort und ich den Schlüssel zu unserem ersten eigenen Haus und im Sommer hatte ich ein paar der schönsten Tage meines Lebens, als wir in Italien heirateten. Dieser Mann, der mich nur ein paar Jahre kannte, sah meine positiven Seiten und zweifelte niemals an meinem Ehrgeiz und meinem guten Willen. Neben meinen Eltern war er einer der ersten Personen, die mich wirklich so akzeptierten wie ich bin. Ich weiß, dass ich mich aus diesem Grund glücklich preisen darf.

Im Frühjahr des Jahres 2009, nachdem ich fast zwei Jahre bei diesem Stall war und an mehreren Workshops teilgenommen hatte, waren Mia und ich enorm zusammengewachsen und war unsere Beziehung an einem Punkt angelangt, den ich vor ein paar Jahren nicht für möglich gehalten hätte. Endlich hatten wir genug Geld, um meinen inzwischen aufgebrauchten Roller durch ein kleines Auto zu ersetzen. Es war ein Luxus und es war sehr praktisch, wieder ein Auto zur Verfügung zu haben. Eines

Nachmittages entschloss ich mich, zu dem Stall, in dem Mia früher gestanden hatte, zu fahren, um ein paar alte Freunde zu besuchen. Als ich dort herumlief musste ich mir irgendwie eingestehen: *Scheiße, dieser traumhafte Ort fehlt mir richtig.*

Der Stall, in dem Mia jetzt eingestellt war, war zwar in Ordnung, aber es fehlte etwas, was ich furchtbar vermisste und das war: Natur. Die heutige Stall- und Reitanlage glich einer riesigen Betonpferdestadt, es gab keine Bäume zwischen den Ställen, Gebäuden und Straßen und wenn man Vögel oder Gras sehen wollte, musste man zur Rückseite des Geländes gehen, dort wo die Pferde rauskonnten, oder einen Spaziergang entlang des langen Weges, der zu einem benachbarten Park führte, machen. Mir fiel das am meisten auf nachdem ich von dem ersten Trainingslager wieder nach Hause gekommen war. Das Trainingslager fand in einem der schönsten Naturparks der Niederlande statt und als wir die Pferde zu ihren Ställen zurückführten, fiel mir sofort auf wie – im Vergleich zu dort - grau und glanzlos mein eigener Stall eigentlich war. Den Pferden war es egal, so lange sie ihr Futter bekamen, aber es fühlte sich für mich trotzdem wie etwas Bedeutungsvolles an.Die Atmosphäre und Energie in unserem Pensionsstall deprimierten mich immer mehr und je öfter wir unterwegs waren und an anderen Orten von Bäumen und Natur umgeben waren, desto mehr missfiel er mir.

Als ich dort bei meinem alten Stall am Reitplatz vorbeiging sah ich sechs, vielleicht acht Mädchen, die mit ihren Pferden auf eine Weise arbeiteten, die ich erkannte. Ich konnte es kaum glauben. Eines der Mädchen, das eine Werkstudentin des Lehrmeisters im Süden des Landes gewesen war, hatte ihr Pferd auch in unserem alten Stall eingestellt und veranstaltete dort einen Trainingstag. Es war ein riesiges Aha-Erlebnis und eine angenehme Überraschung. Ich war begeistert und fasste den Entschluss, Mia wieder zu ihrem alten Stall zurückzubringen.

Ich kündigte meinen Stall und endlich kehrte Mia wieder heim. Natürlich hatte ich sehr deutlich mitgeteilt, dass niemand ohne meine deutliche Zustimmung etwas mit Mia machen durfte, wie zum Beispiel eine Entwurmungspaste geben oder sie von einem Tierarzt behandeln lassen. Den letzten Vorfall dort hatte ich immer noch nicht vergessen. Meine Bedingung wurde akzeptiert und wir gelangten sogar zu einem „goldenen Geschäftsabschluss". Ich bin mir immer noch sicher, dass sie eigentlich gar keinen Platz für uns gehabt hatten, da ich erst nach zwei Monaten einen Schrank für meine Ausrüstung bekam, aber das war jetzt ja auch egal. Ich war einfach nur froh, wieder zurück zu sein. Mia wurde mit ihren alten Freunden wiedervereinigt und ich hatte wieder mehr Zeit, da ich ihren Stall nicht mehr auszumisten brauchte und sie nicht mehr zu versorgen brauchte. Wertvolle Freizeit, die ich jetzt voll und ganz in unser Training investieren konnte.

Viele der alten Stallfreunde waren immer noch dort, aber ich lernte auch viele neue Pferdebesitzer kennen und die Stimmung war freundschaftlich. Ich fühlte mich ein bisschen schuldig, dass ich meine neuen dortigen Freundinnen bei dem anderen Stall zurückgelassen hatte. Ironischerweise hatten sie das gleiche Gefühl und trösteten sich, indem sie mit ihren Pferden ebenfalls in andere Ställe umzogen. Noch war nicht alles verloren und wir sahen uns auch weiterhin bei Trainingslagern und Veranstaltungen. Ich lernte neue Freunde kennen und die Stallatmosphäre war, abgesehen von den gelegentlichen merkwürdigen unwillkommenen Bemerkungen, sehr angenehm. Es hatte den Anschein als ob meine Stallgenossinnen jetzt plötzlich des Hänselns überdrüssig geworden waren. Vielleicht weil inzwischen auch andere Stallkameraden ungefähr das Gleiche mit ihren Pferden machten wie ich.

Ich stellte auch fest, dass in so kurzer Zeit, in eigentlich nur zwei Jahren, die Botschaft dieses Trainingsprogramms und die Tatsache, dass es sich immer größerer Beliebtheit erfreute und noch besser zugänglich geworden war, wirklich vielen Leuten dabei geholfen hatte, ihre Pferde erfolgreicher auszubilden. Vielleicht hatten sie sich, wie ich, vorher mit ihren Pferden abgemüht oder gegen sie gekämpft oder hatten sie einfach nur eine andere und freundlichere Trainingsmethode gesucht. Der Nachteil dieser Entwicklung war, dass sich wie bei dem Spiel „Stille Post" die ursprüngliche Botschaft und Methode, die Gewohnheiten und Fertigkeiten im Laufe der Zeit langsam geändert hatten und manchmal gar nicht mehr dem glichen, was ich ursprünglich gelernt hatte.

Dies passierte nicht nur in unserem Stall, sondern weltweit. Die ursprüngliche Botschaft löste sich auf oder wurde anders interpretiert, gestaltet und unterrichtet, was zu anderen und gelegentlich sogar schlechten Beispielen führte. Dies gab all denen, die diese Methode nicht mochten oder nicht damit einverstanden waren, die Bestätigung, dass sie doch in gewissem Maße Recht hatten. Ich könnte hier jetzt noch einmal darlegen, dass jede Trainingsmethode, die von törichten oder nicht verstehenden Händen angewendet wird falsch ist. Könnte ich, aber das weiß ja wohl jeder. Für mich persönlich ist wichtiger als diese Diskussionen, dass wir uns am Ende des Tages immer wieder die Frage stellen:

Was hält mein Pferd davon?

KAPITEL 4   Teil II

Hör auf die Pferde
Beharrlichkeit in einer unmoralischen Welt

Die Weise, auf welche ich es heutzutage sehe, ist sehr einfach, realistisch und aufrichtig und ich bin auch der Ansicht, dass bei der Ausbildung immer etwas völlig schief läuft, wenn die Antwort der Pferde auf die meisten Fragen, die ihnen gestellt werden, ist: *Kann ich nicht* oder *Tu ich nicht*. Insbesondere wenn man ein Pferd in Menschensprache, die es nicht versteht, anschreit oder beschimpft oder es ständig mit immer wieder denselben hilflosen Ritualen überflüssigen Peinigungen, Qualen und Misshandlungen aussetzt. Oder sie mit Gerten und Peitschen oder übermäßig verwendeten, in die Haut schneidenden Sporen zum Rückwärtsgehen zwingt. Oder sie verletzt und abstumpft mit ständig in den Bauch tretenden vorantreibenden Hacken, die das Pferd irgendwann gar nicht mehr spürt. Ich sehe nicht ein, wie jemand eine Meinung über das was ich mache haben kann, wenn er oder sie seine Pferde so behandelt. Ich muss ehrlich zugeben, dass bevor ich das neue Trainingsprogramm entdeckt hatte, ich meine Pferde leider manchmal auch auf einige dieser Weisen trainiert hatte.

Der Unterschied ist der, dass ich irgendwann entdeckte, dass Pferde so viel mehr sind als nur das und dabei auch lernte, das Training nicht abzukürzen, nur um meinem Ego zu schmeicheln, oder das Maul meines Pferdes zuzuschnüren, um meine eigenen Fehler zu verschleiern. Dies ist kein bitterer Angriff gegen alle anderen Pferdebesitzer, die nicht so trainieren wie ich, sondern es ist einfach eine Tatsache, dass es andauert und noch so lange andauern wird, bis alle Pferdebesitzer endlich zu anderen Einsichten gelangt sein werden.

Der aussichtslose Aspekt dessen ist, dass - wie es bei mir der Fall war - viele Pferdebesitzer Probleme mit ihren Pferden hatten oder haben und aus irgendeinem Grund gar nicht erkennen oder nicht zugeben wollen, dass sie diese Probleme haben. Das kommt sicherlich daher, weil es eben einfacher ist, das Problem schlicht zu ignorieren. In den vergangenen ungefähr acht Jahren habe ich viele, teils sogar humoristische, Beispiele hierfür sammeln können. Ein Beispiel, das mir spontan einfällt, ist das der zahlreichen Personen, die mir bewusst klarmachen wollten, dass das was ich machte falsch oder gefährlich war. Und zugleich hinter verschlossenen Türen dieselben Methoden nachahmten. Diese Situationen bringen mich zum Schmunzeln, insbesondere wenn diese Leute mir hinterher stolz und völlig überzeugt mitteilen, dass das, was sie machen, ganz und gar nicht dasselbe ist als was ich mache. Ich versuche immer, ihnen zuzustimmen, denn eigentlich geht es um die Haltung und das Verstehen des „Wie" und „Warums", das dem Pferd etwas beibringt und nicht nur um die angewandte Methode. Eine ziemlich lustige Tatsache ist, dass eine kleine Gruppe dieser Leute, die zu Anfang gegen meine Trainingsweise protestierten, später sogar sehr gute Schüler „meines" Ausbildungsprogramms wurden.

Tatsache ist jedoch, dass die Informationen, die sie sich verschaffen, eigentlich von derselben Quelle stammen wie meine Informationen, was sie jedoch entweder einfach nicht wissen oder absichtlich nicht zugeben wollen.

Ich war nicht die einzige, die sich in einer solchen Situation befand und sich mit Vorurteilen auseinandersetzen musste. Heutzutage gibt es sogar zehntausende Trainer, die dies täglich machen müssen. Was mich jetzt hauptsächlich interessiert ist, wie ich es kompensieren kann und genau das hat man mir beigebracht. Es geht darum, sich selber stärker zu machen und ein noch besseres Vorbild dieser Methode zu werden. Wenn der Leser das gesamte Programm absolvieren will und – so wie ich -

lernen will, wie er dies legitim unterrichten kann, finde ich das fantastisch. Je mehr Schüler und Lehrer, desto besser. Deshalb wusste ich letztendlich auch, dass ich selber unterrichten wollte, was ich gelernt hatte. Ich wusste einfach, dass andere Leute dies auch lernen wollten. Einige hatten bereits damit angefangen und waren sogar ziemlich erfolgreich. Mein besonderes Interesse galt jedoch all den anderen, die es noch nicht oder nicht richtig gelernt hatten. Man sollte sich einfach daran erinnern, dass es nichts ausmacht, welche Trainingsmethode man wählt oder welche Sportart man mit Pferden betreibt, so lange das Tier, was für diesen Sport „verwendet" wird, gesund und glücklich ist.

Aber ich möchte alle Pferdebesitzer dazu ermutigen, sich selber zwei Fragen zu stellen und darüber nachzudenken, wie ihre ehrliche Antwort darauf wäre.
Bin ich eine gute Lehrerin/ein guter Lehrer?
Wenn mein Pferd es sich aussuchen könnte, würde es am nächsten Tag wieder freiwillig an meinem Unterricht teilnehmen?

Pferde sind von Natur aus unglaublich versöhnlich, einige tolerieren sogar unnötige Gewalt und Misshandlung, manchmal sogar ihr ganzes Leben lang. In ihrer Unschuld und weil sie nicht klagen, lassen sie zu, dass die Gewalt fortgesetzt wird. Darüber hinaus lassen sie ihre Besitzer sich somit geradezu krankhaft erfolgreich fühlen. Andere Pferde haben eine niedrigere Toleranzschwelle, ihre Gesundheit verschlechtert sich, sie können Verletzungen wie Sehnen-, Muskel- oder Bänderrisse erleiden oder an starken Rückenschmerzen leiden.
Dies wird ihre Besitzer gelegentlich verbittern. Oder sie dazu bringen, ihr Pferd einfach gegen ein besseres Exemplar umzutauschen. Und dann gibt es noch die anderen Pferde, eine kleine Gruppe, Pferde wie Mia, die einfach *Nein* sagen und *Ich will das nicht mehr* und im Gegenzug wird der Besitzer, wie ich, hoffentlich versuchen, eine andere und bessere Methode zu finden oder im schlimmsten Fall einfach gänzlich aufgeben.

Lasst uns ein Pferd mit einem Hund vergleichen. Man kann einem Hund mit der Stimme einen Befehl z.B. *Sitz* erteilen, den er versteht und er wird sich auf diesen Befehl hin zukünftig meistens fast sofort hinsetzen. Hunde können sehr gut lernen und werden den Befehl des Menschen, wenn sie ausreichend trainiert wurden, wie zum Beispiel ein Polizeihund, auch in sehr stressvollen Situationen sofort ausführen. Du kannst das Gleiche auch mit einem Pferd machen, aber das sind nur Tricks, denn für die Pferde sind unsere Befehle keine zuverlässige Sprache und sie werden den Befehl nur dann befolgen, wenn man sich mit ihnen in einer sicheren Umgebung befindet. Das Pferd kann ein stimmliches Signal nicht hören, wenn es sich in einem Adrenalinrausch befindet und sein Instinkt ihm gebietet, dass es überleben oder flüchten muss. Ich erinnere nochmals daran, dass ein Pferd seine eigene Stimme nur benutzt, wenn es angespannt ist, eine Gefahr vermutet oder irgendeine Art von Bestätigung erhalten möchte. Falsch ist auch, wenn dem Pferd mit der Stimme ein Befehl erteilt wird und das Pferd, wenn es nicht darauf reagiert oder sofort gehorcht, bestraft wird.

Ein Wort, das man oft in der Pferdewelt hören wird, insbesondere in der Dressur, in der das Pferd gymnastische Übungen ausführen muss, ist: Leichtigkeit. Das bedeutet, dass gleichgültig worum wir das Pferd bitten, es eine Übung zum Beispiel auf die leichteste Berührung oder die leichteste Hilfe hin ausführt. Man sagt zum Beispiel auch, dass das Pferd leicht auf der Vorhand sein sollte, damit es sein Gewicht besser auf die Hinterhand verlagern kann. Oder man spricht über leichte Hilfen und Anweisungen, womit gemeint wird, dass sie fast unsichtbar sein sollten. Es interessiert mich sehr, was Menschen, die an ihren Pferden herumziehen und -drücken, sie treten und stochern und was es noch für viel schlimmere Sachen gibt, dazu berechtigt sich zu beklagen, dass ihre Pferde nicht leicht sind. Wie kann ein Pferd dann überhaupt auch noch leicht sein? Erst dann, wenn das Pferd deine Kraft versteht, die verglichen mit ihrer eigenen Kraft übrigens geradezu bedeutungslos ist, kann es deine Leichtigkeit richtig einschätzen.

Um Pferden eine willkürliche Form der Leichtigkeit beizubringen, muss man ihnen erst zeigen, was man von ihnen erwartet. Wenn ich zum Beispiel ein Pferd bitte, neben mir her zu laufen und es sich sträubt, dann kann es sich in das Halfter stemmen und wird es sehr schnell feststellen, dass es stärker ist als ich. Es entdeckt somit seinen Leichtigkeitsspielraum. Wenn ich ein Pferd bitte, voranzugehen und es sich sträubt und ich es in einem solchen Moment vorwärts treibe, ohne dabei meine eigene Kraft einsetzen zu müssen, kann es nicht feststellen, wie stark ich wirklich bin, und so seine Leichtigkeit finden. Das ist nur ein kleines Beispiel, aber genau hierum geht es: dem Pferd ohne Krafteinsatz und übertriebenem menschlichen Ego antworten können. Manchmal kann es sich einfach nur um ein Missverständnis zwischen einem Menschen und einem Pferd oder zwischen einem Schüler und Lehrer handeln. Ein Lehrer kann viele Stunden in die Ausbildung eines Schülers investieren und der Schüler kann aus irgendeinem Grund überhaupt nicht verstehen, was ihm beigebracht werden soll. Irgendwann sucht sich der Schüler dann einen anderen Lehrer, der ihm dieselbe Information auf andere Weise vermittelt, und plötzlich findet diese Information ihren Nachhall und begreift der Schüler plötzlich, was von ihm erwartet wird. Es ist weder die Schuld des Lehrers, noch des Schülers. Es ist einfach so, dass Menschen ganz im Allgemeinen unterschiedlich lernen, während alle Pferde auf die gleiche Weise lernen und sich daran seit tausenden Jahren nichts geändert hat.

2009 verfiel ich in einen unbändigen und alles überwältigenden Lernrausch und zwar so sehr, dass es mich fast meinen Job gekostet hätte. Neben dem Besuch so vieler Trainingsveranstaltungen, wie ich es mir finanziell irgendwie erlauben konnte, und der Investition meiner gesamten Freizeit in das Training von Mia, hörte ich mir in den Pausen und auch während der Arbeitszeit im Büro regelmäßig neue Informationen an und sah mir Videos auf meinem Computer an. Ich wurde ein paarmal erwischt und wurde sehr unmissverständlich verwarnt. Zum Glück machte ich meinen Job gut und konnte deshalb mit einer

Entschuldigung ungestraft davonkommen ...und letztendlich trotzdem damit weitermachen.

Irgendwann konnten wir es uns damals finanziell erlauben, meine Arbeitstage von fünf auf vier Arbeitstage pro Woche herabzusetzen und es gelang mir, auch diese neu erworbene Freizeit wieder völlig in die Pferde zu investieren. 2010 konnte ich in die Vereinigten Staaten fahren, um an einem Kurs teilzunehmen, der mich, falls ich ihn bestehen sollte, dazu befähigen würde, mein Training fortzusetzen und ein Parelli Professional zu werden. Mit der Unterstützung meines Mannes konnte ich es mir erlauben, einen Monat wegzubleiben. Ich bestand den Kurs und hatte mich somit für ein weiteres dreimonatiges Praktikum qualifiziert, mit dessen erfolgreichem Abschluss ich letztendlich eine qualifizierte Parelli-Fachfrau sein würde.

Nach dem letzten Reisemonat hatte ich noch gar nicht so weit vorausgedacht und als deutlich war, dass ich diese Möglichkeit wirklich erhielt und mein Zuhause also noch einmal so lange verlassen musste, wollte ich zunächst fast erst Nein sagen. Auch wenn es zweifellos eine großartige Chance war, war es keine einfache Entscheidung für mich, denn hinter den Kulissen ereignete sich bei mir damals gerade sehr viel. Eigentlich wollte ich weder meinen Mann, noch Mia gerne so lange alleine lassen. Noch ganz abgesehen von der finanziellen Belastung. Irgendwie fanden wir, wie immer, eine Lösung und konnte ich dennoch im Juni abreisen. Ich kam im September desselben Jahres wieder zurück nach Hause, unglaublich stolz darüber, dass ich jetzt eine qualifizierte Trainerin war und alles, was ich bisher gelernt hatte und immer noch lerne nun unterrichten durfte.

In meinen ersten Tagen als frischgebackene Ausbilderin dauerte es nicht lange, bis ich ein paar wichtige und wertvolle Lektionen gelernt hatte. Was mich erinnert an das Sprichwort: *Man kann einem Menschen zu Wissen verhelfen, aber man kann ihm das Nachdenken nicht beibringen!*

Es ist unglaublich schwierig, Schüler verstehen und lernen zu lassen, was man unterrichtet, insbesondere wenn daran ein lebendiges Tier, das selber Entscheidungen treffen kann, beteiligt ist. Es erfordert unglaublich viel Energie, Überzeugung, Talent, Fantasie und noch viel mehr Geduld, um Schülern etwas beizubringen und sie auch noch zum anschließenden Weiterlernen zu motivieren. Darüber hinaus müssen sie das, was sie gelernt haben auch noch behalten und korrekt anwenden.

Ich bin mir sicher, dass es für mich ein Vorteil war, dass ich selber ganz persönliche Erfahrungen mit einem mit Problemen belasteten Pferd gemacht hatte und alle Herausforderungen infolge unserer Situation und Lebensbedingungen auch am eigenen Leib erfahren hatte. Mia hatte mich aus erster Hand und persönlich erfahren lassen, wie ein problembehaftetes Pferd aussieht und sich anfühlt. Diejenigen, die aus unmittelbarer Nähe Zeugen unserer Entwicklung waren, scheuten - und scheuen auch heutzutage - keine Mühen, mir persönlich oder mit Videos und Bildern ständig aufs Neue zu erzählen wie unglaublich und schön unsere Transformation war. Ich bin ihnen immer sehr dankbar dafür, da es ja in der Vergangenheit genau gegenteilig war und ich freue mich immer sehr, wenn ich anderen Pferdeleuten mit meinen damaligen Erfahrungen irgendwie weiterhelfen kann oder ihnen wertvolle Tipps geben darf.

Nach einiger Zeit wurden wir unzertrennliche Partner. Ich schwöre, es war sogar so, dass Leute mir die Geschichten von früher irgendwann gar nicht mehr glauben wollten. Wir wurden eins, wie die Indianer mit ihren Pferden. Meine Großmutter sagte früher, als ich noch sehr klein war, einmal zu mir: *Du hast den Geist des Pferdes in dir, du musst nur lernen, wie du dich mit ihm verbünden kannst.* Da ich jetzt ein Professional geworden war, wollte ich dieses Versprechen für sie einhalten und musste deswegen mehrere Male nach Amerika, um meine Ausbildung zu vervollständigen und meine Erfahrungen zu erweitern. Eine ganz besondere und denkwürdige Gelegenheit war übrigens auch, dass ich mit Mia zurück nach England fuhr, wo wir gemeinsam mit einer der Gründerinnen meines Ausbildungsprogramms, Linda Parelli, trainieren durften. Eine wertvolle und schöne Erfahrung, die mir aber leider abverlangte, dass ich Mia mehrere Stunden lang alleine im Hänger mitnehmen musste, einschließlich einer Überfahrt mit der Fähre von Calais nach Dover in dichtem Nebel.

Es ist bekannt, dass Pferde ein sehr schlechtes Kurzzeitgedächtnis haben und ein hervorragendes Langzeitgedächtnis und Mia bestätigte dies, als wir durch die alten Straßen des Ortes fuhren, an dem sie aufgewachsen war, indem sie, als wir an den Weiden vorbeifuhren, die damals ihre Heimat waren, sehr lautstark ihre alten Weidekameraden rief. Ich kannte die Namen von ein paar von ihnen noch, als sie zu mir herangaloppierten, um mich zu begrüßen. Auf dieser Reise gaben wir eine kleine Vorführung dessen, was wir machten und erläuterten auch warum wir es machten und am Ende, als es still war, stand Mia dort ganz frei und völlig regungslos im Paddock und blickte über das Tal hinweg zu ihrer alten Heimat herüber. Ungefähr zwanzig Minuten lang bewegte sie nicht, sie starrte nur in die Ferne und dachte wahrscheinlich nach oder verarbeitete neue Einsichten. Sie sah genauso aus wie vor zehn Jahren, als ich sie zum ersten Mal gesehen hatte: einfach perfekt und still.

2012 fing mit der Ankunft eines neuen Familienmitglieds an, einem kleinen Welpen. Ich hatte früher bereits Hunde gehabt, aber noch nicht seitdem ich in den Niederlanden lebte und wieder einen Hund um mich herum zu haben war herrlich und ich freute mich riesig über ihn. Ich hatte inzwischen als Nebentätigkeit zwei Jahre lang unterrichtet und konnte endlich den beengenden Bürojob aufgeben und vollständig als Freiberufliche mit Pferden arbeiten.

In diesen Tagen wurden mir auch viele andere Sachen plötzlich ganz deutlich. Trotz der Tatsache, dass ich fantastische Momente miterleben durfte, wenn ich Schülern mit ihren Pferden half und ihnen eine andere Methode beibringen durfte, die wirklich funktionierte, war ich und bin ich heutzutage immer noch eine der wenigen weltweiten Trainerinnen, die nicht über eine eigene Trainingsanlage verfügt. Ich möchte nicht undankbar klingen, aber dies war leider keine vorteilhafte Situation für mich. Ich kann gewisse Situationen im Stall einfach nicht kontrollieren und es gab Leute, die das gerne ausnutzten. Ich habe wirklich alles Schlechte miterlebt, was Menschen einander antun können, einschließlich gefühlskränkender Sticheleien und Beschimpfungen, manchmal sogar im Beisein meiner Schüler. Andererseits wurde ich deswegen manchmal auch als Trainerin nicht ganz ernst genommen. Bei allem Respekt bin ich bis auf ein gewisses Ausmaß nicht dazu in der Lage, etwas daran zu ändern, ich bin hilflos. Positiver betrachtet, weigere ich mich, mich hierdurch von meinen Vorhaben abhalten zu lassen und schon gar nicht, um meine Schüler davon abzuhalten, weitere Fortschritte zu erzielen. Ich fühle mich manchmal sogar verantwortlicher für sie als ich es vielleicht tun sollte. Der Besitzer und Leiter des Stalles war unglaublich hilfsbereit und verständnisvoll und scheute keine Mühen um all meinen Bedürfnissen und Anforderungen gerecht zu werden.

Auf die Gefahr hin, dass ich mit meiner persönlichen Kritik ein paar Freunde verlieren könnte und wahrscheinlich sowie missverstanden werde, weil ich ein ganzes Buch benötige, um alles zu sagen, was ich sagen will, werde ich hier ansatzweise versuchen, das Folgende zu erläutern.

Es gibt leider ein großes Missverständnis, nämlich, dass wenn man als guter Pferdemann oder gute Pferdefrau gelten will, man Dressur reiten muss. Ich möchte hier kurz erläutern warum das nicht wahr ist. Persönlich habe ich eine Hass-Liebe zu diesem Sport, weil er weder mir noch meinen Pferden in der Vergangenheit sehr zuträglich war. Einiges war einfach nur Pech, weil ich nicht von ausreichend sachkundigen Personen umgeben war oder weil ich nicht gut zuhörte, wenn sie mir etwas beibringen wollten, aber egal was es auch gewesen sein mag, ich war niemals ein Anhänger des Dressursports. Das war bis vor kurzem so oder eigentlich bis Pat und Linda Parelli diesen Sport mit Natural Horsemanship und Psychologie in übersichtliche Stücke zerlegten, um ihn wieder begreiflich zu machen.

Dressur ist nur eine Disziplin, es ist nicht seligmachend! Das ist eine wichtige Aussage, denn es ist der Sport schlechthin, in dem menschliche Egos die Beziehungen zu ihren Pferden am erfolgreichsten ruinieren, was gar nicht so sein muss! Wie es auch für das Natural Horsemanship gilt, ist die echte ursprüngliche Bedeutung der Dressur im Laufe der Zeit verloren gegangen und es wird Zeit, dass jetzt einmal jemand aufsteht und warnt: *Wartet mal eben, das ist nicht richtig!*

Heutzutage benutze ich das Wort *Dressur* nicht mehr so oft, ich nenne diese Disziplin lieber Gymnastik oder Biomechanik oder *Finesse*, wie es im Parelli-Programm bezeichnet wird.
Sowohl die alten als die neuen Meister werden bestätigen, dass es Jahre und Jahre dauert, bis man sowohl einen Menschen als ein Pferd bis zu einem gewissen akzeptablen Niveau ausgebildet hat. Noch gar nicht so lange her, in den sechziger und den siebziger Jahren, waren die Pferde, die solche gymnastischen Glanzleistungen erbrachten ungefähr oder mindestens zwölf Jahre alt, wenn nicht noch älter. Heutzutage sind sie oft erst vier Jahre alt und sind sie nicht selten schon vor ihrem zehnten Lebensjahr völlig kaputt. Ich möchte alle pferdebegeisterten Leser jetzt bitten, an dieser Stelle sehr gut aufzupassen: Es zerstört den Sport und richtet etwas, das so schön sein kann, völlig zugrunde.

Es gibt heutzutage viele gute und berühmte Dressurreiter und Dressurreiterinnen, aber im Vergleich zu den zahlenmäßig noch stärker vertretenen schlechten Dressurreitern sind es leider eigentlich nur sehr wenige. Einige der wichtigsten Grundleger der Dressur brachten ihren Pferden erst bei wie sie ihren Körper verwenden können. Sie ließen sie zunächst die Hilfen erst vom Boden aus erlernen, bevor ihnen beigebracht wurde, wie sie dies mit einem Reiter auf ihrem Rücken machen konnten, wobei dann auch noch am Boden ein Helfer dabei war. Die Resultate waren und sind immer noch phänomenal und für alle Beteiligten gleich lohnend.

Dies bringt mich zu meinem nächsten Punkt. Die Methode, mit der ich unterrichte, stellt als Anforderung, dass die Schüler - nicht alle, aber die meisten - zu Anfang des Trainings erst eine Zeit lang mit ihren Pferden am Boden arbeiten. In einigen Fällen ist dies aus Sicherheitsgründen, in anderen Fällen will man, dass sie erst lernen, wie sie Pferde besser verstehen und mit ihnen arbeiten können und in wieder ganz anderen Fällen geht es um Schüler, deren Pferde überhaupt gar keine Grundausbildung haben, wodurch es einfach zu gefährlich ist, etwas anderes mit ihnen zu machen. Und erst wenn sie am Boden genug gelernt haben wird mit dem nächsten Stadium, dem Reiten, angefangen.

Dieser Unterschied zu den modernen Traditionen ist häufig der Grund, warum Leute in Anbetracht meiner Methoden gelegentlich eine Augenbraue nach oben ziehen, aber wir dürfen nicht vergessen, dass die meisten Menschen, die sich wegen eines Trainings an mich wenden, Probleme mit ihren, gelegentlich sogar gefährlichen, Pferden haben, während andere von Anfang an echt an ihrem Selbstbewusstsein oder dem des Pferdes arbeiten möchten. Vom Sicherheitsstandpunkt her betrachtet ist dies somit eine logische Anforderung. Es ist auch eine meiner Spezialitäten und ich bin unglaublich stolz auf jeden einzelnen meiner Schüler und Schülerinnen, die Probleme mit ihrem Pferd hatten und die volle Verantwortung dafür übernahmen, sich trauten, es ehrlich zuzugeben und selber beschlossen, intensiv daran zu arbeiten.
Und leider können dabei auch Freundschaften zerbrechen, insbesondere infolge einiger wie oben beschriebener Vorfälle und Ereignisse. Ich versuche Menschen immer mit den weisen Worten zu ermutigen, dass jeder Verlust zugleich auch ein Gewinn ist. Irgendwann im Laufe des Trainings, wenn sie so weit sind, dass sie reiten können, benötigen wir andere Einrichtungen für die Unterrichtsstunden, wie zum Beispiel eine

Reithalle. Hier musste ich übrigens leider auch über unwillkommene Bemerkungen lachen, wie zum Beispiel: *Du darfst dich hier nicht aufhalten* oder so beleidigend wie: *Was macht ihr hier, ihr reitet ja noch nicht einmal.*

Leider vergessen Leute gelegentlich, dass das was ich mache, mein Beruf ist. Wenn sie also so herablassend mit mir reden, dann beleidigen sie nicht nur mich, sondern auch meinen Beruf. Ich würde mich niemals trauen, an ihrem Arbeitsplatz zu erscheinen und ihnen zu erzählen, wie sie ihre Arbeit machen sollen und schon gar nicht mit einem solchen Unterton. Es ist keineswegs meine Absicht, dieses Buch als Rachemittel einzusetzen oder diesen Personen damit eins auswischen zu wollen, ganz und gar nicht. Und übrigens hab ich das auch gar nicht nötig, ich gebe hier nur ganz frei meine Meinung dazu ab.

Wir wollen also nicht vergessen, dass dieses Buch die Erzählung eines Ereignisablaufs ist, bei dem sich ein Ereignis aus dem vorigen ergibt und um das erläutern zu können, muss der Leser auch wissen, wer ich bin. Denn nur dann kann er auch verstehen, wer Mia ist. Letzten Endes zählt für mich nur eins: Dass meine Schüler und Kunden zufrieden sind und dass ihre - und meine - Pferde glücklich sind, denn gemeinsam sind wir stark.

Kurz zusammengefasst: Ich bin ein zufriedener Mensch

KAPITEL 5

Die goldene Überraschung
Traumhaftes Goldpferd

Es wurde mir die Möglichkeit angeboten, Mia in einem anderen Stall, nur ein paar Kilometer weiter in der nächsten Stadt, einzustellen und eine Freundin von mir hatte sich entschieden, dieses Abenteuer gemeinsam mit mir zu unternehmen.

Es hatte dort viele Vorteile für uns und das Wichtigste war, dass ich mit meinen Pferden in aller Ruhe und ohne Zuschauer arbeiten konnte. Das war etwas, nach dem ich bereits seit langem verlangt hatte, da ich bisher immer im Mittelpunkt des Interesses gestanden hatte, insbesondere seitdem ich meine Arbeit mit den Pferden zu meinem Beruf gemacht hatte. Was ich auch unterrichtete, ich wurde immer beobachtet und gleichgültig ob ich mit Mia oder dem Pferd einer meiner Schüler arbeitete, es war immer jemand in der Nähe, der glaubte oder der Ansicht war, alles viel besser zu wissen. Vielleicht war das sogar so, ich habe jedoch nie selber sehen können, dass sie auch so oder ähnlich mit ihren Pferden arbeiteten.

Ein Besucher, der nur kurz vorbeischaut oder uns ein paar Momente beobachtet, wird meistens nur eine Sache sehen und leider war dies oft einfach nur die Wahrnehmung der negativen Aspekte, sozusagen, der kleinen *Unebenheiten der Straße*. Selten schauten sie so lange zu, bis sie auch die positiven Aspekte oder das Endresultat sahen. Jeder erfahrene Professional wird bestätigen können, dass es eben nicht nur schöne Bilder sind, es ist einfach eben nicht immer nur eitel Sonnenschein, insbesondere wenn die Beziehung des Pferdes zum Menschen problematisch ist oder es sich nicht sicher fühlt. Es dürfte ein Endziel sein, etwas zu erreichen, was diesem Idealismus gleicht, aber der Weg dorthin ist aufgrund des Konfliktes zwischen dem Menschen und der Natur des Pferdes nicht selten ein wenig holprig.

Es gibt einen großen Unterschied zwischen dem Schlagen eines Pferdes und dem Blockieren eines Pferdes. Einen sehr großen Unterschied sogar, aber für den ungebildeten Betrachter ist dieser Unterschied möglicherweise gar nicht sichtbar. Seine Beobachtung kann somit zu einer falschen Beurteilung führen. Pferde erfahren alles als Druck, aber Druck kann sie auch dazu motivieren, sich zu bewegen. Darüber hinaus haben sie zwei Basisemotionen: Flüchten oder Kämpfen. Oder anders gesagt, Angst oder Dominanz. Unter Berücksichtigung dieser Tatsachen dürfte deutlich sein, dass sie nicht dieselben Gefühle haben wie wir und ist es somit scheinheilig, wenn wir diese Tatsache nicht erkennen und akzeptieren. Ihre Basisemotionen sind für sie eine Lebensnotwendigkeit. Sie beabsichtigen nie, einen Menschen aus der Fassung zu bringen oder wütend zu machen.

Um den Leser nicht irrezuführen, möchte ich hinzufügen, dass es auch immer gute Momente gibt und diese die schlechten Momente bei weitem überwiegen. Wenn das nicht so wäre, hätte ich schon lange gar keinen Job mehr. Wie bereits genannt, ist es aber ein menschlicher Instinkt, immer das Schlechte an einer Sache zu suchen, zu finden und sich daran zu erinnern. Darum fühlt es sich oft wie ein aussichtsloser Kampf an. Ich habe gelernt, wie ich meinen Schülern deutlich machen und beibringen kann, dass sie dies im Hinterkopf behalten müssen und meistens ist das Problem dann auch schnell gelöst, denn oftmals geht es bei dem sichtbaren Problem gar nicht um das eigentliche zugrundeliegende Problem.

Damals war ich eine der wenigen Personen im Stall, die ganz besondere Übungen mit ihrem Pferd machen konnte und es ereignete sich oft, dass wir großes Publikum anzogen, wenn wir miteinander arbeiteten. Aber es geschah auch gelegentlich, dass sich Zuschauer einfanden, während wir uns in einer unserer Lernphasen befanden. Da ich von Haus aus eine unsichere Person bin, empfand ich das als sehr unangenehm. Aber noch schlimmer fand ich es, dass die Zuschauer sich verpflichtet fühlten, mich in einem solchen Moment auch noch zu fragen, was ich gerade machte. Es war eine Herausforderung, herauszufinden, wie ich ihnen möglichst höflich deutlich machen konnte, dass ich gerade mit der Arbeit und dem Training meines Pferdes beschäftigt war und nicht mit ihnen.

Heutzutage ist es weitverbreitet, auf diese Weise mit Pferden zu arbeiten. Schüler in der ganzen Welt beschäftigen sich mehr oder weniger intensiv mit dieser Methode. Mia konnte sich damals hinlegen, sich auf den Rücken rollen und ruhig so liegenbleiben, damit ich ihren Bauch streicheln konnte. Heutzutage achten viele Leute dabei gar nicht mehr auf mich, aber vor ein paar Jahren hätten sie mir zweifellos sehr bewundernd zugeschaut.

Deswegen ist mein Argument, dass mein Umfeld als professioneller Trainer in einem großen Pensionsstall mit mehr als hundertachtzig Pferden und mindestens doppelt so vielen Besitzern und Reitern, damals für mich nicht unbedingt ideal war. Aber auch heutzutage ist dies immer noch meine tägliche Umgebung. Es gab keine andere Alternative und ich hoffe, dass mein Mann und ich uns eines Tages unseren eigenen kleinen Bauernhof leisten können. Inzwischen habe ich gelernt, täglich mit dieser Situation umzugehen. Ich habe eben einfach nichts zu verbergen und kann kleine Krisen relativ einfach und souverän bewältigen. Letztendlich bin ich auch nur ein Mensch und habe mir nie von irgendjemandem verbindlich vorschreiben lassen, dass ich nicht ab und zu offen meine Meinung sagen darf.

Wir zogen in den neuen Stall und zuerst war es idyllisch, wir teilten uns eine umzäunte Weide mit vier anderen Pferden und in der Mitte des fast einen Hektar großen Graslands befand sich ein kleiner See, der mit einem über dem Wasser schwebenden Draht in zwei gleich große Teile unterteilt war. Das kleine Stallgebäude befand sich am Ende eines schmalen Privatweges. Wir hatten beide jeweils eine Box und ein paar kleine Räumlichkeiten für die Lagerung unserer Sachen. Gegenüber des Stallbereiches befand sich ein bescheidener kleiner Sandreitplatz und ich freute mich, als ich herausfand, dass ich dort fast immer alleine sein würde, denn es war bei diesem Stall fast nie eine Menschenseele zu sehen. Insbesondere mein introvertiertes Ich freute sich natürlich sehr darüber. Es war auch möglich, in einem kleinen Privatwald um die Stallanlage herum zu reiten. Auf der anderen Seite befanden sich der Hofbereich, weitere Boxen und ein Longierzirkel. Ich ging nicht oft zum Hofbereich, nur wenn ich unser Heu dort aus der Scheune holen musste und ganz ab und zu wenn ich an kalten oder regnerischen Tagen mir dort schnell ein warmes Getränk holen wollte.

Ich hatte dort im Sommer eine fantastische Zeit, bemühte mich intensiv, Fortschritte beim Reiten zu erzielen und mit Übungen weiterzumachen, mit denen wir bereits vorher schon angefangen hatten. Aber dann brach der Winter herein. Es war unglaublich nass, die Weiden hatten sich in einen großen nassen Kleimatsch und in ein Schlammfeld verwandelt und kurz danach folgte der Frost. Der See war zugefroren und um zu vermeiden, dass die Wasserleitungen platzten, musste die Wasserzufuhr ausgeschaltet werden, was bedeutete, dass wir Löcher in das Eis des Sees bohren oder schlagen mussten, um Trinkwasser für die Pferde schöpfen zu können. Wenn wir Glück hatten, konnten wir Wasser vom Hof holen und im schlechtesten Fall musste ich Wasser von zuhause mitschleppen. Es war viel Arbeit und ich verbrachte mehr Zeit damit, die Pferde zu versorgen, als mit Mia arbeiten zu können. An sich war das gar nicht so schlimm, was mich aber noch mehr frustrierte war die Tatsache, dass auf unserem Teil des Grundstückes kein Strom vorhanden war und wir deshalb abends kein Licht hatten. Das bedeutete, dass meine Freundin nur am Wochenende mit ihrem Pferd trainieren konnte. Schließlich kamen wir zu der traurigen Schlussfolgerung, dass wir wohl wieder einen anderen Stall suchen mussten.

Zu Anfang des Jahres 2012 hatte ich eine Freundin besucht, um sie zu beraten und ihr bei der Ausbildung zweier wilder Connemara Hengste, die sie aus Irland importiert hatte, zu helfen. Als ich bei ihr ankam, war ich noch nicht einmal aus dem Auto gestiegen, als einer der beiden sofort mein Interesse weckte. Irgendetwas an diesem hübschen Jüngling eroberte sofort mein Herz. Ich suchte gar kein zweites Pferd. Denn ich arbeitete ja bereits täglich mit vier bis acht Pferden und ich hatte bisher auch niemals die Absicht gehabt, selber noch ein Pferd dazuzukaufen, aber als ich ihn sah, änderte ich meine Meinung. Es war einfach Liebe auf den ersten Blick. Er fühlte sich so vertraut an, als ob wir uns bereits seit langem kannten, was natürlich gar nicht so war. Als ich damals dort bei ihm stand wusste ich sofort, dass ich ihn kaufen musste. Ich musste nur noch herausfinden, wie ich das verwirklichen konnte.

Die beiden kleinen wilden Kerle standen in der Weide, einer war ein rötlichgrauer und hieß Jonny und der andere, der Kheelen genannt wurde, war ein Falbe, ein Pferd mit einem hellblonden Fell mit schwarzer Mähne und Schweif. Wir konnten in der ersten Unterrichtsstunde noch nicht viel mit ihnen machen, aber meine Freundin hatte selber bereits hervorragende, vorbereitende Arbeit mit ihnen geleistet und ich erteilte ihr nur ein paar weitere Ratschläge und schlug ihr ein paar Übungen vor, die sie mit ihnen machen konnte, um ihre Ausbildung fortzusetzen. Als ich wegfuhr musste ich innerlich lächeln, woraufhin mein Herz jedoch bei dem Gedanken daran, dass ich ihn vielleicht nie wiedersehen würde, für ein paar Sekunden aussetzte.

Gottseidank rief sie mich bald wieder an, um einen Termin zu vereinbaren und ich konnte es gar nicht abwarten, wieder dorthin fahren und ihn sehen zu können. Sie hatte alles genau so gemacht, wie ich es ihr gezeigt hatte, und noch viel mehr, um die beiden kleinen Kerle gut und gründlich auszubilden. Ich fühlte mich auch irgendwie verehrt, dass er, als ich aus dem Auto stieg, sofort zu mir kam und mich am Gatter begrüßte. Sie lachte und sagte: *Ihr beide seid süß zusammen* und bevor ich mich versah und darüber nachgedacht hatte, hatte ich die Worte herausgebracht: *Falls du jemals erwägen solltest, ihn zu verkaufen, denke bitte erst an mich.*

Ein paar Wochen später schickte sie mir eine SMS, in der sie mir mitteilte, dass sie ihn verkaufen wollte, und weil ich ihn so furchtbar gerne haben wollte, vereinbarte ich - ebenfalls sehr spontan - sofort den Kauf mit ihr. Ich hatte meinem Mann noch gar nichts über den Kauf erzählt, aber zuhause redete ich ständig über das kleine goldene Pferd. Er hatte natürlich gar keine Ahnung, dass ich bereits eine Anzahlung für ihn geleistet hatte...oder zumindest dachte ich das.

Wir vereinbarten, dass wenn er im Sommer noch bei ihr stehen bleiben konnte, ich ihn mit dem mit Unterrichtsstunden verdienten Geld und kleinen Teilzahlungen, jedes Mal wenn ich ausreichend Geld hatte, bezahlen würde. Es war eine nette Geste von ihr, dass sie diesen Zahlungsvorschlag bereitwillig akzeptierte und ich werde ihr ewig dankbar dafür sein. Zu Anfang des Winters machten wir einen kurzen Sonnenurlaub und wie ich halt bin, konnte ich einfach nicht aufhören, darüber nachzudenken, wie ich es Jort erzählen sollte, aber natürlich wusste er es schon lange. Eines Abends bei einem romantischen Abendessen mit Kerzenlicht in einem bezaubernden kleinen Hafen sagte er plötzlich aus heiterem Himmel zu mir: *Weißt du, das kleine Pferd, über das du ständig redest? Ja?* antwortete ich und errötete. *Mach' es einfach, kauf ihn* schlug er vor und fügte als Scherz hinzu: *Kauf ihn schnell, bevor ich es mir anders überlege.* Ich hatte Mitleid mit den anderen Gästen um uns herum, die an diesem traumhaften Abend ruhig an ihren Tischen saßen, denn ich brach in Tränen aus und während ich schniefte wie ein Kleinkind, sprang ich auf, um sein Gesicht mit Küssen zu bedecken, während ich mich immer wieder bei ihm bedankte. Als die Freude und der erste Schrecken vorbei waren saß ich nur noch ganz ruhig auf meinem Stuhl und schluchzte glücklich vor mich hin. Ein Ober näherte sich unserem Tisch und war

offensichtlich in Verlegenheit gebracht. Er dachte
wahrscheinlich, dass Jort mich aus einem anderen Grunde zum
Heulen gebracht hatte. Als er zögernd fragte, ob wir etwas
bestellen wollten, fing ich mit meiner Laufnase an zu kichern
und sagte: *Keine Angst, das sind Freudentränen, er hat mir
gerade ein Pferd gekauft.*

Ich hatte vereinbart, Kheelen, auch bekannt unter dem Namen
Lenny der Erste, in der ersten Woche des Jahres 2013 abzuholen.
Aber die Wettervorhersagen prophezeiten für genau diese Woche
Schnee und schlechtes Wetter und so durfte ich ihn nach
Rücksprache mit seiner heutigen damaligen Besitzerin bereits in
der letzten Dezemberwoche abholen.

Der Anfang des neuen Jahres brachte uns einen fast
unerträglichen Winter und deshalb entschieden wir uns, die
Pferde eher als geplant zu einem anderen Stall zu bringen.
Wir hatten bereits oft darüber nachgedacht und auch einen Stall
gefunden, der uns gefiel. Er befand sich ungefähr zehn Kilometer
von meinem Haus entfernt, aber in entgegengesetzter Richtung.
Dort standen uns jeweils eine große Box in einer hübschen
luftigen und geräumigen Scheune zur Verfügung und eine eigene
kleine Weide, in der wir machen durften, was wir wollten.
Weitere Vorteile waren: eine Rennbahn, eine funkelnagelneue
Reithalle mit guter Beleuchtung und eine beheizte Kantine. Weil
dies alles so viel besser war, als was wir zurzeit hatten, mussten
wir einfach Ja sagen.

Zu Anfang war es in Ordnung, obwohl mehr Arbeiten anfielen,
um die Pferde gut zu versorgen. Für mich desto mehr, weil ich ja
jetzt zwei Pferde hatte. Und obwohl wir ihnen dort ein viel
besseres Leben bieten konnten, fühlten wir uns dort niemals
zuhause und es war auch noch sehr teuer. Der arme Kheelen, der
ja nicht nur einmal, sondern gleich zweimal innerhalb sehr
kurzer Zeit umziehen musste, hatte sich erkältet, wahrscheinlich
verursacht durch Stress. Darüber hinaus erhielt ich einige
gepfefferte Tierarztrechnungen für alle Tierarztbesuche, die alle

nur das eine Ziel hatten: seine Temperatur zu senken. Alles war damals ziemlich deprimierend und ich war niedergeschlagen, weil ich wieder mit diesen Gefühlen der Müdigkeit und des Selbstzweifels zu kämpfen hatte. Ich traute mich nicht, dies zuzugeben, insbesondere nicht Jort gegenüber, weil er ja so nett gewesen war, mir zu erlauben, dieses wunderschöne Pferd zu kaufen, obwohl unsere finanzielle Situation schon recht eng war. Da ich selbständig war, bedeutete nicht arbeiten zu können, dass ich auch kein Einkommen erhielt und deshalb machte ich einfach weiter, was eine schlechte Idee war, denn ich geriet dadurch wieder in die erste Phase eines neuen Burnouts.

Was mir zeitweise sehr half war mein kleiner Kheelen, der inzwischen wieder vollständig genesen war. Irgendwie gelang es uns diese ersten schneereichen Monate dieses Jahres zu überleben. Wir konnten sogar manchmal ein wenig in der Halle oder auf der Rennbahn mit den Pferden arbeiten. Zugleich war es auch eine sehr erfolgreiche Zeit mit Kheelen, denn ich durchlebte jetzt, dreizehn Jahre später, einen vergleichbaren Prozess wie mit Mia, verfügte aber mittlerweile über viel mehr Kenntnisse und ein viel größeres Wissen. Probleme, die mich damals mit Mia um Monate zurückwarfen, konnte ich jetzt in nur ein paar Tagen lösen.

Als der Frühling sich ankündigte, war die Situation in diesem Stall fast unhaltbar geworden und was es für mich noch unerträglicher machte war dass ich meinen Hund immer im Auto lassen musste, weil ein Wachhund auf dem Gelände herumschweifte, der es auf kleine Hunde abgesehen hatte. Das war nicht das Leben, wie wir es uns vorgestellt hatten, und ich konnte einfach nicht bis zum Sommer so weitermachen, deswegen baten wir den Stallbesitzer unseres ersten Stalles, dem schönen Stall im Grünen, ob wir noch einmal zurückkommen durften und zu unserer großen Freude und Erleichterung sagte er: *Ja, natürlich.*

KAPITEL 6   Teil I

Weißes Rauschen
Der erste Bruch, unvorstellbar

Wenn ich beschreiben soll, wie ich mich an dem schicksalsschweren Tag fühlte, als der Tierarzt mir seine Befunde anhand der Röntgenbilder mitteilte, dann war es, als ob ich ertrank, und als seine Worte letztendlich zu mir durchdrangen, hatte ich das Gefühl, plötzlich keine Luft mehr zu bekommen.

Wir befanden uns in einem dunklen und kalten Raum, Mia stand, noch leicht betäubt und eigentlich ganz ruhig, in der Untersuchungsbox. Ihr Blick war sanft, aber zugleich bemerkte ich in ihren Augen eine unausgesprochene Besorgnis. Der Arzt bat mich, mit ihm in einen kleineren Nebenraum zu gehen, in dem die Röntgenbilder auf einem Computerbildschirm zu sehen waren. Als ich mich von Mia abkehrte, bewegte sie sich zögernd, als ob sie mit mir kommen wollte und eine Assistentin, die bereits die ganze Zeit dabei gewesen war, versprach, bei ihr zu bleiben, um sie zu beruhigen. Ich ging also mit dem Tierarzt mit, um mir seine Befunde anzuhören.

Ich hörte, was er sagte, aber nicht vollständig, denn mein inneres Gehör wurde stechend von einem hohen Ton durchdrungen und während seine Worte seinen Mund verließen, fühlte es sich an, als ob meine Sinne geschwächt waren und zu einem einzigen verschwommenen Bild geworden waren, wie das flimmernde Bild eines Fernsehers. Als er weiter redete, hörte ich nur noch eine durchdringende Stimme in meinem Hinterkopf, die ständig wiederholte: *Gebrochen? Ich kann einfach nicht glauben, dass es gebrochen ist.* Deswegen heißt dieses Kapitel „Weißes Rauschen".

Gutgelaunt und aufgeregt waren wir zu unserem vorigen Stall zurückgekehrt, die Weiden waren, weil es Winter war, immer noch geschlossen und sollten erst in ein paar Wochen wieder geöffnet werden. Deshalb hatten wir vereinbart, dass es am besten wäre, die Pferde bis dann abgesondert in einem Sandpaddock zu halten und sie erst dann wieder in die Herde einzugliedern, wenn die Weiden geöffnet wurden. Es war einfach schön, wieder dort zu sein, umso mehr da ich mich, weil ich jetzt etwas mehr Zeit hatte, ein wenig ausruhen konnte, was meinem Gemütszustand zuträglich war. Ich konnte jetzt auch endlich wieder damit anfangen, das zu machen, was sehr wichtig für mich war, nämlich meine wertvolle Zeit wieder in die Beziehungen zwischen mir und meinen Pferden investieren und diesmal war es mir egal, ob ich das mit oder ohne Publikum tat.

Mia sah sehr gesund aus, war sogar ziemlich schlank für ihre Verhältnisse und es schien ihr gut zu gefallen, dass sie wieder in ihrer vertrauten Umgebung war. Obwohl wir nicht lange weggewesen waren, nur ungefähr sieben Monate, fühlte es sich viel länger an. Die Atmosphäre im Stall hatte sich wiederum verändert und zum Glück wiederum zum Besseren.

Da wir noch keinen Schrank für unsere Ausrüstung hatten, benutzten wir meinen Pferdehänger. Wir waren einfach nur froh, dass die Pferde im Freien und in einem trockenen Sandpaddock leben durften. Leider war es jetzt aber so, dass Mia wieder gesundheitliche Probleme bekam. Es sind meiner Ansicht nach mehrere Ursachen dafür möglich. An dieser Stelle möchte ich mich hier jedoch auf eine Beschreibung der tatsächlichen Vorgänge beschränken. Es dauerte zwei Jahre, bis ich es loslassen und einfach akzeptieren konnte, dass ich die ganze Wahrheit wohl niemals erfahren werde, aber eine Sache weiß ich sicher: Ich werde so etwas nie wieder passieren lassen und hoffentlich kann ich durch das Erzählen meiner Geschichte auch anderen helfen, so etwas zu vermeiden.
Es fing mit ihrer linken, hinteren Fesselbeuge an, sie hatte dort plötzlich einen milden Ausschlag, der einer normalen

Hautentzündung glich, die in der Pferdewelt Mauke, auf Holländisch „mok" und auf Englisch „mud-fever", also Schlammfieber, genannt wird. Eine nicht unbedingt ernsthafte Erkrankung, wenn sie sofort behandelt wird. Pferde können sie ironischerweise nicht nur bekommen, wenn sie im Schlamm und in der Nässe stehen, sondern auch bei trockenem Wetter. Ich behandelte sie mit den üblichen Salben, die bei den meisten Reitsportgeschäften erhältlich sind, und innerhalb von ungefähr vier Tagen wurde es bereits viel besser. Am fünften Tag stellte ich zu meinem großen Entsetzen fest, dass es wieder zurückgekommen war und zwar noch viel schlimmer als vorher. Die Stelle nässte plötzlich auch und war offensichtlich auch schmerzhaft, wenn ich sie berührte.

Es sah jetzt auch gar nicht mehr wie Mauke aus. Es blieb mir gar nichts anderes übrig als den Tierarzt anzurufen und er stellte die Diagnose, dass es sich um eine bakterielle Entzündung handeln könnte. Da er sie aber nicht berühren durfte und es somit auch nicht untersuchen konnte, war er sich seiner Sache nicht ganz sicher. Er gab mir eine Salbe und ein oral zu verabreichendes Medikament, um es genesen zu lassen. Eine Woche später war es, obwohl nicht schlimmer, ganz sicher auch nicht viel besser geworden. Es war nur ein bisschen ausgetrocknet und triefte nicht mehr so wie vorher. Nach einem weiteren Besuch des Tierarztes schrieb er eine Creme mit Steroiden auf, die innerhalb von ein paar Tagen gut wirkte. Ich war erleichtert für Mia und setzte unser Training vorsichtig fort.

Eines Morgens stellte ich jedoch leider fest, dass sie an demselben Bein plötzlich lahm war und zwar so schlimm, dass sie überhaupt nicht mehr laufen konnte, ohne offensichtlich sehr starke Schmerzen zu leiden. Ich hoffte, dass es - wie vor einiger Zeit - wieder ein Hufabszess war. Das ist zwar schmerzhaft und eklig, kann aber in den meisten Fällen ohne weiteres geheilt werden. Wiederum kam der Tierarzt und bestätigte, was ich bereits selber vermutet hatte: Es war ein Hufabszess. Ich behandelte sie wieder indem ich das übliche Ritual, das ein

Hufabszess erfordert, ausführte, einschließlich des zweimal, wenn möglich sogar dreimal, täglichen Einweichens und der Reinigung ihres Hufes und der fast ständigen Überwachung ihrer Körpertemperatur. Am zweiten Tag fiel mir plötzlich ein Loch in ihrem Huf auf, aus dem Eiter ausgetreten war, und bei einem weiteren Besuch des Tierarztes bestätigte er, dass in einem solchen Fall eine andere übliche Methode anzuwenden war, nämlich die Austrittswunde offen zu halten, damit der Rest der Entzündung ungehindert aus dem Huf austreten konnte. Zu unserer Erleichterung war es nach dem fünften Tag vorbei, ich war so froh für sie, denn an diesem Wochenende durften die Pferde endlich wieder auf die Weide und konnte sie sich dort endlich mit ihren Pferdekameraden wieder den ganzen Tag frei bewegen.

Das Wochenende des ersten Weideganges kam und ging vorüber. Es gibt für mich kein schöneres Geräusch als an einer Weide vorbeizugehen und das sanfte Rauschen eines Pferdeschweifes, der eine Frühlingsfliege verscheucht, und das zufriedene rhythmische Geräusch ihres Kauens, wenn sie sich über das herrliche und üppige Frühlingsgras hermachen, zu hören. Meine beiden Pferde sahen glücklich aus und ich freute mich auch, denn ich wollte in Kürze zu einem Familienwochenende fahren und konnte beruhigter wegfahren, wenn ich wusste, dass Mia gesund und glücklich war.

Ich hatte mich damals mit einem Mädchen angefreundet, die Mia in ihr Herz geschlossen hatte und wir hatten uns geeinigt, dass Mia ihr Pflegepferd werden sollte. Das Timing dafür war perfekt. Da ich jetzt zwei Pferde und viel mehr Kosten, insbesondere Tierarztrechnungen, hatte, konnte ich ihre Hilfe und ihre finanzielle Beteiligung sehr gut gebrauchen. Es war auch der Anfang eines neuen Kapitels für uns. Mia, die ja bisher bei anderen Menschen immer sehr zurückhaltend gewesen war, akzeptierte dieses Mädchen und sie kamen richtig gut miteinander zurecht. Und das war das Einzige, was für mich zählte. Was mich an ihr überzeugt hatte, war ihre Offenheit und

Aufrichtigkeit und natürlich die Tatsache, dass sie auf dieselbe Weise wie ich und auf einem ausreichend hohen Niveau mit den Pferden arbeiten konnte. Sie war unser perfektes Match! Ich hatte bereits einige Zeit darüber nachgedacht so jemanden zu suchen, gerade weil das alte Problem uns immer noch heimsuchte, dass Mia Ärzte und einige andere Personen überhaupt nicht in ihrer Nähe tolerierte. Es ergab Sinn, jetzt damit anzufangen, andere Menschen in ihr Leben einzuführen. Menschen, denen wir beide vertrauen konnten. Ich war mir der Tatsache bewusst, dass sie das brauchte und ich muss ehrlich zugeben, dass es, wenn auch keine einfache, aber durchaus eine sehr gute Entscheidung war.

Es war das Wochenende des geplanten Familienwochenendes und am Freitag, bevor ich wegfahren sollte, sah ich Mia auf der Weide herumspazieren. Sie war nicht lahm, aber auch nicht hundertprozentig in Ordnung. Manchmal sah es so aus, als ob sie in Ordnung war, und manchmal auch nicht. Ich vereinbarte mit mir selber, dass ich ihr das Wochenende gönnen würde, um zu genesen, und falls sie nach meiner Rückkehr immer noch nicht ganz in Ordnung sein sollte, ich den Tierarzt wieder anrufen würde. Die Tierarztpraxis – man könnte sie auch als Klinik bezeichnen, zu der ich immer ging, hatte einen guten Ruf und leistete zweifellos gute Arbeit, aber wenn es um Mia ging, war es vielleicht nicht ganz die richtige Wahl. Deshalb rief ich, als ich wieder zuhause war und feststellte, dass es ihr nicht besser ging, eine andere Praxis an.

Es kam jetzt eine Tierärztin und Mia, die keinem einzigen der letzten drei Tierärzte jemals erlaubt hatte, sie anzufassen, ließ sich von dieser jungen Dame sofort anfassen und untersuchen. Nach meiner inzwischen dreizehnjährigen Erfahrung mit unterschiedlichen Tierärzten war ich, wie man sich wahrscheinlich vorstellen kann, sehr beeindruckt. Sie diagnostizierte, dass die Entzündung des Hufabszesses noch nicht vollständig aus dem Huf ausgetreten war und es am besten wäre, wieder einem vier- bis sechstätigen Behandelplan zu folgen, um den Huf zu reinigen und den vollständigen Austritt der Entzündung zu ermöglichen. Mia ließ es sogar zu, dass sie die ursprüngliche Austrittswunde wieder öffnete, ein ziemlich schmerzhafter Eingriff, dem sie sich jedoch überhaupt nicht widersetzte. Sie musste jetzt wieder im Sandpaddock bleiben und weil alle anderen Pferde draußen auf der Weide standen, entschied ich mich Kheelen zu ihr zu stellen, um ihr Gesellschaft zu leisten. Ihr Nasenbeinbruch, als sie damals wegen ihres ersten Abszesses in der Box bleiben musste, ist mir immer in lebendiger Erinnerung geblieben und deshalb wollte ich sie jetzt nicht in einer Box einsperren. Die Tierärztin fuhr weg und erteilte mir noch einige Anweisungen, die ich mit Pflichtbewusstsein und meinem üblichen Perfektionismus befolgte und inzwischen mein Training mit Kheelen und den Unterricht mit meinen Schülern fortsetzte.

Am vierten Tag trat endlich ein wenig Eiter aus dem Huf in den Eimer mit warmem Wasser, in dem ich ihren Huf einweichte, und am folgenden Tag lief sie bereits sehr viel besser. Mit Genehmigung des Tierarztes durfte sie wieder auf die Weide. Ich sollte sie noch ein paar Tage beobachten und konnte dann endlich wieder mit dem Training anfangen.

Es war jetzt inzwischen Mitte Mai und eines Morgens, als ich mit meinem Hund an den Weiden entlang spazieren ging, sah ich Mia, die einen sehr ruhelosen Eindruck machte. Weil ich sie gar nicht so kannte, fiel es mir sofort auf. Das Pferd, das niemals nur einfach so zum Spaß herumrannte, auf jeden Fall nicht mehr seitdem sie erwachsen geworden war, das niemals Fellpflege mit anderen Pferden betrieb, noch ganz zu schweigen davon, dass sie mit anderen Pferden spielte, rannte jetzt am Zaun entlang, immer hin und her, als ob ihr Leben davon abhing. Es bestand damals bei diesem Stall die Möglichkeit, sein Pferd auf die Weide zu stellen und wenn die Herde auf eine neue Weide mit frischem Gras umgeweidet wurde, das eigene Pferd vorläufig auf der alten Koppel zu lassen, um die Grasaufnahme zu beschränken, und es erst ein paar Tage später auf die neue Koppel zu stellen, wenn die anderen Pferde das meiste frische Gras bereits abgeweidet hatten. Ich hatte das bereits früher so gemacht, es war also nichts Neues, mit Ausnahme der Tatsache, dass eine Stute, der sie sich angeschlossen hatte, auf der neuen Weide stand und Mia offensichtlich sehr aufgebracht darüber war, dass sie nicht mehr bei ihr sein durfte. Es war auch eine der Wochen, in denen alle Stuten gleichzeitig rossig wurden, Mia zeigte dann immer etwas mehr Interesse an anderen Pferden, sie durften sogar manchmal ganz nahe neben ihr stehen, in ihrem persönlichen Freiraum, aber mir war noch nie aufgefallen, dass sie, so wie jetzt, so von einem anderen Pferd besessen war.

Ich musste an diesem Tag noch eine Unterrichtsstunde erteilen und entschied mich an Ort und Stelle, dass ich nach der Unterrichtsstunde sofort zu ihr gehen würde und falls sie immer noch so unruhig sein sollte, ich sie in die neue Weide zu ihrer Freundin stellen würde. Ich kam zurück und sie war immer noch unruhig und schwitzte ein wenig und obwohl sie jetzt nicht mehr wie eine Irre am Zaun entlang galoppierte, war sie offensichtlich immer noch sehr angespannt. Als ich sie rief kam sie zu mir herübergerannt. Das machte sie eigentlich nur, wenn sie Hunger hatte oder etwas von mir wollte und in diesem Fall war es beides. Ich wollte nicht noch eine weitere Tierarztrechnung riskieren und ließ sie deshalb in die neue Weide, wo sie mit ihrer Freundin wiedervereinigt wurde und der Stress sofort vergessen wurde, fast vergessen.

Am nächsten Tag war ich sehr enttäuscht als sich erwies, dass sie doch wieder lahm war, nicht sehr schlimm, aber es war deutlich, dass etwas gar nicht stimmte. Alle meine Sorgen hatten sich bewahrheitet. Ich rief die Tierärztin an und sie kam nochmals vorbei und untersuchte Mia, aber dieses Mal stellte sie eine andere Diagnose. Sie sagte so etwas wie: *Sie läuft und sieht aus als ob sie einen Abszess hat, aber etwas an ihrer Bewegung, lässt mich etwas anderes vermuten.*
Wir vereinbarten, den Abszess wie bisher weiter zu behandeln und falls es in zwei Tagen nicht besser werde, Mia zwecks

weiterer Untersuchungen zur Praxis zu bringen. Ziemlich erleichtert, dass sie auch dort über einen Untersuchungsständer verfügten, war ich froh, dass wir auf jeden Fall wieder einen deutlichen neuen Plan hatten.

Und ab dann ging alles furchtbar schief. Mia wollte nicht mehr in dem Sandpaddock bleiben. Sie konnte nämlich von dort aus die Weide sehen, auf der ihre Herde und ihre neue Freundin standen, aber sie durfte nicht zu ihnen. Ich stellte Kheelen wieder zu ihr, um ihr Gesellschaft zu leisten, aber es war so, als ob er gar nicht da war. Sie rief immer nur ständig zu ihrer Herde herüber und rannte im tiefen, trockenen Sand hin und her und ihre wilden, unkontrollierten Stopps, Wendungen und Drehungen ließen mich erschaudern.

Ich rief die Tierärztin wieder an und beschrieb ihr die Situation. Ich war mir nämlich sicher, dass wenn ich sie wieder zu ihrer Freundin stellen würde, sie viel ruhiger sein würde als in dem Paddock, denn in der Herde spielte und rannte sie ja eigentlich nie. Die Tierärztin stimmte zu und ich brachte sie auf die Weide. Wegen ihres vermutlich sehr hohen Adrenalinspiegels wusste ich, dass es besser war, sie nicht sofort am Gatter loszulassen und deshalb lief ich mit ihr über die Weide bis zu ihrer Freundin bevor ich sie losließ, in der Hoffnung, dass sie sich sofort beruhigen würde. Und das war auch so, es funktionierte sofort. Sie begrüßte ihre Freundin und steckte danach sofort ihre Nase ins Gras. Natürlich fühlte ich mich in dieser Situation einerseits erleichtert, aber andererseits auch noch ziemlich besorgt. Ich war mir ganz sicher, dass sie auf der Weide ruhiger und zufriedener sein würde und ihr Problem, egal was es war, sich in dem tiefen Sand des Paddocks wahrscheinlich nur verschlechtert hätte. Auf dem flachen Grasboden war sie vorläufig viel besser aufgehoben. Ich fuhr später am Abend nochmals zu ihr und stellte fest, dass sie zufrieden graste. Ich konnte mich hinterher blöderweise gar nicht daran erinnern, ob ich gesehen hatte, ob und wie sie sich bewegte.

Am nächsten Morgen hatte ich gerade erst Kaffee gemacht, es muss ungefähr sieben Uhr gewesen sein, als plötzlich mein Telefon klingelte. Ein junger Mann, dessen Pferd ebenfalls bei uns im Stall stand, war morgens früh auf dem Weg in die Dünen an der Weide entlang geritten und hatte gesehen, was er wie folgt beschrieb: *Mia steht auf drei Beinen, es sieht gar nicht gut aus.*
Ich fragte: *Links hinten?*
Er antwortete: *Ja, ich fürchte wohl.*

Ich sprang in mein Auto und fuhr so schnell wie ich konnte - und dort wo es irgendwie möglich war sogar viel schneller als erlaubt - zum Stall. Dort angekommen, holte ich mein Halfter aus dem Hänger und rannte, ebenfalls so schnell wie ich konnte, zum äußersten Ende der Weide, wo sie neben ihrer noch schlummernden Freundin stand. Ich konnte schon auf den ersten Blick sehen, dass sie ihr Hinterbein nicht belastete, konnte aber keine Wunden oder Verletzungen entdecken. Ich beschloss, dass es am besten wäre, sie zum Stall zu bringen und dort zu entscheiden, was weiter zu geschehen hatte. Als ich ihr ihr Halfter angelegt hatte, bat ich sie, einen Schritt nach vorne zu machen. Natürlich widersetzte sie sich. Nach unserem ganzen Training und mit meiner bisherigen Erfahrung konnte ich diesen Widerstand jetzt aber richtig deuten. Sie widersetzte sich nicht, weil sie nicht wollte, so wie es früher oft gewesen war. Es war ganz deutlich, dass sie mir sagen wollte: *Ich kann nicht.* In meinem Inneren fing mein Herz an zu rasen. Ich wusste sofort, dass dies gar nicht gut war, ihre Bauchmuskeln waren angespannt und verkrampft und in ihren Augen war ein Schmerz zu sehen, den ich bisher noch nie gesehen hatte. Mein Liebling Mia hatte unbeschreibliche Schmerzen und ich fühlte mich in diesem Augenblick unglaublich hilflos. Mein erster Gedanke war, dass ich die Tierärztin anrufen musste. Ich erklärte ihr, was passiert war, und sie empfahl mir, sie zum Stall zu bringen. Sie würde dann auch dort hinkommen und mich dort treffen. Mir war klar, dass ich das alleine gar nicht schaffen konnte, also rief ich alle möglichen Leute an, die womöglich noch im Stall sein konnten, um mir zu helfen. Ich wusste welche Leute

wahrscheinlich noch dort sein könnten und nach ein paar Telefonaten kamen drei Leute bei mir an, um mir zu helfen.
Wir nahmen Mia mit, Schritt für Schritt, schmerzvolle schwierige Schritte. Es war ungefähr ein halber Kilometer durch die Weiden und über den Sandweg bis zum Stallgelände, aber es fühlte sich an wie mindestens zwanzig Kilometer. Es dauerte vierzig Minuten, aber auch das fühlte sich viel länger an. Ich hatte noch nie in meinem Leben ein Pferd gesehen, das so lief wie sie oder eines, das so wie sie eine ganz eigene Laufweise erfunden hatte, um die Schmerzen erträglich zu machen. Nach ein paar Metern war es für sie deutlich, dass wir zum Stall zurückgingen und mit zu vielen Gedanken beschäftigt schaute sie sich nicht einmal mehr nach ihrer Freundin um, sondern fing an, uns zu helfen, sie dorthin zu bringen. Sie hatte selber entschieden, dass wenn sie seitwärts lief, sie nicht ihr gesamtes Gewicht auf ihr Hinterbein zu verlagern brauchte und wir ließen sie so gehen, wie sie es wollte. Alle Leute waren wirklich sehr behilflich und es war herzerwärmend festzustellen, dass Mia sich jetzt von fremden Händen berühren ließ und wie sie ihren Helfern zuhörte und ihnen vertraute.

Nach ein paar Metern musste ich zweimal hinsehen, als ob ich meinem ersten Blick nicht vertrauen konnte, denn nachdem sie sich langsam an ihren seitlichen Gang gewöhnt hatte, fiel mir erst jetzt ihr Bein auf, das jedes Mal, bevor es wieder den Boden berührte, in einem merkwürdigen und sehr abnormalen Winkel nach vorne und zur Seite geschwungen wurde. Es sah so aus, als ob ihr Bein nicht mehr an ihr befestigt war. Panisch schluckend und mir die Tränen verbeißend versuchte ich mich auf die Aufgabe zu konzentrieren, sie zum Stall zurückzubringen, wo auch die Tierärztin gerade angekommen war. Perfektes Timing. Sie sah uns als wir die letzten Schritte gingen und als unsere Blicke sich kreuzten sprach sie mir beruhigend zu und sagte als Letztes: *Ich sehe dich dort,* womit sie die Tierarztpraxis meinte. Sie sprang in ihr Auto und fuhr weg und während jemand Mia festhielt und beruhigte kuppelte ich meinen Pferdehänger an und fuhr ihn so nahe wie möglich zu ihr heran. Ich kann mich noch erinnern, dass ich, während ich mit dem Anhänger beschäftigt war, sehr böse auf mich selber war und nur daran dachte, wie blöd wir waren, dass wir nicht auf die Idee gekommen waren, den Anhänger in die Weide zu fahren, um sie damit zum Stall zu bringen. Zu meiner Verteidigung und als Versuch, mich diesbezüglich nicht weiter zu quälen, muss ich sagen: Wie konnten wir das denn zu dem Zeitpunkt überhaupt wissen? Man macht in solchen Momenten, einfach was man machen muss, was einem gerade als das Beste erscheint, und vielleicht hätte ich dann dieses schwingende Bein gar nicht gesehen. Ich wollte einfach nicht glauben, dass ihr Bein vielleicht gebrochen war.

Mia, die inzwischen ein Lade-Professional geworden war, lief ohne Anstalten in den Anhänger und ließ mich ihr dabei helfen, ihr Hinterbein mitzubewegen, Schritt für Schritt. Inzwischen hatte sich bereits ein großes Publikum eingefunden, solche Neuigkeiten sprechen sich einfach immer schnell herum. Zu meiner großen Überraschung hatten sie dieses Mal gar keine unwillkommenen Ratschläge und waren einfach nur bestürzt angesichts dessen, was sich hier ereignete, und der Bereitschaft meines Pferdes, mir sogar in einer solchen albtraumartigen Situation zu gehorchen und ihr Bestes für mich zu geben.

Als wir fertig waren fuhr ich die kurze Strecke, für die ich normalerweise fünfzehn Minuten benötigte, in fünfundzwanzig Minuten, um die Fahrt für Mia sicher und einigermaßen bequem verlaufen zu lassen. Eines der Mädchen, das bei dem ganzen Vorfall dabei war, hatte zwei Schilder angefertigt, auf denen auf Niederländisch „KRANKES PFERD" stand und sie hatte diese mit Klebeband vorne und hinten am Anhänger befestigt. Ich kann gar nicht beschreiben, was für eine hervorragende Idee das war, denn andere Autofahrer respektierten dieses Schild unterwegs. In Bereichen, wo die Straße breit genug war und Autofahrer *diesen blöden langsamen Pferdeanhänger* normalerweise überholen würden, warteten sie jetzt und als wir über eine kleine Brücke und durch ein paar sehr schmale Straßen im nächsten Ort fahren mussten, machten Autos sogar Platz, um uns durchzulassen. Es war ein schönes Gefühl in einer solchen Situation, insbesondere da ich ja alleine im Auto saß.

Die Leute, die uns beim Stall geholfen hatten, mussten arbeiten oder auf ihre Kinder aufpassen, aber ich wusste, dass ich es auch alleine konnte, denn die Fahrt war nur ziemlich kurz und die Tierärztin wartete bereits in der Klinik auf mich, eigentlich sogar zwei Tierärzte. Es war das erste Mal, dass ich diesen ganz besonderen Tierarzt traf, der in die Fußstapfen seines Vaters getreten war und jetzt Leiter seiner eigenen Klinik war. Ich freute mich, ihn kennenzulernen und zu fühlen, dass er mir wirklich sehr gerne helfen wollte.

Ich lud Mia auf die einzig mögliche Weise aus und zwar rückwärts und sehr, sehr langsam. Ich ließ sie selber den Weg suchen und half ihr dabei, ihr Bein anzuheben, wenn es nötig war. Als sie ausgeladen war, mussten wir noch ein ganz kleines Stück zum Untersuchungsraum laufen, wobei er uns aufmerksam beobachtete, ohne sich dazu zu äußern, wie sie lief. Die Tierärztin, die bei mir gewesen war, brachte ihn auf den neuesten Stand. Er bat mich, Mia in den Untersuchungsraum zu führen und in den Untersuchungsständer zu stellen und genau in dem Augenblick sagte sie endlich: *Nein, das will ich nicht.* Es erfüllte mich mit einem Fünkchen Hoffnung, sie hatte scheinbar noch genug Kampfgeist in sich. Der Tierarzt bot an, mir zu helfen, aber ich antwortete: *Bitte, geben sie mir nur ein paar Minuten und dann wird alles in Ordnung sein.* Ich muss sagen, dass ich ihm sehr dankbar war, dass er meinem Wunsch entsprach. Er war ja immerhin auch ein Mann mit viel Erfahrung, der höchstwahrscheinlich jeden Tag sah, wie Pferde in diesen Ständer gestellt wurden und zweifellos auch sehr gut wusste, wie er ihnen dabei helfen konnte, aber er tat, worum ich ihn gebeten hatte und ein paar Minuten später stand Mia in dem Ständer. Übrigens gar keine einfache Aufgab, denn sie musste in den Raum hineingehen und sich dann seitwärts nach rechts in den Ständer manövrieren. Ich dankte Gott für meine erfolgreiche

Bodenarbeit und die freundschaftliche, vertrauensvolle Zusammenarbeit, die ich dadurch mit Mia erreicht hatte, denn ich weiß nicht, wie ich sie sonst jemals ohne Kampf oder Konflikt in diesen Untersuchungsständer bekommen hätte. Der Gedanke kann mir immer noch Albträume bereiten.

Der Geruch von Alkohol und Reinigungsmitteln erfüllte den Raum und ich sah den Blick in Mias Augen. Diesen Blick, der bedeutet, dass sie Todesängste aussteht und jeden Moment auskeilen kann, um sich zu verteidigen. Oder auch nicht. Der leitende Arzt stellte sich mir offiziell vor und es gelang ihm, Mia zu berühren, worauf sie aber mit einer angespannten Zuckung reagierte, meiner Ansicht nach noch nicht einmal seinetwegen, sondern nur aus reiner Anspannung.

Nachdem er mir einige Fragen gestellt hatte, um sich zusätzliche Informationen zu verschaffen, sagte er, dass es seiner Meinung nach das Beste wäre, sie zu sedieren und dann mehrere Röntgenfotos von der Hüfte bis zum Huf zu machen, um herauszufinden, was los war. Es war eine denkwürdige Unterhaltung. Ich bin mir ganz sicher, dass er damals schon ganz genau wusste, was Mia fehlte. Etwas in seinem Ton verriet mir das, und ich bewundere es sehr, dass er seine Vermutung nicht aussprach, bevor er einen deutlichen Beweis dafür in Händen hatte.

Vor dem Ständer, in dem Mia sich befand, ungefähr einen Meter von ihr entfernt stand ein kleiner Tisch mit einem Medikamentenschrank. Jedes Pferd konnte deutlich sehen, was passierte, insbesondere ein Pferd wie Mia, das ja bereits davon überzeugt war, dass ihr gesamtes Leben davon abhing. Als er die Injektionsnadel und den Alkoholtupfer vorbereitete konnte er dank seiner Erfahrung und ihrer Körpersprache bereits den bei ihr in der Vergangenheit ausgelösten seelischen Schock erkennen. Trotz meiner Sorgen und furchtbaren Kopfschmerzen, die meine Augenwinkel schwärzten, war ich doch ziemlich beeindruckt. Er erzählte mir, dass er viele Pferde mit solchen

Problemen kannte, aber bisher nur ein Pferd miterlebt hatte, das genau so sensibel war wie Mia, und das sei bereits Jahre her, als sein Vater die Praxis noch leitete. Damit gewann er sofort mein Vertrauen. Er beschuldigte mich nicht, sondern er akzeptierte sie einfach so, wie sie war.

Mia war aufs Äußerste angespannt, ihr gesamter Überlebensinstinkt und ihr Nervensystem waren im Schnellgang. Das Adrenalin in ihrem Körper musste inzwischen eine absolute Rekordhöhe erreicht haben und sie machte viel Aufhebens um die Nadel. Ich kann und werde ihr dies niemals vorwerfen. Alles war in diesem Moment fremd und beängstigend für sie und ihr Instinkt wusste, dass sie mit einem verletzten Bein ein Glied der Nahrungskette geworden war. Ich hatte sie mit dem Hänger an den Ort gebracht, denn sie am meisten hasste und hatte sie dazu überredet, in einen kleinen dunklen Raum zu gehen und sich in einen Ständer - oder sollte ich in eine *Falle* sagen - zu stellen, während ihr eine Nadel in den Hals gesteckt wurde, die sie noch hilfloser machen würde. Sie hatte das Recht, Angst zu haben und böse zu sein und wenn es eine andere Möglichkeit gegeben hätte, hätte ich sie genutzt, aber die gab es leider nicht.

Da der Tierarzt wusste, dass es länger dauern könnte, verabreichte er ihr eine etwas höhere als die normale Dosierung und verschwand anschließend in einen kleinen Nebenraum, während das Medikament zu wirken anfing.

Alleine gelassen stand ich dort mit ihr, in einer unwirklichen, grotesken Situation. Die Tränen flossen mir über die Wangen und ich versuchte sie weg zu schlucken, während ich ihr hübsches Gesicht streichelte und ihr mitleidsvoll zusprach: *Es tut mir leid, es tut mir so leid.* Was die Diagnose auch war und egal was jetzt passieren würde, sie tat mir einfach so furchtbar leid.

Es dauerte nicht lange bis sie betäubt war. Ihr Kopf senkte sich langsam in meine Arme als die Betäubung zu wirken anfing. Nach zehn Minuten kam der Tierarzt in Begleitung eines

Assistenten wieder, der uns auf die Röntgenfotos vorbereitete. Das normale Protokoll bei Röntgenaufnahmen erfordert, dass man eine Bleischürze tragen muss. Wir zogen also alle unsere Schürze an, bevor sie das Gerät, welches an der Decke hing, vorsichtig in die richtige Position für die Fotos manövrierten. Wie versprochen, machte er so viele Röntgenfotos wie erforderlich, von der Hüfte bis zum Huf. Mia stand die gesamte Zeit ruhig da, schlummernd mit ihrem schweren Kopf in meinen Armen, die irgendwann zu kribbeln anfingen und die ich danach nicht mehr fühlen konnte, aber ich konnte sie einfach nicht loslassen, ich wollte es nicht.

Der Tierarzt, ein Mann weniger Worte, verschwand wieder in seinen Nebenraum. Es fühlte sich an wie eine Ewigkeit, als er die Fotos betrachtete und mich und Mia in dem dunklen Raum mit unseren regen Gedanken alleine ließ. Er kam wieder zurück und bat mich um Zustimmung, noch zwei Fotos ihres Knies machen zu dürfen, jetzt aus einer anderen Position. Er meinte, er könnte etwas sehen und hoffte, dass er mit diesen Fotos seine endgültige Diagnose stellen konnte. Sie bereiteten das Röntgengerät wieder vor, nur dieses Mal und zu meiner Überraschung bewegte Mia sich ein wenig in ihrem betäubten Schlaf, sie konnte wahrscheinlich fühlen, dass das Röntgengerät sich neben ihr bewegte.

Das Knie im Hinterbein eines Pferdes befindet sich ganz oben im Bein. Es ist eigentlich das Gelenk, das das Bein auf Bauchhöhe mit dem Körper verbindet. Die Röntgenplatte, die sich auf einem T-förmigen Brett befand, musste jetzt also hinter ihr Knie und zwischen ihre beiden Hinterbeine manövriert werden. Innerhalb einer Zehntelsekunde, nachdem das Brett sich in dieser Position befand, schlug sie aus und sie schlug nicht nur hart, sondern auch mit dem verletzten Bein und ihr Tritt verfehlte sein Ziel nicht. Die Platte flog aus den Händen des Assistenten und es wäre eine Untertreibung zu behaupten, dass ich schockiert war. Ich dachte nur: *Wie zum Teufel hat sie das gemacht?*

Die Atmosphäre in dem Raum änderte sich sofort, der Tierarzt schaute mich beschwichtigend an und zwar so, dass ich wusste, dass dies für ihn nichts Neues war, aber sein Blick zeigte mir auch, dass er wusste, dass er Recht hatte. Nämlich dass es genau diese Stelle war, an der etwas überhaupt nicht in Ordnung war. Und auch Mia dies unbewusst wusste.

Meine Beine waren wie Wackelpudding. Er setzte seine Arbeit vorsichtig fort und sobald Mia irgendein Zeichen der Beunruhigung erkennen ließ, fing er an, für mich völlig unerwartet, ein Lied zu singen. Sein holländischer Akzent erfüllte den Raum plötzlich mit einer sehr wohltuenden Version von Frank Sinatras New York, New York.

Dies half nicht nur Mia, sondern allen sich im Raum befindlichen Personen, sich zu entspannen und es dauerte nicht lange bis er die beiden weiteren Röntgenfotos gemacht hatte und wieder in seinen Nebenraum verschwand. Der Assistent und ich tauschten ein paar Blicke aus, um einander zu bestätigen, dass wir Zeugen einer ganz besonderen Situation gewesen waren, und warteten wieder ab.

Kurz danach rief er mich zu sich in diesen Nebenraum, um mir die Fotos auf dem Computerbildschirm zu erklären. Nach meinem ersten Schock, dem weißen Rauschen, musste ich ihn einfach bitten, noch einmal zu wiederholen, was er gesagte hatte. Ich konnte einfach nicht glauben, dass mir hier und jetzt der schlimmste Albtraum eines jeden Pferdebesitzers mitgeteilt wurde. Ich fiel fast um und danach waren meine Wackelpudding-Beine wie versteift, als ich wieder zu ihr zurückging. Ich schlug meine Arme um ihren Kopf, als ob ich sie beschützen wollte und meine Körpersprache hatte sich in einen automatischen Verteidigungsmodus umgewandelt.

Ich hatte immer noch kein Wort, das er sprach, gehört, aber mein Gehirn fing bereits an, deutlich auf ganz neue Gedanken und Worte, die in meinen Ohren schwirrten, zu reagieren:

Sie wird sterben, oh Gott, sie wir eingeschläfert werden müssen und sterben, nicht hier, bitte, vor allem anderen, NICHT HIER!
Der Knochenbruch war wirklich ziemlich schlimm. Ein Teil der Tibia, bei Menschen ist das der obere Teil des Schienbeins, also der Teil der unter dem Knie hervorragt, war abgebrochen Dieser Teil des Knochens ist der, an dem die Kniesehne sich befindet und ist die Knochenstruktur, die die Kniescheibe an ihrer Stelle hält. Wenn der Knochen so bricht, wie bei Mia, wird das Knie vollständig destabilisiert. Der schlimmste Teil war noch, dass aufgrund der Bewegungsweise von Pferden, die Patellasehne einer ständigen Aufwärtskraft ausgesetzt ist. Jeder einzelne Schritt, den sie machen, erschwert somit die Genesung.

Angsterfüllt bezüglich dessen, was er mir jetzt mitteilen würde und der Entscheidung, die wir dann treffen mussten, wurde ich plötzlich unglaublich passiv, wie eine Mutter, die ihr Kind schützt. Nichts und niemand würde sie mir wegnehmen, nicht jetzt, nicht hier und nicht so.

Das überfällige Kompliment, das ich diesem Tierarzt schuldig bin, hat er sich ab diesem Moment verdient. Er konnte sehen, was ich dachte, er wusste von Anfang an, dass es keine einfache Aufgabe sein würde und – wie immer - ohne viele Worte wartete er dennoch mit einer akzeptablen und vorläufigen Lösung auf. Er sagte: *Bring sie nach Hause und stelle sie in eine Box, eine kleine Box, sie darf sich nicht zu viel bewegen. Ich werde einige Nachforschungen anstellen und dich innerhalb von vierundzwanzig Stunden anrufen und dann werden wir sehen, was wir machen können.*

Als ich ihm meine Hand reichte zitterte sie und langsam fuhren wir wieder nach Hause. Ich kann mich - ehrlich gesagt - im Nachhinein überhaupt nicht mehr an diese Fahrt nach Hause erinnern, an gar nichts. Ich hätte eigentlich sowieso gar nicht fahren dürfen und rückblickend betrachtet, war es sehr unverantwortlich gewesen. Glücklicherweise kamen wir dennoch heil und gesund bei unserem Stall an und sobald ich das Auto und den Anhänger geparkt hatte und die Handbremse angezogen hatte, brach ich in Tränen aus, eine Flut untröstlicher Tränen, die sehr lange anhielt.

Irgendwann konnte ich mich aber wieder zusammenreißen und den Stallbesitzer anrufen, um ihm die Situation zu erklären und ihn um eine passende Box für Mia zu bitten. Er war sehr nett und wies mir eine Box an einer Stelle zu, an der Mia auch andere Pferde sehen konnte, wenn diese sich auf dem Stallgelände und nicht auf der Weide befanden. Es war natürlich immer noch nicht ideal, weil sie dort alleine stehen musste, aber es war die einzige Möglichkeit, die er mir zu diesem Zeitpunkt anbieten konnte.

Als die Betäubung am Abend nachließ hatte sich leider aber der Adrenalinspiegel in ihrem Körper immer noch nicht abgebaut. Trotz der Tatsache, dass sie unglaublich viel Schmerzen haben musste, war sie nur darauf fokussiert, möglichst schnell wieder in ihre sichere Herde zurückkehren zu dürfen. Es erinnerte mich wiederum daran, wie stark ihre Willenskraft war. Egal was ich jetzt machte, es war zu spät. Ich beschloss, dass ich ihr ein oral zu verabreichendes Beruhigungsmittel geben musste, um sie ruhig zu stellen und ihr durch die kommenden vierundzwanzig Stunden hindurch zu helfen, ohne dass sie ihr Nasenbein wieder an der Tür verletzte oder noch schlimmer, sich letztendlich noch selber umbrachte. Es half etwas und obwohl sie ihr Heu nur mit dem Kopf aus der Boxentür hängend fressen wollte, um die anderen Pferde sehen zu können, war sie endlich im Großen und Ganzen etwas ruhiger. Und als das Adrenalin endlich ihren Körper verlassen hatte, stand sie zu meiner Erleichterung schließlich entspannt und ruhig in ihrer Box und schlummerte.

KAPITEL 6   Teil II

Du könntest Glück haben
Einige Erwartungen

Ich werde den nächsten Tag niemals vergessen. Während Mia ziemlich zufrieden in ihrer Box stand und fraß, erteilte ich einer Schülerin und ihrer Freundin, die zum Zuschauen mitgekommen war, Unterricht. Ungefähr zehn bis fünfzehn Minuten nachdem die Unterrichtstunde angefangen hatte, klingelte mein Telefon. Ich hatte meiner Schülerin bereits vor dem Unterricht mitgeteilt, dass ich einen Anruf wegen Mia erwartete, den ich unbedingt annehmen musste.

Der Tierarzt teilte mir mit, was er mir mitteilen musste, und während ich ihm zuhörte sackten meine Beine zusammen und fiel ich um. Die beiden Frauen wussten ungefähr was sich ereignet hatte, aber nicht alle Details, ich hatte bisher noch nicht vielen Leuten erzählt, dass Mia einen Beinbruch hatte, weil ich einfach keine Lust auf das Gerede hatte. Ich wollte und konnte nicht damit umgehen, dass alle mich ständig den ganzen Tag lang fragen würden, was passiert war und ich es also immer wieder aufs Neue erzählen musste. Jetzt auf jeden Fall noch nicht, nicht bevor ich alle Tatsachen kannte. Es klingt vielleicht egoistisch, aber so fühlte ich mich einfach. Ich gab den beiden Frauen tränenüberströmt eine kurze Zusammenfassung der ganzen Geschichte und entschuldigte mich dafür, dass ich die Unterrichtsstunde nicht zu Ende bringen konnte. Sie schauten mich mitleidsvoll an, konnten die Situation aber wohl auch selber nicht ganz erfassen und stimmten mir selbstverständlich zu.

Ich rannte zurück zu Mias Box, öffnete die Tür und umarmte sie einfach nur, so lange, bis meine Arme zu schmerzen anfingen. Dieser Moment war so herzzerreißend, dass ich völlig die Zeit vergaß.

Der Tierarzt hatte mir mitgeteilt, dass er im Rahmen seiner Ermittlungen die Röntgenfotos einigen seiner Kollegen bei anderen Tierkliniken in den Niederlanden zugeschickt hatte und alle einer Meinung waren. Dieser Kniebruch war sehr ungewöhnlich, so ungewöhnlich sogar, dass niemand wusste, wie dieser behandelt werden musste. Und falls er behandelt werden würde, wären das Ergebnis und der weitere Verlauf ebenfalls Neuland für alle.

Sie schlugen drei Möglichkeiten vor, die sich - unglaublich, aber wahr - alle relativ sinnvoll anhörten, einfach nur, weil keine einzige dieser drei Möglichkeiten ein Gewehr beinhaltete. Die erste Möglichkeit war eine Operation, die zweite Möglichkeit war, erst drei Monate zu warten bis der Bruch etwas geheilt war und dann zu operieren und die letzte Möglichkeit war, ihr drei Monate Ruhe zu geben, dann nochmals Röntgenfotos zu machen, um sich zu vergewissern, dass der Bruch gut genug heilte und falls er heilte, ihr alle Zeit zu geben, die sie benötigte, um endgültig zu genesen, was mindestens ein Jahr, vielleicht aber auch zwei Jahre dauern würde. Ich wollte alle Einzelheiten über diese drei Möglichkeiten hören und natürlich alle Vor- und Nachteile. Er war sehr ehrlich und offen und nach einem Telefongespräch, das ungefähr vierzig Minuten dauerte, selber offensichtlich auch erleichtert, dass ich mich für die letzte Möglichkeit entschieden hatte. Eine Operation war äußerst risikobehaftet, ganz zu schweigen von der aufwendigen Nachbehandlung, und bot keine Erfolgsgarantie. Sie müsste darüber hinaus anästhesiert werden und die Nachsorge, insbesondere für dieses spezielle Pferd, würde ein Albtraum für sie und alle Beteiligten werden.
Seine Abschiedsworte waren:

Der Knochen muss heilen, aber wenn jegliche Komplikationen auftreten sollte oder sich Narbengewebe zwischen den heilenden Bruchstellen bilden sollte, musst du auf das Schlimmste vorbereitet sein. Ich wünsche euch beiden alles Gute, ihr könntet Glück haben.

Nachdem ich aufgelegt hatte versuchte ich meine Gedanken zu ordnen und vereinbarte einen Termin mit dem Stallbesitzer, um die Situation zu erläutern und ihm die neuen und sehr strengen Anweisungen zu erklären. Sie musste die nächsten drei Monate in ihrer Box bleiben und sich so weit wie möglich ausruhen und erholen. Sie durfte keine Schmerzmittel erhalten. So gemein und ungerecht, wie sich dies vielleicht anhört, es hilft Pferden in solchen Situationen, zu fühlen und zu verstehen, dass sie verletzt sind und kann sie möglicherweise davon überzeugen, dass sie sich wirklich ausruhen müssen. Ich musste sie nach einiger Zeit wieder in die Klinik bringen, um weitere Röntgenfotos zu machen, um uns davon zu vergewissern, dass der Bruch ordentlich heilte.

Dies war der Moment, an dem der lange Weg der Heilung anfing. In diesen Tagen hatte ich so viele neue und schreckliche Gefühle, ich war einfach nur ein halbwegs lebender und sich bewegender Zombie. Ich konnte nicht schlafen, weil ich Angst hatte, dass sie sich wieder verletzen würde. Ich konnte nicht essen, weil mir die ganze Zeit übel war und mein armes liebes Mädchen verschlechterte sich zusehends. Ich konnte nichts daran ändern, dass es mich aus der Fassung brachte, wenn ich bei ihr war. Sie war so hübsch. Ich fragte mich und das Universum ständig: *Warum musste gerade ihr das passieren?*

Am dritten Tag stellte ich fest, dass der Umfang des Muskelgewebes an ihrer Hinterhand bereits anfing sich zu reduzieren. Wenn dies jetzt schon der Fall war, konnte und wollte ich mir überhaupt gar nicht vorstellen, wie sie denn aussehen würde, wenn wir dies jemals hinter uns gebracht hatten.

Aber egal, die Hauptsache war jetzt, dass sie es überleben musste. Das Muskelgewebe konnten wir später wieder antrainieren und das Wichtigste war ab jetzt, jeden Tag einfach so zu nehmen wie er kam. Das war auch meine Antwort, wenn Leute sich bei mir nach ihr erkundigten.

Für mich kam leider noch hinzu, dass ich wieder dieses deprimierte Gefühl bekam, mein Burnout befand sich immer noch irgendwo tief in mir und wartete nur darauf, sich auf mich stürzen zu können, wie ein Vampir auf sein Opfer. Das Gefühl war in dem ersten Monat, nachdem wir wieder in diesen Stall umgezogen waren, zeitweise verschwunden, sogar während Mias Hufabszesserkrankung und allen anderen Ereignissen war es abgeflaut, aber jetzt war es wieder da und überschattete insgeheim die dunkelsten Ecken meines Gemütes. Ich fühlte mich extrem müde und unmotiviert, konnte schnell und wegen ganz unwichtiger Dinge wütend werden und konnte leeres Geschwätz überhaupt nicht mehr ertragen. Überhaupt war Reden sehr mühsam, deswegen erzählte ich niemandem von Mia und sprach nur über sie, wenn es unbedingt nötig war.

In den nächsten Tagen fiel mir auf, dass Mias Stimmung und ihr Aussehen sich ebenfalls änderten. Ihre Augen waren klein und trübe, ihr Fell glänzte nicht mehr und obwohl sie so viel Heu bekam, wie sie fressen konnte, verlor sie sichtbar Gewicht. Auch sie verwandelte sich langsam in einen Zombie. Und plötzlich war mir klar: Dieses arme Pferd spiegelte meine Gefühle und meine Stimmung. Ich war so traurig, bemitleidete nicht nur sie, sondern auch mich selber und ich fand alles deprimierend. Das muss sie einfach gefühlt haben.

Der folgende Tag war ein Montag. Ich weiß noch, dass ich aufwachte und mir selber zusprach: *Ab heute keine Traurigkeit und kein Mitleid mehr, weder für mich selber, noch für sie! Du gehst jetzt zum Stall als ob gar nichts passiert ist und benimmst dich in ihrem Beisein fröhlich und gut gelaunt, auch wenn es dir schwerfällt, und sorgst ab jetzt dafür, dass auch alle anderen Personen in ihrer Nähe sich so verhalten werden!*

Zu meinem Wort stehend kam ich im Stall an, offensichtlich vergnügter als in den vergangenen Tagen und erledigte meine täglichen Aufgaben, einschließlich der Unterrichtsstunden. Zwischendurch sorgte ich dafür, dass Mia jederzeit wusste und an mir merken konnte, dass sie meine Liebste war und noch viel wichtiger, dass es ihr wieder besser gehen würde. An diesem Nachmittag hatte sich ihr Aussehen bereits wieder verbessert, ihre Augen strahlten wieder und ihr Fell glänzte wieder ein bisschen. Ich will nicht behaupten, dass wir so etwas wie einen E.T.-Moment hatten oder dass ich plötzlich zusätzliche magische Kräfte hatte, mit denen ich das Gemüt meines Pferdes steuern konnte. Das Einzige was ich hiermit sagen will ist, dass man als Mensch das Umfeld des Pferdes ist und es beeinflusst. Ich hatte es bereits mehrmals mit anderen Pferden und ihren Besitzern gesehen und deswegen gelangte ich jetzt zu dieser deutlichen Schlussfolgerung. Wenn dein Pferd oder Haustier krank oder verletzt ist und du es behandelst, als ob es krank oder verletzt ist, ist die Chance groß, dass es krank bleibt oder wieder erkrankt. Genau wie wir können sie in einem positiven Umfeld besser mit Schmerzen und Erkrankungen umgehen als in einem negativen Umfeld.

Seitdem ich mit Pferden umgehe, habe ich Pferde gesehen, die die schrecklichsten und schmerzhaftesten Verletzungen erlitten hatten und deren Heilung aufgrund des Optimismus ihrer Besitzer viel schneller verlief als erwartet. Und natürlich habe ich manchmal leider auch genau das Gegenteil beobachten können. Ich wollte mich nicht in einer solchen negativen Falle befinden. Irgendwie fühlte es sich so an, als ob es schon sehr lange so war, dass Erkrankungen einfach zu unserem Leben gehörte: Kheelens Krankheit und anschließend Mias Ausschlag, ihr Hufabszess und als Letztes der Beinbruch. Wie soll man denn angesichts so vieler Vorfälle nicht ins Zweifeln geraten?

Wir waren bereits ausreichend herausgefordert worden, wir brauchten eine Pause. Deshalb musste ich tief in mich selber gehen, neue Lichtblicke finden und anfangen, für sie zu kämpfen.

KAPITEL 6   Teil III

Der Sturm vor der Ruhe
Leben oder Tod: die Qual der Wahl

Der Sommer war sehr warm, es regnete nur selten und es gab furchtbar viel Fliegen. Es war schwierig, Mia so im Stall eingesperrt zu sehen. An einigen Tagen konnte ich es kaum aushalten. Sie durfte ihr Gefängnis ja nicht verlassen, noch nicht einmal, um sich ganz kurz die Beine zu vertreten. Denn ihr Leben hing jetzt von ihrer Genesung ab. In den ersten Wochen ärgerte ich mich über diese Situation, aber traute mich auch nicht, diese Gedanken zu lange zuzulassen. Ich würde mich mit dieser einen wichtigen und immer zurückkehrenden Frage nämlich völlig verrückt machen: *Wie hat sie bloß ihr Bein brechen können?* Die unterschiedlichen Schlussfolgerungen, zu denen ich kam und mit denen ich mich weiterhin begnügen musste, waren wie folgt:

Ich glaube, dass der maukeähnliche Ausschlag nichts damit zu tun hatte, aber der Hufabszess hätte eine Frühwarnung dafür sein können, dass bereits im Inneren etwas gebrochen war. Er könnte andererseits aber auch die Ursache für den Bruch sein, insoweit, dass sie, wenn es besonders schmerzte, vielleicht einen Fehltritt gemacht hatte. Das muss dann höchstwahrscheinlich an dem Abend passiert sein, an dem sie ständig an der Umzäunung hin- und herrannte, weil sie zu ihrer Herde und auf die neue Weide mit dem herrlichen grünen Gras wollte. Eine andere Möglichkeit war, dass sie sich - als sie wegen des Hufabszesses im Paddock bleiben musste - infolge einer ihrer wilden Wendungen und Stopps verletzt hatte. Es war darüber hinaus auch möglich, dass sie den Bruch bereits vor langer Zeit erlitten hatte und dieser sich im Laufe der Zeit verschlimmert hatte. Leider werde ich das niemals mit Sicherheit wissen.

Wir gewöhnten uns beide an die zweimal täglich stattfindenden Vorgänge und ich fing an, die Hilfe von Leuten, die Mia mochte, zu akzeptieren und als die Neuigkeiten über ihre Situation sich verbreiteten, kamen sowohl tagsüber als auch am frühen Abend viel nette Leute sie besuchen. Ihre Box wurde an Wochentagen morgens vom Stallpersonal ausgemistet und abends und am Wochenende machte ich dies selber. Wie immer bekam sie Heu nach Belieben und ich versuchte, sie vor den ständig vorhandenen Fliegenschwärmen zu schützen. Eine der anderen Pferdebesitzerinnen ließ mich die Box neben ihr als zeitweiligen Lagerraum für alles was Mia brauchte benutzen und auf diese Weise versuchten wir, jeden Tag zu bewältigen.

Bei einem großen Pensionsstall ist am Wochenende und in den Schulferien häufig richtig viel los und obwohl sie nicht in einem der Hauptstallbereiche stand, befand sie sich doch in einem Bereich, in dem Leute mit ihren Pferden an ihrer Box vorbeigingen. Sogar an den kühleren Tagen war es schwierig für sie, sich auszuruhen und deshalb hatte ich keine andere Wahl als ihr wieder ein Beruhigungsmittel zu verabreichen, damit sie einigermaßen entspannt bleiben konnte. In Anbetracht aller Tatsachen, die ich in den letzten Jahren über Pferde gelernt hatte, gefiel mir dies überhaupt nicht, es jagte mir sogar Schauer über den Rücken. Dennoch war ich davon überzeugt, dass es damals vollständig in ihrem eigenen Interesse war.

Eines Nachmittags kam meine beste Freundin, die aus England zu Besuch gekommen war, mit zu Mia. Wir kamen im Stall an und sahen wie sie im Schatten der großen Bäume, die die Ställe überwölbten, ganz entspannt und ruhig in ihrer Box stand. Sie hatte sich bisher nicht oft hingelegt, da es ziemlich schwierig und wahrscheinlich auch unerträglich schmerzhaft war, anschließend mit einem gebrochenen Bein wieder aufstehen zu müssen. Wir ließen sie eine Weile alleine, um mit meinem Hund spazieren zu gehen, und als wir zurückkamen, sahen wir, dass sie sich hingelegt hatte und zufrieden und ruhig vor sich hin döste.

Auch einen anderen Moment werde ich nie vergessen, einfach weil ich mich immer daran erinnern werde, wie erschöpft sie aussah, so müde und kaum in der Lage, ihren Kopf anzuheben. Alles an ihr war ein einziger Schrei nach Ruhe. Es wurde mir deutlich, dass die Ruhe, die sie benötigte, wenn sie innerhalb eines Jahres genesen sollte, an diesem Ort nicht möglich war.

Als wir damals weggingen und sie alleine ließen, hörten wir plötzlich einen ohrenbetäubenden Knall. Ich schaute mich um und sah, dass auf dem Platz hinter ihrem Stall, auf dem gelegentlich Lastwagen, die etwas ablieferten oder den Mist abholten, parkten, gerade etwas abgeladen worden war, was einen enormen Lärm verursachte als es auf den Boden fiel. Meine spontanen ersten Worte waren: *Scheiße, Mia!* Wir schauten uns besorgt an und schnell, aber dennoch ruhig, liefen wir zurück zu ihrer Box, gerade rechtzeitig, um noch sehen zu können, wie das arme Pferd sich nicht einmal, nicht zweimal sondern dreimal abrackerte, um wieder auf die Beine zu kommen. Ihr Bein konnte ihr Gewicht einfach nicht halten und jedes Mal, wenn sie versuchte, aufzustehen, sackte das Bein wieder zusammen.

Sie geriet in Panik und mit ihren wilden Bewegungen hatte sie das Stroh in kleine nutzlose Haufen an beiden Seiten der Box verschoben, wodurch der feuchte und glatte Betonboden sichtbar war. Schließlich gelang es ihr aufzustehen und während des Aufstehens sprang sie plötzlich zur Seite, als ob sie vor dem plötzlichen Geräusch, das jedoch inzwischen bereits mindestens eine Minute her war, flüchten wollte. Und als sie das tat, fiel sie mit einer schrecklich aussehenden Drehung und einem großen Ruck wieder um, es war grauenvoll. Wir konnten ihr nicht helfen und einen Moment lang dachte ich, dass sie jetzt sterben würde. Mit meinen Händen vor meinem Gesicht wollte ich ihr zurufen, dass sie aufhören sollte. Mein Herz zerbrach und ich war fest davon überzeugt, dass auch ihr Bein gerade noch einmal zerbrochen sein musste. Relativ gefasst öffnete ich die Boxentür in einem Versuch, ihr zu helfen, und als ich zu ihr hineingehen wollte, gelang es ihr plötzlich, aufzustehen und sich sorgfältig auszuschütteln. Einen Moment lang waren wir verblüfft angesichts dessen, was wir gerade gesehen hatten. Sie hatte ihr rechtes Hinterbein nur kurz benutzt, um sich selber hochzustemmen und aufrecht auf ihrem Gesäß sitzend wie ein Hund, hatte sie ihr Gewicht vorsichtig auf die andere Gesäßhälfte verlagert, um den Rest ihres Körpers hochzuhieven.

Wir waren gerade Zeugen gewesen, wie Mia etwas ganz Neues gelernt hatte. Sie hatte eine Möglichkeit gefunden, mit ihrem gebrochenen Bein zurechtzukommen und diese Entdeckung beruhigte sie sichtbar.

Um sich hinzulegen, lassen Pferde sich immer erst auf ihre Vorderknie herab, bevor sie sich auch mit den Hinterbeinen hinlegen. Um aufstehen zu können, müssen sie die Vorderbeine aufstemmen und dann ihre Hinterbeine benutzen, um sich hochzustemmen. Das bedeutet, dass zu einem gewissen Zeitpunkt ihr gesamtes Körpergewicht auf beiden Hinterbeinen balanciert wird. Ihr war es gelungen, es auf nur ein Hinterbein zu verlagern. Ab diesem Tag beobachtete ich, dass sie sich öfter hinlegte und als sie aufstand fiel mir auf, dass sie die Kunst des Aufstehens inzwischen geradezu perfektioniert hatte. Eine Stimme in meinem Hinterkopf machte sich aber dennoch Sorgen hierüber. Ich befürchtete, dass sie auf diese Weise ihr „gesundes" Hinterbein verletzen würde, aber es war nur ein ganz kleiner, stiller Einwand, verglichen mit den anderen aufregenderen Ereignissen, die sich während ihrer Heilung noch ereignen sollten.

Es war recht einfach, im ersten Monat unseren neuen Rhythmus und Leute, die uns helfen konnten, zu finden, damit ich meine Unterrichtsstunden wieder fortsetzen konnte. Was wirklich ausschließlich diesen bereitwilligen Helfern zu verdanken war.

Auch hatte ich ziemlich schnell gelernt, mit dieser neuen ständigen und beunruhigenden Sorge zu leben.

Andere Probleme, mit denen wir im Stall konfrontiert wurden, waren weitere lautstarke Lieferwagen, herumlaufende und schreiende Kinder und gelegentlich ein freilaufendes Pferd. Normalerweise Dinge die zu einem geschäftigen Pferdebetrieb gehören, jetzt aber in den Vordergrund traten, weil das Leben meines geliebten Pferdes davon abhing. Zum Beispiel wurden jährlich alle Stallbereiche mit einem Hochdruckreiniger gereinigt und auch damit mussten wir umgehen und es durchstehen können.

Eines der schwierigsten Dinge damals war es, anderen Leuten deutlich zu machen, dass sie sich tatsächlich in einer Situation befand, in der es um Leben oder Tod ging. Ich weiß nicht, warum einige Leute dies nicht ernst nahmen, vielleicht weil sie nicht alle Tatsachen kannten, oder vielleicht auch einfach nur, weil sie unkundig waren. Letztendlich war es für sie ja *nur* ein Pferd. Vielleicht war es ihnen auch völlig egal. Aber ich nahm es wichtig und viele andere Leute auch. Ich konnte aber unmöglich ständig alles kontrollieren. Ich hätte damals wirklich vollständig zusammenbrechen können. Ich vereinbarte mit dem Stallbesitzer, dass das Stallgebäude mit den vier Boxen, in dem Mia jetzt zeitweise untergebracht worden war, am Morgen des Tages, an dem ich sie wegen der Röntgenfotos zur Klinik bringen musste, gereinigt werden sollte. Ihre Box wäre dann ja ein paar Stunden leer, was für die Reinigung hätte ausreichen müsste. Aber ich wusste bereits als ich diese Vereinbarung traf, dass wenn es mir gelingen sollte, einen anderen Stall für sie zu finden, sie anschließend nicht mehr zurückkommen würde. Auf jeden Fall nicht, um so zu leben, wie sie es jetzt ertragen musste. Es ging übrigens überhaupt nicht darum, dass sie nicht versuchten, mir zu helfen. Es war einfach eine außerordentliche Situation für alle Beteiligten und ich konnte auch unmöglich erwarten, dass sie den gesamten Betrieb stilllegten und alle Tätigkeiten zeitweilig aufschoben, nur weil mein Pferd verletzt war.

Um ihr mehr Ruhe zu gönnen, stellte ich drei große orangefarbene Verkehrskegel vor ihrer Box auf, damit andere Leute und Pferde nicht zu nahe an ihrer Boxentür vorbeigehen konnten, wodurch sie sich erschrecken konnte und das gebrochene Bein möglicherweise belasten würde. Mit Kreide schrieb ich deutlich auf Holländisch auf ihre Stalltür: *24/7 Boxenruhe. GEBROCHENES BEIN, darf sich nicht bewegen* und meine Telefonnummer.

Ich hatte gehofft, dass dies sich letztendlich als nicht notwendig erweisen würde, weil es auch ohne diese Maßnahme den meisten Stallgenossen inzwischen bekannt gewesen sein dürfte, dass Mia sich nicht in bester Verfassung befand, denn Gerüchte verbreiten sich meistens sehr schnell. Ich musste aber einfach tun, was ich für erforderlich hielt. Und einige Leute ignorierten oder verstanden diesen deutlichen Hinweis immer noch nicht. Eines Morgens fragte mich sogar jemand aus heiterem Himmel, ohne jegliche Vorankündigung oder Begrüßung: *Wer glaubst du eigentlich, wer du bist?* Schockiert von dieser oberflächlichen und unverschämten Frage antwortete ich sarkastisch: *Ich weiß es nicht, was glaubst du, wer ich bin?* Ich wurde mit einem solchen frechen Blick angestarrt, dass ich mich fast schuldig fühlte, es war als ob man im Verkehr plötzlich entdeckt, dass man von einem Polizeiwagen verfolgt wird, und ich wurde gefragt: *Das alles hier, was ist das?* Ich antwortete: *Hast du nicht gelesen, was auf der Stalltür steht?* Woraufhin gesagt wurde: *Ja, aber es kann doch gar nicht so schlimm sein, ist das alles wirklich nötig?* Ich fragte: *Was alles?* Und erhielt als Antwort: *Diese Verkehrskegel, sie stehen im Weg.* Wie man sich wahrscheinlich vorstellen kann, musste ich mich jetzt ziemlich zusammenreißen, aber wenn ich ehrlich bin, hätte ich Lust gehabt, der Person den Sarkasmus mit einem flinken Faustschlag so aus dem Kopf herauszuschlagen. Meine Geduld war jetzt fast am Ende und das war mir wahrscheinlich sehr gut anzusehen. Eine Entschuldigung wäre willkommen gewesen, aber leider gab ihr Stolz ihr ein, dass sie sich niemals dafür entschuldigen würde und sie war diesbezüglich erstaunlich willensstark. Ich holte so tief wie möglich Atem und bemühte mich, ihr freundlich aber überflüssigerweise zu erklären, dass immer noch mindestens fünf Meter Platz zum Vorbeigehen übrig blieb. Das Einzige war, dass sie dann nicht auf dem Betonboden, auf dem das Stallgebäude sich befand, gehen konnte, sondern einen kleinen sauberen Sandweg, der um das Stallgebäude herumführte, benutzen musste. Natürlich war sie auch damit nicht einverstanden und hatte sogar die Frechheit, sich auch über andere Dinge zu beklagen, um ihre Argumente zu untermauern. Ich versuchte das Gespräch, was jetzt meiner Meinung nach schon viel zu lange gedauert hatte, zu beenden indem ich ihre eigene Frage wiederholte und sagte: *Bei allem Respekt, wer glaubst DU denn eigentlich, wer DU BIST? Ich versuche nur, es meinem Pferd so angenehm wie möglich zu machen, mit den Mitteln, die ich habe, damit sie vielleicht eine Chance hat, wieder gesund zu werden. Jetzt sag mir bitte mal genau, was dein Problem ist!*

Aber als ich es sagte war mir bereits klar, dass es nicht um die Situation ging, nicht um Mia, eigentlich um gar nichts. Es ging nur um sie selber, was in solchen Situationen meistens so ist. Es war mir nicht eher eingefallen, weil ich ihre unfreundlichen Bemerkungen erst noch verdauen musste. Mein Ton war fest und bestimmt, aber nicht gemein und deshalb erwiderte sie plötzlich sehr viel freundlicher: *Oh, das tut mir leid, ich wusste nicht, dass es so schlimm war, ich konnte es ohne Lesebrille nicht lesen.* Ich zuckte mit den Schultern und warf beide Hände in die Luft, um ihr deutlich zu machen, dass ich es aufgab, und lief weg. Ich wollte noch hinzufügen: *Vielleicht solltest du es beim nächsten Mal erst einmal fragen* und *Welchen Teil des Wortes „Beinbruch" hast du denn nicht verstanden?* entschied mich aber zu schweigen.

Am selben Tag, als ich weggehen wollte, verabschiedete ich mich von Mia und wollte gerade zum Parkplatz gehen, als ich mich umschaute und sah, wie trotz der Kegel, die ich aufgestellt hatte und die den Durchgang blockieren sollten, jemand mit seinem Pferd an der Hand laufend, einfach anhielt und sein Pferd in Mias Box schauen ließ, scheinbar um sie zu begrüßen. Im Inneren dacht ich: *Das gibt's doch gar nicht! Jetzt reicht's mir aber!*

Meine Absperrung war also weder eine ideale, noch eine effektive Lösung, aber gerade als ich zurückkehren und die Person ansprechen wollte, sah ich, dass eine der anderen Stallgenossinnen, die mich früher immer richtig mit ihren Bemerkungen genervt hatte, auf Mias Box zuging und der anderen Person eine richtige Standpauke hielt. Ich war sehr erstaunt. Irgendwann schauten sie beide mit einem sehr mitleidsvollen und verständnisvollen Blick zu mir herüber. Als sie die nichtsahnende Person endlich ausreichend mit ihren neuen Informationen bombardiert hatte, ging ich weiter und konnte ich es mir nicht verkneifen, beim Gehen einen kleinen fröhlichen und triumphierenden Hüpfer zu machen.

Dies soll nur ein Beispiel für die vielen Fragen und unendlichen kleinen Vorfälle sein, denen wir uns dort stellen mussten. Nicht alles war schlimm oder ärgerlich, ganz im Gegenteil sogar. Wir erhielten viele nette Genesungswünsche und viel Unterstützung von denen, die uns wichtig nahmen und gerne mochten und wir schlossen in dieser Zeit sehr viele neue Freundschaften. Es erreichten uns in diesen drei Monaten auch sehr viele sehr nette Gesten, zum Beispiel kleine Geschenke für Mia oder sogar für mich. Besonders gerne nahmen wir nett gemeinte Hilfen wie Reiki, heilende Berührungen und Rotlichttherapie an. Ich hatte zum ersten Mal von meinen Mentoren auf dem Campus in den Vereinigten Staaten im Jahr 2010 über Rotlichttherapie und ihren Nutzen gehört und ich bin davon überzeugt, dass diese ganz sicher zu Mias Genesung beitrug, nicht nur für den Aufbau von Zellen und für die allgemeine Körperheilung, sondern auch für ihr allgemeines Wohlbefinden und eine gesunde Psyche. Jedes kleine bisschen Hilfe war nicht nur Mias Genesung zuträglich, sondern half auch mir dabei, mit diesem gefühlten Mangel an Kontrolle hinsichtlich Mias Situation und Umgebung leben zu lernen.

Die Hilflosigkeit, die ich fühlte, wenn ich von anderen Leuten in die Enge getrieben wurde und ihre Gemeinheiten oder ihr Mangel an Integrität, verschlugen mir oft einfach die Sprache. Ich war zu schwach, um zu kämpfen, und zu nett, um Nein zu sagen. Als Pferdetrainerin, die ihren guten Ruf sichern musste, konnte ich einfach nicht dort herumlaufen und ehrlich sagen, was ich sagen wollte, insbesondere weil meine Pferde ja auch auf dem Grundstück eines Stallbesitzers dessen Regeln und Vorschriften galten untergebracht waren.

Letztendlich führte diese letztgenannte merkwürdige und konfrontierende Unterhaltung dazu, dass ich endgültig beschloss, einen anderen Stall für Mia zu suchen. Einen Stall, zu dem ich sie vorzugsweise sofort nach den Röntgenfotos bringen konnte. Einen Stall, in dem sie ruhig und ungestört genesen konnte, falls es überhaupt jemals so weit kommen sollte. In den Niederlanden gibt es zahlreiche Reha-Einrichtungen für Pferde, zwei davon waren mir von Freunden empfohlen worden und diese wollte ich zuerst besuchen. Ich war bereit, sie überall hin zu bringen, auch wenn das bedeutete, dass ich mit ihr nach Deutschland oder über den Kanal nach England reisen musste.

Beim ersten Stall, den ich besuchte, hatte der Besitzer vergessen, dass wir einen Termin vereinbart hatten, kein gutes Zeichen und als ich ankam, war niemand dort, um mich herumzuführen. Ich entschied mich dazu, mich selber umzusehen und gelangte sehr schnell zu der Schlussfolgerung, dass dieser Stall für uns nicht geeignet war. Der Stall befand sich neben der Autobahn und man konnte den Luftzug der vorbeirasenden Autos im Stall fühlen. Obwohl der Stall sauber und steril war, konnten die Pferde außer einander oder langweiligen Mauern überhaupt gar nichts sehen. Ich sah dort endlose Reihen Boxen und unglücklich und krank aussehende Pferde. Ich war insgesamt höchstens zehn Minuten dort und fühlte mich sehr deprimiert, als ich wieder wegfuhr. Nicht, weil ich noch keinen Stall für Mia gefunden hatte, sondern weil dieser Stall so trostlos gewesen war.

Ich fuhr wieder auf die Autobahn und machte mich auf den Weg zum nächsten Stall, der sich etwa zwei Stunden Fahrzeit entfernt in nördlicher Richtung befand. Im Auto hatte ich bereits ein Gefühl des Widerwillens und ein nörgelnder Gedanke versuchte mir ständig zu befehlen, jetzt sofort umzudrehen und wieder nach Hause zu fahren. Es war gar nicht so einfach, mich selber vom Gegenteil zu überzeugen und die Fahrt fortzusetzen. Ungefähr halbwegs unterwegs verlor ich fast die Kontrolle über mein Auto, als ein großer Stein auf meine Windschutzscheibe prallte und einen riesigen Sprung in der Scheibe verursachte. Ich hatte immer noch das Geräusch von dem Knall in meinen Ohren als ich bei einer Tankstelle von der Autobahn herunterfuhr, um den Schaden zu begutachten. Zum Glück befand sich der Riss auf der Beifahrerseite und nur einer der kleinen Risse hatte sich bereits einen Weg zur Fahrerseite gebahnt. Es musste ein Zeichen sein. Das bildete ich mir auf jeden Fall ein. Ich hätte eben umdrehen sollen, als mein Gefühl mir das so deutlich befohlen hatte, aber da ich jetzt bereits in der Nähe des anderen Stalles war, beschloss ich, dass ich doch einen kurzen Blick auf das Ganze werfen sollte.

Ich vergaß den Vorfall also und fuhr weiter und als ich ankam, wurde ich von einem netten Mann mittleren Alters begrüßt, der auf einem Segway-Roller zu mir herangeschwebt kam. Er zeigte mir, wo der Parkplatz war und wo ich ihn anschließend treffen sollte: bei einem großen grünen Tor. Ich parkte mein Auto, riss mich zusammen, packte meine Sachen ein und betrat das Stallgelände durch den Haupteingang. Es war ein wunderschöner Ort, auf jeden Fall verglichen mit dem vorigen Stall. Er nahm mich in einer elektrischen Golfkarre mit und gab mir eine Führung über das Gelände und als wir dort herumfuhren, um uns das Gelände anzusehen, fiel mir erst richtig auf, wie groß es dort war. Die Ställe waren ebenso erstaunlich. Dies war ein 5-Sterne Hotel für Pferde. Es gab kleine Boxen, drei mal drei Meter groß, und Riesenboxen, bis zu zehn mal zehn Meter groß. Man durfte sich selber aussuchen, was für Heu das eigene Pferd bekommen sollte und wie oft, und zwar sowohl tagsüber als auch nachts.

Einige der Boxen hatten sogar eine Klimaanlage und als ich das sah, wurde mir klar, dass dies für uns viel zu hoch gegriffen war. Hervorragend für Leute mit einem üppigen Bankguthaben, aber ganz gewiss nicht für mich. Nachdem er mir die wunderschöne Reithalle gezeigt hatte, die übrigens an allen vier Seitenwänden voll verspiegelt war, die Warmwasserdusche und den Massagebereich, das Schwimmbad und alle anderen Luxuseinrichtungen, wurde ich ein wenig nervös bei dem Gedanken, dass ich den Preis noch erfragen musste.

Nach der Rundführung bot er mir auf einer schönen Terrasse eine Tasse Kaffee an und fragte mich, was meinem Pferd fehlte, was ich von dem Gelände hielt und welche Pflege und Versorgung ich für sie brauchte, wenn sie kommen würde. Er zeigte mir anschließend eine „Menükarte" mit allen zur Verfügung stehenden Möglichkeiten und Preisen. Erleichtert, dass ich nichts zu fragen brauchte, beantwortete ich seine weiteren Fragen und setzte ich mein bestes Pokerface auf während meine Augen glasig über die großzügigen Beträge schweiften. Um ehrlich zu sein, war es so teuer, dass ich für diese Beträge ohne weiteres die Hypothek für einen eigenen Stall hätte finanzieren können. Die minimalen Kosten für eine kleine Box, also drei mal drei Meter, einschließlich zweimal Ausmisten pro Tag, drei Heufütterungen pro Tag und einer Heufütterung nachts sowie einer Mahlzeit pro Tag für Vitamine und Präparate kostete genauso viel wie meine heutige monatliche Hypothekrate. Und die Kosten für die größte Box mit Klimaanlage, aber ohne jeglichen weiteren Service, betrugen sogar noch viel mehr. Da er ein Geschäftsmann war, konnte er meine Körpersprache sofort interpretieren und versuchte mich mit einem Wortschwall zu überzeugen, dass wenn sie länger bleiben würde als ein Jahr, er bereit wäre einen niedrigeren Preis mit mir zu vereinbaren. Ich dankte ihm für dieses nette Angebot und teilte ihm mit, dass ich darüber nachdenken und ihn dann anrufen würde. Er ließ mich ruhig meine zweite Tasse Kaffee austrinken und setzte seine Arbeiten fort, während ich nur noch dachte: *Wenn nur...dann....* Es war einfach ein wunderschöner

Ort, die Pferde waren ruhig und ich konnte die Vögel in den vielen Bäumen, die sich auf dem Gelände befanden, zwitschern hören.

Als ich aufstand um wegzugehen, sah ich ihn wieder auf seinem Segway-Roller vorbeizischen. Vier Pferde hingen mit ihren Köpfen aus ihren Boxentüren und schlummerten in der späten Nachmittagssonne. Als er bei den Pferden vorbeifuhr, reichte er zu ihnen herüber, um die Lederhalfter abzunehmen, die sie noch trugen, wahrscheinlich ein Teil seiner täglichen Routinehandlungen. Als er auf das letzte Pferd zuging, erschreckte es sich und leider bestand er darauf, das Halfter trotzdem sofort und auf seine Weise von außerhalb der Boxentür abzunehmen, woraufhin das Pferd seinen Kopf zurückzog und mit seinem Nasenrücken auf den Türrahmen prallte. Ich war mir jetzt sicher, dass ich, auch wenn ich alles Geld der Welt gehabt hätte, mein wertvolles Pferd hier nicht einstellen würde. Ich konnte mir lebhaft vorstellen, wie Mias Reaktion auf so einen Schubs oder Zugriff gewesen wäre. Aber was mich am meisten beängstigte war, wie er anschließend mit ihrer Reaktion umgegangen wäre. Darüber hinaus hatten wir ja bereits selber erlebt, was der Rahmen einer Tür Mias Nasenrücken antun konnte.

Etwas hoffnungslos nach diesen Besuchen, schaute ich mir anschließend trotzdem noch einige weitere Ställe an und während dieser Suche fand ich heraus, dass ich mir immer wieder über dasselbe Sorgen machte. Deswegen fing ich an darüber nachzudenken, einen ganz ruhigen Ort für sie zu suchen, wo sie vielleicht in einem kleinen Paddock, anstatt in einer beengten Box stehen konnte. Nicht was der Tierarzt vorgeschlagen hatte, aber wahrscheinlich viel besser für Mia.

Ich wandte mich an einen Bekannten, den Parelli-Trainer, bei dem ich meinen ersten Workshop mit Mia absolviert hatte und der im Laufe der Zeit ein guter Freund geworden war. Ich schickte ihm eine E-Mail und erklärte die Situation. Ich bräuchte nur einen kleinen Paddock und jemanden, der für sie sorgte, und wäre selbstverständlich dazu bereit, dafür zu bezahlen. Er schrieb mir sofort zurück und antwortete, dass er mir gerne helfen würde und fragte, wann wir kommen wollten. Ich tanzte vor Freude und Glück als ich ihm antwortete. Ich schrieb, dass die Röntgenfotos am 29. August gemacht werden würden und falls alles in Ordnung sein sollte, ich Mia gerne sofort am selben Nachmittag bringen würde. Ich war so unglaublich dankbar und erleichtert, dass wir eine Lösung gefunden hatten, wir mussten jetzt nur noch diese letzten Wochen hinter uns bringen und die Ergebnisse der Röntgenfotos abwarten.

Am 28. August hatten wir ein kleines Abschiedsfest mit Drinks vor Mias Box, um ihre bisherige Genesung zu feiern und ihr sehr viel Glück mit den Röntgenfotos am nächsten Tag und in ihrem zukünftigen Heim zu wünschen. Die Mädchen hatten eine hübsche Torte mitgenommen, auf der ein aus Zuckerguss gemachtes Foto von ihr prangte. Es war ein gemütlicher, aber merkwürdiger Abend, weil ich wusste, dass ich in den kommenden Tagen gute oder schlechte Nachrichten bekommen konnte. Wir hatten drei Monate lang nicht gesehen, wie sie sich bewegte, bei dem Gedanken wurde mir bereits vorab übel, aber ich war fest entschlossen, auch weiterhin immer genau das für sie zu machen, was für sie am besten war.

Meine Unsicherheit und Spannung konnte ich zum Glück gut vor ihr verbergen. Aber letztendlich war das egal, denn ich hätte es damals bereits wissen können. Ihre Energie, ihre gehobene Stimmung und ihre Bereitschaft, Kontakte zu knüpfen und von mehreren Leuten angefasst zu werden und sich in den vergangenen Monaten von so vielen Menschen lieben zu lassen, ließ bereits auf das Ergebnis schließen.

Wenn damals überhaupt jemand wusste, dass sie wieder gesund werden würde, dann war sie es selber

KAPITEL 7

Auf dem Wege der Besserung
Der Stoff, aus dem die Träume sind

Endlich war der große Tag da. Nachdem sie sich drei Monate überhaupt nicht hatte bewegen dürfen, bereitete mir die Tatsache, dass sie jetzt von ihrer Box aus in den Hänger laufen musste, ein flaues Gefühl im Magen.

Meine Eltern waren aus England herübergekommen, um mich zu unterstützen und gemeinsam mit einer Freundin und meinem Mann, bereiteten wir uns auf diese kommende und hoffentlich lange Reise vor. Ich hatte keine Ahnung, wie sie reagieren würde, sobald sie ihre ersten Schritte Richtung Freiheit machen durfte, aber sie kam aus ihrer Box und ging sofort völlig problemlos in den Hänger, den ich so nahe wie möglich vor ihrer Box geparkt hatte. Als ob sie es gestern noch getan hatte. Noch erstaunlicher war, wie sie lief, nicht nur, dass sie geradeaus gehen konnte, sondern auch, dass sie ihr Gewicht offensichtlich auf das verletzte Bein verlagern konnte. Mein Herz überschlug sich, was ich jedoch nicht zeigte. Ich sagte auch nichts, denn ich hatte Angst, dass ich zu aufgeregt klingen würde, aber es war wirklich einfach zu schön, um wahr zu sein.

Wir waren schnell bei der Klinik, wo der Chefarzt und seine Assistentin bereits auf uns warteten. Obwohl er immer noch ein Mann weniger Worte war, machte er auf mich doch einen ziemlich aufgeregten und auch etwas neugierigen Eindruck. Ohne etwas zu sagen gebarte er mir, sie wieder in den Untersuchungsständer zu stellen und ließ mich dies alleine machen. Sie betrat den dunklen und nach Krankenhaus riechenden Raum wie beim letzten Mal mit einem skeptischen

Blick, aber sie vertraute mir und Schritt für Schritt konnte ich sie seitwärts in den Ständer manövrieren. Es war deutlich, dass sie Angst hatte, aber zum ersten Mal hatte ich jetzt das Gefühl, dass sie vielleicht wusste, dass ich es *für sie* machte und es ihr nicht einfach nur angetan wurde. Alles war in Ordnung, außer natürlich der Injektionsnadel für die Sedierung. Sie wusste ja, wie und wann es passieren würde, aber trotz ihres Protestes gelang es uns letztendlich doch, die Nadel einzubringen. Die vorsichtige Vorgehensweise, die wir anwendeten, obwohl auch diese inzwischen zu einer für Mia vorhersehbaren Handlung geworden war, war alles, was ich in dem Moment für sie tun konnte, um ihre heftige Reaktion auf den Tierarzt und seine „tödliche" Nadel zu bändigen. Ich hielt den Führstrick so, dass wenn sie ruhig und brav blieb, der Strick lose herabhing, er sich aber straffen würde, falls sie versuchen sollte, ihn zu beißen. Sie entspannte ziemlich schnell als sie dies fühlte und innerhalb von zehn Sekunden war alles vorbei. Meine Eltern und mein Mann blieben draußen und meine Freundin und ich blieben im Raum, damit sie nicht alleine war, wenn die Betäubung zu wirken anfing.

Wiederum glitt sie langsam in einen sehr beruhigten Schlummerzustand und sah dabei so schön, so stark und so lieb und unschuldig aus. Zehn Minuten später kamen der Tierarzt und seine Assistentin wieder in den Raum und meine Freundin verließ den Raum, als wir wieder unsere Bleischürzen anziehen mussten und das Röntgengerät vorbereitet wurde. Ich stand wieder bei Mias Kopf und beobachtete diese merkwürdige Maschine, die sich wie eine riesige zischende Schlange um uns herum bewegte und sich, sobald sie sich am richtigen Ort befand, anfing zu regen. Ich tauschte einen Blick mit dem Tierarzt aus und er schaute mich wiederum auf seine sehr beruhigende Weise an, obwohl wir beide wussten, was jetzt passieren könnte. Als die Assistentin anfing die Röntgenplatten zwischen Mias Beinen zu positionieren, fing er wieder zu singen an und mit einem einzigen *Klick* war es bereits passiert. Das Röntgengerät wurde schnell, aber sehr vorsichtig, an eine andere Stelle manövriert, um auch ein Foto von vorne zu machen und *Klick*, auch das nächste Foto war fertig. Mia, die Assistentin und ich seufzten erleichtert und der Tierarzt begab sich wieder in seinen kleinen Nebenraum, um sich die Röntgenfotos anzusehen. Irgendwie wusste ich zu diesem Zeitpunkt bereits, dass wir gute Neuigkeiten bekommen würden. Ich traute mich noch nicht es auszusprechen, aber nachdem ich gesehen hatte, wie sie rückwärts aus dem Hänger und in das Klinikgebäude lief, konnte es gar nicht anders sein. Meine Freundin betrat den Raum wieder, um mich in diesem qualvollen Moment, wartend auf das Urteil, nicht alleine zu lassen.

Endlich rief der Tierarzt mich mit einem warmen, aber zugleich behutsamen Lächeln wieder in den kleinen Nebenraum. Bevor er anfing zu sprechen, überflogen meine Augen schnell die Fotos auf den Computerbildschirmen auf der Suche nach einem kleinen sichtbaren Unterschied zwischen den Fotos. Er fing damit an, mir zu erklären, dass der Knochen so heilte, wie er sollte, und sich eine Knochennarbe gebildet hatte, die das abgebrochene Knochenstück mit dem Hauptbruchstück verband. Abgesehen von meinem Hochzeitstag und einigen anderen unvergesslichen Lebensereignissen war ich noch nie so glücklich gewesen. Die Atmosphäre in dem Raum veränderte sich sofort. Ein unsicheres Vorgefühl wurde zu einem Gefühl herrlicher Erleichterung, obwohl ich vom Tierarzt sofort daran erinnert wurde, dass wir noch lange nicht über den Berg waren und noch einen weiten Weg zu gehen hatten. Der Knochen musste jetzt so weiter heilen wie bisher, denn falls er das nicht täte, würde dies ihre Lebensqualität erheblich beeinflussen und könnte es sogar ihr Leben gefährden.

Ich dankte dem Arzt viel überschwänglicher als vielleicht nötig gewesen wäre und bereitete mich darauf vor, Mia wieder in den Hänger zu verladen, um sie zu ihrer neuen Heimat zu bringen. Ich vereinbarte mit dem Arzt, dass ich sie in ungefähr einem Jahr wieder zur Klinik bringen würde, um das Bein nochmals untersuchen zu lassen, oder, falls ich mir Sorgen machte, auch eher. Als wir uns verabschiedeten wünschte er uns für die kommende Zeit sehr viel Glück.

Wegen des hohen Verkehrsaufkommens unterwegs kamen wir erst nach knapp fünf Stunden an, obwohl die Fahrt normalerweise nur ca. drei Stunden dauerte. Als wir auf dem Gelände ankamen, merkte ich, dass meine Schultern und mein Körper sich endlich entspannten. Ich glaube, dass ich mich seit der Diagnose des Knochenbruchs nicht mehr so ruhig und entspannt gefühlt hatte. Ich transportierte nicht gern Pferde, insbesondere keine kranken Pferde, wenn viel Verkehr herrschte. Nicht wegen des Hängers oder der Straße, sondern wegen den anderen Verkehrsteilnehmern und deren Ungeduld. Die Straßen in den Niederlanden können sehr schmal sein, wodurch andere Autofahrer einen langsam fahrenden Hänger dort nicht überholen können, was sie häufig sehr irritierte.

Es war wunderbar, endlich dort angekommen zu sein und nachdem ich von meinen Freunden sehr herzlich begrüßt wurde, lud ich Mia aus und stellte sie in ihren neuen Paddock. Es war dort so viel schöner als ich erwartet hatte. Wir hätten uns keinen besseren Ort wünschen können. Der Paddock-Bereich befand sich im Inneren einer alten, aber sehr gemütlichen Scheune und war ungefähr zwölf Meter lang und sechs Meter breit. Der Paddock befand sich in einer Ecke der Scheune und die Wände waren, speziell für die Pferde, mit fast zwei Meter hohen Aluminiumplatten verkleidet. Daneben befanden sich zwei große Boxen und ein Futterraum. In der Mitte befand sich ein Flur, der breit genug war für einen Traktor, und am anderen Ende der Lagerraum für das Heu. Mia gegenüber standen ihre neuen Freunde und etwas was sie bisher noch nie gesehen hatte, nämlich zwei Esel. Der Paddock hatte einen harten und trockenen Betonboden, damit sie sich langsam und ungefährdet bewegen konnte, ohne auszurutschen oder über etwas zu stolpern. In der Ecke befand sich ein Haufen frischen Strohs, mit dem sie machen konnte, was sie wollte. Darüber hinaus ein großer Wassereimer und ein Slow-Feeding-Heunetz, das bis zum Rand mit herrlich riechendem Heu gefüllt war.

Als sie aus dem Hänger kam erkannte sie sofort wo sie war. Sie hatte hier während mehrerer Workshops und Studientage bereits ungefähr sechs Wochen verbracht und es dauerte deshalb nicht lange, bis sie sich eingewöhnt hatte und sich entspannte. Sie fing sofort an, Heu zu fressen und zwischendurch ihre neue Unterkunft zu erforschen. Bis ihre neuen Eselfreunde auftauchten. Sie hatten genau gegenüber eine vergleichbare Unterkunft, nur sehr viel größer und mit einem Auslauf in einen großen Paddock im Freien. Es war recht witzig, zu beobachten, wie die kleinen Tierchen sich Mia näherten und sie beobachteten. Ein riesiges schwarzes Pferd, das ziemlich ängstlich und zugleich auch sehr neugierig war. Obwohl Esel aussehen wie Pferde und der gleichen Familie angehören, bewegen sie sich anders und riechen sie anders und einige Pferde können sich in ihrer Nähe unsicher fühlen. Für Mia war es zuerst ein kleiner Schock, aber danach verliebte sie sich sofort hoffnungslos in sie. Es dauerte allerdings noch eine Weile und mehrere Fütterungen bis sie sich vollständig an sie und an ihr Geräusch gewöhnt hatte. Esel „iahen" nämlich und Pferde wiehern. Das Iahen der beiden Esel war auf dem gesamten Gelände zu hören und ich kann mir vorstellen, dass es bei geringem Wind auch noch Kilometer entfernt hörbar gewesen sein muss. Aber es beunruhigte mich nicht, wie es das zuhause getan hätte, da sie ja hervorragend versorgt wurde und sich frei bewegen konnte. Sie hatte uns allen ja auch bereits auf so viele unterschiedliche Weisen bewiesen, dass sie, wenn ihr die Zeit und Möglichkeit gewährt wurden, hervorragend für sich selber sorgen konnte. Ich vertraute ihr und das war ich ihr auch schuldig.

Ein weiterer Vorteil war, dass sie dort keine Beruhigungsmittel mehr benötigte, was nicht nur für ihre Gesundheit viel besser war, sondern auch meinen eigenen Wünschen und meiner Philosophie, wie Pferde gehalten werden sollten, weitaus besser gerecht wurde. Wir blieben noch eine Weile nachdem wir sie abgeliefert hatten, und fuhren anschließend zurück nach Hause. Ich hatte vereinbart, dass ich meinen Hänger dort stehen lassen konnte und am nächsten Wochenende zu Besuch kommen würde. Es war der Beginn einer neuen Phase. Sie konnte sich an diesem idyllischen Ort jetzt in aller Ruhe erholen und wurde von Menschen betreut, die ich sehr gern mochte und denen ich grenzenlos vertraute.

Ich besuchte sie so oft wie möglich, ungefähr alle vier bis sechs Wochen und um ehrlich zu sein, erleichterte mir die Liebenswürdigkeit ihrer Gastgeber es, ihnen Mia völlig anzuvertrauen. Es war deshalb auch völlig in Ordnung, dass ich nicht viel öfter kommen konnte. Am Anfang war es merkwürdig, sie nicht täglich in meiner Nähe zu haben, da ich ja bisher wirklich jeden Tag bei ihr gewesen war, um sie zu beschützen und sie sich sicher fühlen zu lassen. Dass dies jetzt nicht mehr nötig war, fühlte sich zunächst wie eine enorme Leere in meinem Tagesprogramm an. Aber Liebe wächst wirklich mit der Entfernung und jedes Mal, wenn ich unterwegs war und mich nur ein paar Kilometer von ihr entfernt befand, summte ich fröhlich vor mich hin und lächelte bei dem Gedanken, sie jetzt fast wieder sehen zu dürfen.

Der Winter war ziemlich harsch, mit Schnee und viel starkem Regen und die Scheune, in dem sich ihr Paddock befand, war einfach ideal. Sie bot Schutz vor dem Regen und Wind im Winter und kühlen Schatten im Sommer.
Sie liebte ihre Esel und hatte keine Angst mehr vor ihnen, im Gegenteil, sie trugen zu einer interessanten und lebhaften Lebensumgebung für Mia bei. Esel können sehr therapeutische Eigenschaften haben und ich bin mir sicher, dass sie auch Mia halfen. Im Sommer und in den trockenen Monaten kamen sie aus ihrem Paddock und liefen über das Grundstück zu einer in der Nähe gelegenen Weide und Mia begrüßte sie jedes Mal, wenn sie wieder zurück kamen mit einem mütterlichen Wiehern und einem fröhlichen Hüpfer und Kopfschütteln.

Während die Monate verstrichen lernten wir viele neue Freunde kennen und eine sehr nette Frau nahm Mia unter ihre Fittiche und betreute sie sehr intensiv. Sie putzte sie, kratzte ihre Hufe aus und legte kleine Spielzeuge in ihren Wassereimer. Sie setzte sich auch regelmäßig zu ihr und legte essbare Zweige in ihren Paddock, damit Mia etwas hatte, womit sie sich beschäftigen konnte. Manchmal durften die Kinder ihr helfen und soweit wie ich es beurteilen konnte, freute sich Mia über diese Aufmerksamkeit. Ich nannte diese Frau liebevoll „Mias Schutzengel" und ich werde mich weder bei ihr, noch bei meinen Freunden, die sich alle schnell und ohne viel Aufhebens entschlossen hatten, uns zu helfen und Mia bei sich aufzunehmen, niemals ausreichend dafür bedanken können.

Im Frühjahr 2014 schien es Mia sehr gut zu gehen. Obwohl sie einen Großteil ihrer Muskelmasse verloren hatte und ihre Hufe trotz regelmäßigen Beschnittes offensichtlich sehr strapaziert waren, zeigte sie uns deutlich, dass sie sich wohlfühlte. Sie war gut gelaunt und sprühte vor Energie.

Man muss sich Pferdehufe wie vier zusätzliche Herzen vorstellen. Bei jedem Schritt werden sie durchblutet und durch diese Durchblutung wird nicht nur eine gesunde Hufwand, sondern auch eine gesunde innere Hufstruktur gewährleistet. Nur dann können sie richtig funktionieren. Weil Mia sich ja nur innerhalb ihres luxuriösen, aber relativ kleinen Paddocks bewegen konnte, hatte sich ihre Hufstruktur verändert. Das war aber nur eine ganz kleine unwichtige Nebensache, wenn man bedenkt, dass das Pferd trotz allem noch lebte und jetzt gesund und wohl vor uns stand. Ich war so stolz auf sie. Um ihr mehr Bewegungsfreiheit und somit etwas mehr Lebensqualität zu gönnen, öffneten wir das Tor zu dem Paddock, der sich hinter ihrem Paddock befand. Dieser war ungefähr genauso groß, bot ihr aber die Gelegenheit, eine neue Umgebung zu entdecken und sich etwas mehr zu bewegen und als Zugabe war der Boden mit einer dicken Schicht aus altem Sand und Komposterde bedeckt, in der sie sich nach Herzenslust wälzen konnte.

Trotz der Bemühungen der Menschen, diese majestätischen und eigensinnigen Tiere sauber zu halten, lieben sie es geradezu, sich möglichst dreckig zu machen und auch dreckig zu bleiben. Wie bei den meisten Säugetieren tut das Wälzen ihrer Haut und ihrem Fell sehr gut. Es hält Ungeziefer und Hautkrankheiten fern und ermöglicht es ihnen, den Körper und Rücken auf eine ganz andere Weise zu strecken, als wenn sie stehen oder laufen. In diesem Paddock konnte sie auch den Stall sehen und ihre geliebten Esel in deren Weide beobachten und sich stundenlang herrlich sonnen.

Im Nachhinein kann ich dieses Pferd nur bewundern. Sie genas sich selber. Sie hatte sich irgendwie mit der Tatsache abgefunden, dass sie sehr lange und ohne Beruhigungs- oder Schmerzmittel an diesem Ort bleiben musste und hatte ihr Schicksal einfach akzeptiert.

Da Mia sich auf dem Wege der Besserung befand, vertiefte ich mich inzwischen zuhause in eine neue Phase meines Trainings. Kheelen gab ich so viel Zeit wie ein junges Pferd benötigt und auch der Rest meines Lebens verlief damals einigermaßen ruhig und normal.

Aber dann präsentierte mir das Universum eine neue Herausforderung. Etwas was sich tief unter meinem starken Willen, trotz aller Rückschläge einfach immer weiter zu machen, versteckt hatte: ein neues Burnout. Wenn man dieses Gefühl nicht versteht, kennt oder es selber erlebt hat, ist es sehr schwer zu erklären, was es ist. Was ich darüber weiß ist, dass Leute wie ich manchmal keine andere Möglichkeit haben, mit etwas fertig zu werden. Anstatt ihren Gefühlen infolge eines Vorfalls oder lebensverändernden Ereignisses ihren natürlichen Lauf zu lassen, haben sie die Neigung, sie tief im Innern aufzustauen. Bei mir hatten diese Gefühle sich bereits entblößt als Kheelen krank wurde und Mia den Hufabszess hatte bis zu dem Zeitpunkt, da die Diagnose des Beinbruchs gestellt wurde. Irgendwie war es mir jedoch gelungen, dieses Gefühl ganz tief in mir zu verstecken, aber im Winter 2013/2014 überwältigte es mich dann letztendlich dennoch und zwar nicht nur mein ganzes Wesen, sondern auch meinen Körper. Ich verwandelte mich wieder in mein früheres schwächeres Selbst und gleichzeitig verschwand auch mein sorgfältig herangezüchtetes Selbstvertrauen. Ich wurde sehr introvertiert und fiel sogar wieder in den Zustand zurück, dass ich überhaupt nicht mehr an mich selber glauben konnte. Ich legte diesen Winter fast zwölf Kilo zu, was mir im nächsten Frühling schmerzlich bewusst wurde. Die Arbeit, die ich täglich mit Menschen und Pferden machen musste, erforderte jedoch eine gute körperliche Kondition. Man musste sich viel bewegen und lange stehen, deshalb war diese Gewichtszunahme meiner Meinung nach unglaublich unfair, insbesondere weil sich an meiner Ernährungsweise gar nichts geändert hatte.

Eine ungesunde oder negativ eingestellte Psyche führt oft schnell auch zu einem ungesunden Körper. Neben der Burnout - Diagnose wurde auch eine milde, aber dennoch ziemlich ernsthafte Depression diagnostiziert. Wenn man von einem Arzt hört, dass es einem schlecht geht und einem dabei auch der Grund dafür genannt wird, nämlich dass man depressiv ist, ist das eine ziemlich schockierende und einschneidende Diagnose. Bereits diese Diagnose kann einen noch mehr deprimieren und man muss deshalb besonders auf sich selber achten.

Mit professioneller Hilfe lernte ich, wie ich dieses Burnout nicht nur akzeptieren, sondern sogar nutzen konnte. Man musste es einfach als einen dringenden Grund betrachten, um selber wieder auf die Beine zu kommen, dagegen zu kämpfen und sein Leben so gut es geht weiter zu leben. Die wichtigste Lektion, die ich daraus gelernt hatte, war, dass es keine Schwäche ist, sondern eine Stärke, dass ich meine Gefühle so beherrschen und in mir festhalten kann und sie nicht sofort zeige. Man muss stark sein, um das zu können. Manchmal sucht der Körper, wenn er es nicht mehr aushält, einen Weg, um den Ballast loszuwerden und genau das war auch die Antwort meines Körpers gewesen. Er hatte mir befohlen: *Lass es los!*

Im Nachhinein dachte ich an Perioden meines Lebens, in denen ich, ohne es zu wissen, durchaus an einer Art Depression gelitten haben kann. Ich nahm ab und zu ein paar Kilos zu, aber niemals in diesem Ausmaß. Alles was nötig war, um eine solche Depression zu beenden, war damals ein anderer Lebensstil, ein anderer Tagesablauf oder auch nur ein positives Lebensereignis. Hinter den Kulissen gab ich mir die größte Mühe, mich wieder wohl zu fühlen, was aber nicht einfach war, wenn alles, was man tut, ein unglaublicher Kraftaufwand ist und man am liebsten den ganzen Tag auf dem Sofa liegen bleibt und in eine Film- oder Schlafwelt flüchtet. Ich verlor damals leider auch ein paar Freundschaften, weil man meine Situation nicht verstand oder nicht verstehen wollte. Ich konnte das nicht ändern, es war eben einfach so und deshalb war es in Ordnung. Ich bin wie ich bin und sie sind wer sie sind. Ich war so gereift und hatte so viel gelernt. Unter anderem auch, den menschlichen Körper und die menschliche Psyche viel besser zu verstehen. Heutzutage kann ich mit meinem Unterricht und dieser Kenntnis sogar meinen Schülern in ihrem persönlichen Leben weiterhelfen. Und ihre Pferde können das auch.

Im Juni des Jahres 2014 war ich immer noch nicht völlig genesen, reiste aber trotzdem in die Vereinigten Staaten, um dort sechs Wochen lang Neues zu lernen, auf dem Campus zu unterrichten und meine Ausbildung zu vervollständigen. Es war das perfekte Timing. Mia war immer noch „im Urlaub" und Kheelen war noch so jung, dass ich auch ihm ohne weiteres eine Ruhepause gönnen konnte.
Als ich in Amerika war hatte ich häufig Kontakt mit Mias Betreuern und irgendwann schickten sie mir eine wundervolle Aufnahme von Mia, die in ihrem Privatteich stand und mit dem Wasser spielte.

Wir hatten uns was Mia betraf entschlossen, unserem Gefühl zu vertrauen. Sie hatten damit angefangen, kleine zehnminütige Spaziergänge mit Mia auf dem Gelände zu machen, um ihr Leben etwas abwechslungsreicher zu gestalten. In den letzten beiden Wochen stellten sie sie sogar täglich ein paar Stunden auf eine kleine Weide, auf der sie sich völlig frei bewegen konnte. Zum ersten Mal nach sehr langer Zeit konnte sie endlich wieder Gras fressen und einfach nur Pferd sein. Ich hatte schon akzeptiert, dass sie wahrscheinlich niemals mehr geritten werden konnte und deswegen war es auch nicht schlimm. Ich wusste, dass sie glücklich war, wieder so leben zu können und dass sie die beste Betreuung hatte, die ich mir nur wünschen konnte. Dieses Wissen trug übrigens auch sehr zu meiner Erholung bei und als ich nach meiner Reise wieder nach Hause kam, schwanden die Kilos wieder wie von selber! Nach zahlreichen Danksagungen und mit einer unermesslichen Erkenntlichkeit konnte ich Mia endlich wieder mit nach Hause nehmen oder wie ihr Schutzengel zum Abschied sagte:

Es war Zeit.

KAPITEL 8

Schwarzes Rauschen
Der zweite Bruch, Verwunderung

Mia ließ wie immer lautstark von sich hören, wenn man mit ihr unterwegs und fast zuhause angekommen ist. Und wie immer fühlte ich, wie sich der Hänger die ganze, grün überdachte Straße entlang bis zum Grundstückseingang durch ihre Aufregung bewegte. Es war ein Moment, der mir bewies, dass ich genau das Richtige machte. Sie lebte und wollte es jeden hören lassen. Sie verbrachte die erste Nacht im Paddock mit Kheelen und am nächsten Tag fuhren wir wieder mit ihr zur Klinik, um sie untersuchen zu lassen und nochmals Röntgenfotos machen zu lassen. Gemeinsam mit einer Freundin fuhr ich das kleine Stück zur Klinik, aber ich merkte es gar nicht, denn wir waren intensiv in ein wichtiges Gespräch über meine folgenden Pläne vertieft.

Da wir etwas zu früh ankamen, mussten wir eine Weile warten. Ich lud Mia aus und lief mit ihr über das Gelände, damit sie sich dort umsehen, ein wenig herumschnuppern und ein bisschen Gras fressen konnte. Dies hatten wir zuvor noch nie machen können. Als ich neben ihr herging, fiel mir ein- oder zweimal ein kleines Stocken ihres rechten Vorderbeines auf, aber ich redete mir ein, dass es nichts Schlimmes war, ich mir keine Sorgen zu machen brauchte und es wahrscheinlich nur ihre Hufe waren, die nach dieser langen Ruhezeit vielleicht etwas empfindlich waren.

Der Tierarzt begrüßte mich mit demselben Lächeln und demselben Zuvorkommen wie im vergangenen Jahr, aber dieses Mal bat er mich, bevor ich sie in den Ständer stellen sollte, erst ein Stück mit ihr zu laufen. Wir begaben uns in einen Round Pen mit Betonboden, wo er sie auf einem linken und rechten Zirkel im Schritt und Trab gut beobachten konnte. Zu meinem großen

Entsetzen war sie lahm, aber andererseits hatten wir auch etwas zu feiern, denn ihr gebrochenes Hinterbein bewegte sich so, wie es sich gehörte und war offensichtlich vollständig genesen. Es war ihr linkes Vorderbein, das uns jetzt stutzig machte. Er bat mich anschließend darum, sie geradeaus laufen zu lassen. Dabei war diese kleine Abweichung zwar weniger deutlich sichtbar, aber immer noch erkennbar. Höflich fragte er mich daraufhin mit einem gewissen skeptischen Humor in seiner Stimme, ob er jetzt versuchen könnte, sie zu untersuchen.

Ohne zu zögern und mit einem ermutigenden Lächeln machte ich eine Gebärde der Zustimmung. Sie ließ sich nicht nur von ihm anfassen, er durfte sogar auch ihr schmerzendes Bein anheben, um es zu untersuchen, ohne dass sie auch nur den geringsten Widerstand leistete. Es dauerte eine Weile bis ich mir plötzlich bewusst wurde, was hier eigentlich geschah und trotz der unwillkommen Situation, in der wir uns gerade befanden, war es in Anbetracht ihrer Vorgeschichte ein unvergesslicher und sehr freudiger Moment. Nachdem er ihr Bein auf alle möglichen Weisen gedrückt, befühlt und bewegt hatte, um herauszufinden, woher die Schmerzen kamen, schlug er vor, eine sogenannte Leitungsanästhesie durchzuführen. Bei einer Leitungsanästhesie arbeitet sich der Tierarzt mit lokalen Betäubungen von unten nach oben am Pferdebein hinauf. Durch die Betäubung kann pro betäubtem Gebiet festgestellt oder ausgeschlossen werden, ob und dass sich dort die Ursache für die Lahmheit befindet. Wird er fündig kann in einem zweiten Schritt, mittels intrasynovialer Anästhesie die Lahmheitsursache exakter lokalisiert werden. Ein sehr häufig und bereits seit Jahren verwendetes Verfahren zur Diagnosestellung in der Pferdemedizin. Mia ließ sogar zu, dass er ihren Fuß betäubte und benahm sich bei ihm genauso gut wie bei mir und ihren Pflegern: sie bot sogar an, ihr Bein hochzuhalten, um ihm die Untersuchung etwas zu erleichtern.

Nach allen Sorgen, Kämpfen, allen Entschuldigungen und Erklärungen, die ich in den vergangenen vierzehn Jahren immer wieder machen musste, um anderen Leuten und insbesondere behandelnden Ärzten unser Problem zu verdeutlichen, war dies in meinen Augen mehr als erstaunlich. Auch er musste lachen und sagte zum Spaß noch, dass ihr langer Erholungserlaub ihr offensichtlich sehr gut getan hatte. Das war ein schöner, aber leider nur sehr kurzer Moment. Weil die Leitungsanästhesie leider nicht zu einer deutlichen Diagnose führte, beschlossen wir, auch von diesem Vorderbein Röntgenfotos machen zu lassen. Die Prozedur kannten wir inzwischen ja schon: in den Untersuchungsraum gehen, sie seitlich in den Untersuchungsständer manövrieren, die Sedierung, es war für sie nichts Neues mehr und ich war erleichtert, als ich merkte, dass obwohl wir beide keine guten Erinnerungen mit diesem Raum verbanden, sie ihn auf jeden Fall nicht mehr infrage stellte.

Er rief mich wieder in den kleinen Nebenraum und zeigte mir erst die Röntgenaufnahmen vom Knie ihres linken Hinterbeines. Die Fraktur war weiter geheilt und die Knochenstücke waren aneinander gewachsen. Verglichen mit den letzten Fotos, die ich gesehen hatte, konnte sogar mein ungeschultes Auge den Unterschied erkennen. Seine einzige Warnung war nur, dass die Knochennarbe, die sich gebildet hatte, wahrscheinlich noch schwach war, dies aber nicht gemessen oder von außen beurteilt werden konnte. Er konnte also auch nicht vorhersagen, ob der Knochen wieder brechen würde. Diese Mitteilung wurde in meinem Kopf schnell beiseitegeschoben, als er meine Aufmerksamkeit auf die Röntgenfotos des rechten Vorderhufes lenkte. An dem Ton seiner Stimme konnte ich bereits erkennen, dass er selber kaum glaubte, was er mir jetzt mitteilen musste, nämlich, dass sie wirklich noch einen Knochenbruch erlitten hatte.

Als er dies vor einem Jahr zum ersten Mal zu mir sagte, geriet ich in einen tiefen Zustand einer unbewussten Aufnahmeunfähigkeit, die ich damals "Weißes Rauschen" nannte. Dieses Mal geriet ich in den Zustand einer unbewussten Kompetenz, die ich gerne „Schwarzes Rauschen" nennen möchte. Ich konnte ihm Fragen zur Ursache stellen: *Wie* und

Warum war dies passiert? Weil ich es einfach nicht glauben und fassen konnte, spürte ich eine ungeheure Wut in mir aufsteigen. Nicht auf ihn natürlich und auch nicht auf Mia, aber auf das Universum, das beschlossen hatte, uns vor eine weitere Herausforderung zu stellen.

Als ich Mia dort stehen sah, die ja keine Ahnung hatte, was in aller Welt geschehen war, fühlte ich mich so traurig für sie. Dieses wunderschöne arme Pferd, das bereits so weit gekommen war. Es war, als ob sich ein schwarzer Schleier über mein Herz legte, aber zugleich wollte ich mich auch diesem neuen Kampf stellen. Ich musste es einfach machen, für sie. Und zwar indem ich die Kräfte beanspruchte, die ich auch gebraucht hatte, um mich selber und die neue Person, zu der ich geworden war, zu heilen. Ich wusste, dass ich jetzt nicht aufhören konnte und fing vorsichtig an, über die nächsten Schritte, die erforderlich waren, um auch diese neue Herausforderung zu bewältigen, nachzudenken.

Zu meiner Erleichterung war diese Fraktur eine Verletzung, die der Tierarzt bereits öfter gesehen hatte und leider bei zu vielen Gelegenheiten. Es war eine übliche Verletzung bei Karrierepferden im Springsport und sie entsteht, wenn auf einmal oder über einen zu langen Zeitraum zu viel Gewicht auf einen Huf verlagert wird. Sie hatte eine sogenannte Hufbeinastfraktur. Wenn man die Anatomie des Pferdes mit der des Menschen vergleicht, ist das Hufbein vergleichbar mit dem Knochen, der sich unter unserem Fingernagel befindet, dem sogenannten dritten Fingerglied. Pferde laufen also sozusagen auf ihren Fingerspitzen. Das Hufbein ist in die Hufkapsel eingekapselt und wird vom Rest der Hufstruktur, der Lamina, vom Boden angehoben. Es war eine schwere Verletzung, weil solche Frakturen bei jedem Schritt des Pferdes zu einer Instabilität des Beines führen.

Es ist schon merkwürdig wie das Leben manchmal läuft. Aber ich hätte kein besseres Beispiel für den wahren Inhalt meiner bisherigen Ausbildung und für das, was ich anderen Leuten und ihren Pferden beibringe, erhalten können. Denn: Wer steigen will, muss erst fallen. Wer höher steigt, fällt tiefer und wenn man letztendlich den Gipfel erreicht, wird man reichlich dafür belohnt. Offensichtlich waren wir bisher noch nicht hoch genug gestiegen, aber was ich hiermit sagen möchte ist, dass meine Veränderung mein Pferd beeinflusst hatte.

Nachdem ich von meiner Depression genesen war hatte mich zu einer neuen Person mit einer neuen Einstellung und Grundhaltung und einem völlig erneuerten Selbstvertrauen entwickelt. Ich möchte nicht übertreiben und behaupten, dass ich wiedergeboren war, aber vielleicht wäre wiedererweckt hier das richtige Wort. Und Mia wusste das.

Als der Tierarzt sie untersuchte, hatte ich keinen einzigen Moment überhaupt nur daran gedacht, dass diese Untersuchung ein Problem werden könnte. Als er die Injektionsnadel herausholte, die er in ihren schmerzhaften Fuß stechen musste, reagierte weder sie, noch ich. Mein Pferd hatte mir erneut eine Lebenslektion erteilt. Meine Trainer hatten mir dies bereits tausende Male erzählt und jetzt hatte ich es selber miterlebt und wusste ich auf einmal ganz genau, worüber sie gesprochen hatten und damit meine ich: was sie <u>wirklich</u> gemeint hatten. Sie sagen zum Beispiel auch immer, dass man sich an die Energie seines Pferdes anpassen sollte und nicht an seine Gefühle. Das bedeutet also im Nachhinein betrachtet, dass das Problem mit den Injektionsnadeln zur einen Hälfte daraus entstanden war, wie ich darüber dachte und zur anderen Hälfte, wie Mia darüber dachte. Meine Gedanken zeigten sich in meiner Körpersprache und ganz egal wie „mikro" diese war, Mia konnte sie erkennen. Denn wir sollten nicht vergessen, dass Pferde wahre Meister sind, wenn es um das Lesen unserer Körpersprache geht.

Ich war damals erst ganz am Anfang des Verstehens dieser Dinge und bin das eigentlich heutzutage immer noch. Ich bin aber aufrichtig der Meinung, dass wenn jemand einem etwas anderes erzählt oder behauptet, dass er oder sie alles weiß, dies meistens gelogen ist, weil wir noch so unglaublich viel lernen müssen. In den Jahren bevor wir in die Niederlande zogen bis zu dem Zeitpunkt, zu dem ich sie verkaufen wollte, dachte ich, dass wir keine enge Bindung miteinander hatten. Meine Vorstellung, wie diese Bindung sein musste, war genauso irreal wie die Vorstellung des Pferdes, das in meinen Träumen über die Weide zu mir herübergaloppiert, wenn ich es rufe. Sie stimmte einfach nicht und war sogar ziemlich engstirnig.

Mia hatte mir gezeigt, wie ich meine Seele öffnen kann und gemeinsam mit ihr die endlosen Möglichkeiten einer Bindung zwischen Mensch und Pferd entdecken kann. Entdecken kann, wie diese sich anfühlt. Mia galoppiert mir auf der Weide nicht entgegen und folgt mir auch nicht überall hin, wie es die Pferde in meinen Träumen taten. Sie tut etwas ganz Anderes: sie teilt ihre tiefsten und innigsten Gefühle mit mir und weiht mich in ihre ganz eigene Weise der Zeitplanung ein. Sie kennt den Begriff Zeit, ohne jemals eine Uhr gehabt zu haben. Sie erwartet, dass ich sie führe, weil meine negativen Gedanken und Gefühle ihre Gedanken und Gefühle beeinflussen. Kheelen dahingegen rennt mir entgegen, wenn ich ihn rufe. Er ist das Idealbild eines Pferdes so wie ich es immer im Kopf hatte. Das Idealbild, das Millionen Leute weltweit heutzutage immer noch haben. Der Unterschied ist, sie sind beide Individuen wie wir, keine zwei Pferde sind dieselben.

In meinen Auseinandersetzungen mit meiner Depression, kämpfte ich am meisten damit, dass ich mich selber nicht mochte. Ich war oft böse und aus Gründen, an die ich mich jetzt gar nicht mehr erinnern kann, war ich davon überzeugt, dass ich ein schlechter Mensch war. Obwohl ich es eigentlich gar nicht so meinte, konnte ich es auch nicht beeinflussen. Ich kämpfte auch damit, dass ich nicht verstand, warum jemand wie ich, die alles hatte, was sie jemals wollte, sich so fühlen konnte und eine Bemerkung meines Mannes brachte mich damals zum

Nachdenken: *Du bist keine schlechte Person, wie kannst du nur denken, dass du eine schlechte Person bist, schau dir doch nur deine Tiere an!*

Weise Worte! Wenn ich wirklich eine gemeine oder schlechte Person wäre, würde man das ganz zweifellos zuerst an den Tieren, die mein Leben bevölkern, merken. Meine Auseinandersetzungen mit Mia in der Vergangenheit widerspiegelten dies, das ist zweifellos wahr. Obwohl ich damit nicht meine, dass ich sie misshandelte oder jemals gemein zu ihr war, es war eine Folge des schlechten Zustandes meines damaligen Selbstvertrauens. Sie war und ist immer noch ein sehr liebes und freundliches Pferd, das ich immer fair behandelt habe.

An schwierigen Tagen, wenn ich zum Beispiel mit Leuten umgehen muss, die nicht damit einverstanden sind, nicht verstehen oder nicht wissen wollen, warum ich Sachen auf meine Weise mache und die mein Leben damit noch herausfordernder machen, weiß ich, dass ich auf eine Sache vertrauen kann: nämlich meine Tiere. Meine Tiere erleichtern mir das Leben und sind eine Brücke, über die ich gehen oder rennen kann und auf der ich mich nicht umschauen muss, wenn ich nicht möchte. Sie geben mir eine unglaubliche Kraft und ein wichtiges Selbstwertgefühl.

Mein Goldjunge Kheelen ist meine Lichtquelle. Seine Energie und seine Seele strahlen jeden Tag aufs Neue. Er ist frech, witzig und eine reine Freude. Er ist ein Lebewesen, das meine besten Eigenschaften in einem Tier vereint.

Und nicht zu vergessen meine kleine Hündin. Fast jeden Tag macht jemand eine Bemerkung, wie glücklich sie aussieht. Leute sind häufig überrascht, wie fröhlich sie immer ist. Sogar an meinen schlechtesten Tagen sorgte sie völlig selbstlos für mich und zauberte sie immer wieder ein fröhliches Lächeln auf mein Gesicht.

Und dann natürlich Mia, meine starke Löwin. Sie ist mein Spiegel. Sie widerspiegelt meine Gefühle gegenüber Personen und Orten, sie vereint das Beste und das Schlechteste an mir und alles was richtig und falsch an mir ist und eins weiß ich ganz sicher:

Sie ist einfach perfekt.

KAPITEL 9 Teil I

Du *wirst* wieder Glück haben
Hochgesteckte Erwartungen

Der Weg zur Besserung war zu meiner großen Erleichterung dieses Mal weniger kompliziert als beim ersten Mal und der Tierarzt sagte mir zum Abschied: Du wirst **wieder** Glück haben.

Das war Musik in meinen Ohren, da jetzt erneut drei bis vier Monate Boxruhe vor uns lagen und ich diese mit dem Stallbesitzer noch besprechen musste. Der Plan war geradlinig und deutlich. Die Empfehlung des Tierarztes war, dass ich schnellstmöglich einen Hufschmied suchen musste, der zwei spezielle Hufeisen für sie anfertigen und sie auch beschlagen konnte. Eines der Hufeisen musste eine spezielle Form haben, um den gebrochenen Huf vollständig zu fixieren. Für den anderen Huf reichte ein normales traditionelles Hufeisen aus, aber beide Hufe mussten aus Gleichgewichtsgründen beschlagen werden. Außerdem würde der gesunde Huf wahrscheinlich schwerer belastet werden, um den gebrochenen Huf zu kompensieren.

Die meist übliche Form eines Hufeisens ist ringförmig, wobei ungefähr ein Fünftel fehlt. Der Ring hat also auf einer Seite eine Öffnung. Diese Öffnung befindet sich beim Beschlagen am hinteren Teil des Hufes beim Hufballen. Bei der Anfertigung des Hufeisens wird darüber hinaus oft eine Zehenkappe angeschweißt, um das Eisen im Zehenbereich exakt gegenüber dem Hufballen an der Hufwand zu befestigen. Die meisten Hufeisen haben eine solche Zehenkappe, aber nicht alle. Das Hufeisen, das der Hufschmied nach Anweisung des Tierarztes für den gebrochenen Huf schmieden sollte, musste jedoch mindestens fünf Kappen haben, um den gesamten Umfang der Hufwand zu schützen und somit als eine Art Klammer oder Gips zu funktionieren. Glücklicherweise sagte er es mit solch einer Überzeugung, dass mir klar wurde, dass dies für ihn nichts Neues war und auch für einen erfahrenen Hufschmied keine große Herausforderung darstellen würde. Er war zum Glück auch sehr optimistisch, dass der Huf mit dem richtigen Hufeisen und viel Zeit ohne weiteres heilen würde. Er warnte mich jedoch auch, dass das Eisen wirklich perfekt passen musste. Sobald ich einen Hufschmied gefunden hatte sollte dieser ihn anrufen, damit er ihm die genauen Anforderungen und die Situation deutlich erklären konnte. Puh!

Um mich zu trösten, erklärte sich der Stallbesitzer glücklicherweise damit einverstanden, dass Mia dieses Mal in einem Sandpaddock auf der anderen Seite des Stalles bleiben konnte, neben dem sich auch ein paar andere Pferde befanden. Dies war eine sehr nette Geste von ihm und obwohl dieser Paddock etwas größer war, als der Tierarzt vorgeschrieben hatte, konnte ich dieses Angebot natürlich nicht ablehnen. Sie konnte sich dort bewegen, aber auf jeden Fall nicht herumrennen. Durch die Gesellschaft der anderen Pferde gewöhnte sie sich schnell an ihr neues Zuhause und machte sofort einen sehr entspannten Eindruck.

Ich fragte umgehend überall herum, um dringend einen zuverlässigen Hufschmied zu finden. Eines der Mädchen fand einen und bot sogar an, ihn anzurufen, ihm die Situation zu erklären und ihn an meinen Tierarzt zu verweisen. Zum Glück konnte dies alles sehr schnell arrangiert werden. Der Hufschmied kam am nächsten Tag, schmiedete die Eisen und brachte sie genauso an wie der Tierarzt es vorgeschrieben hatte. Der Hufschmied teilte mir mit, dass Mia diese Hufeisen ungefähr sechs Wochen tragen sollte. Danach müssten sie gewechselt werden. Der nächste Termin mit ihm wurde bei der Klinik vereinbart. Dort mussten die Hufeisen entfernt werden. Es

sollten dann wieder Röntgenfotos gemacht und Mia anschließend sofort erneut beschlagen werden.
So gesagt, so getan. Der Tierarzt war zufrieden und informierte uns, dass der Bruch gut heilte und wir in den kommenden zwei Monaten genauso weitermachen sollten wie bisher. Es war erstaunlich, dass ein solcher relativ großer Bruch, der fast eine ganze Seite ihres Hufs in Beschlag genommen hatte, inzwischen fast verschwunden war und das auch noch in so kurzer Zeit. Leider musste der Hufschmied aus Zeit- und Planungsgründen den Termin in der Klinik im letzten Moment absagen. Ich vereinbarte deswegen mit ihm, dass ich ihn später im Stall treffen würde. Der Tierarzt nahm die Hufeisen also selber ab und bewunderte die Schmiedekunst des Hufschmiedes. Das spezielle Hufeisen war nämlich wirklich etwas ganz Besonderes. Der Tierarzt war der Ansicht, dass ab jetzt drei Kappen statt fünf Kappen am Hufeisen ausreichen würden, damit wir ihrem Huf etwas Bewegungsfreiheit verschaffen konnten und er sich selber heilen konnte. Das war fast ein Grund zum Feiern und ich konnte gar nicht abwarten, bis ich diese Neuigkeiten meinem Mann, meiner Familie und meinen Freunden mitteilen konnte.

Ich hatte mich, nachdem wir in die Niederlande umgezogen waren, sehr darum bemüht, Mia von ihren Hufeisen zu befreien und sie daran zu gewöhnen, ohne Hufeisen zu leben. Es war damals möglich, weil die Pferde abwechselnd auf weichen und harten Böden standen, aber auch weil sie ausgeglichen ernährt wurden, sich viel bewegen konnten und ihre Hufe regelmäßig von einem erfahrenen Hufbearbeiter gepflegt wurden. Der Hufschmied gefiel mir übrigens richtig gut. Obwohl seine Arbeit und sein Wissen sich hauptsächlich um das Beschlagen von Pferden drehten, stand er dem Barhufprinzip aufgeschlossen gegenüber und dafür war ich ihm sehr dankbar. Heutzutage sind überall viele Informationen zum Thema Huf erhältlich. Alle Vor- und Nachteile von Hufeisen werden ausführlich besprochen und beschrieben. Es ist deshalb schwer, seine eigenen Entscheidungen nicht immer wieder zu überdenken oder infrage zu stellen.

Mein Tipp für alle, die etwas daran verändern wollen, wäre wie folgt: Stelle zunächst sehr viele Nachforschungen an und höre und sehe dich in deiner eigenen Umgebung gut um. Ziehe nicht nur Webseiten von Leuten am anderen Ende der Welt zurate. Aber vor allem bemühe dich, alles über das Wie und nicht nur das Warum herauszufinden. Es ist nicht empfehlenswert, dass ein Fachmann im fernen Ausland einem erklärt was man idealerweise machen sollte, weil dieser die Umgebung des entsprechenden Pferdes überhaupt gar nicht kennt, die sehr von der Umgebung seines eigenen Pferdes abweichen kann. Mit Umgebung meine ich hier also unter anderem: Futter, Training, Klima, Hufpflege usw.

Was ich allen Leuten immer wieder empfehle ist, möglichst viele Informationen zu sammeln und dann zu versuchen, diese auf die eigene Situation zu übertragen. Oder ein Vorbild zu suchen, das bereits tut, was man selber beabsichtigt, und diesem guten Beispiel zu folgen. Es ist aber auch wichtig, nicht zu viele Ratschläge von zu vielen Personen einzuholen, sondern sich seine Vorbilder und Beispiele sorgfältig auszusuchen. Ich würde persönlich selber niemals den Ratschlag von jemandem annehmen, der Probleme mit den Hufen seines Pferdes hat. Ich würde nur Beispiele von Leuten erwägen, die dieselben Probleme hatten wie ich und diese erfolgreich lösen konnten oder von Leuten, die noch nie Probleme mit den Hufen ihrer Pferde hatten. Und das war genau, was ich in dieser Situation nun auch machte. Ich war nicht unbedingt begeistert, dass Mia jetzt Hufeisen tragen musste, aber ich akzeptierte es, weil jemand, den ich respektierte und der mir bereits bewiesen hatte, dass er im Interesse meines Pferdes handelte, dies für sinnvoll hielt. Er war für mich das gute Vorbild, dem ich folgen wollte.

Wie hatte Mia ihren Huf brechen können?
Eine Frage, die mir natürlich häufig gestellt wird. Wir gelangten zu der folgenden Schlussfolgerung, übrigens wiederum einer, mit

der ich mich arrangieren konnte, um nicht länger ständig über das *was, wenn...* und *wenn nur*...nachdenken zu müssen. Es war möglich, dass so ein großes Pferd, das sich mit einem gebrochenen Hinterbein zurechtfinden musste, sein Gewicht und seine Bewegungen mit dem rechten Vorderbein überkompensiert hatte. Der Bruch konnte klein angefangen haben und im Laufe der Zeit schlimmer geworden sein. So überrascht, wie wir vom zweiten Vorfall waren, war es zugleich auch irgendwie logisch. Aber weil die meisten Leute ihren Pferden nicht so eine Chance geben konnten, wie ich sie Mia geben konnte, oder einfach nicht immer das Glück haben, ihr Pferd langfristig in einer so perfekten Umgebung heilen lassen zu können, steht uns wenig Vergleichsmaterial zur Verfügung. Ich bin mir aber sicher, dass Mia von Anfang an wusste, dass etwas mit ihr nicht in Ordnung war. Sowohl ich als mehrere Zeugen beobachteten, wie sie lernte, mit dem gebrochenen Hinterbein umzugehen und wie sie sich selber die Zeit gönnte, ohne Medikamente oder weitere ärztliche Hilfe heilen zu können. Bei der Heilung sowohl des ersten wie auch des zweiten Bruches erhielt sie qualitativ hochwertiges Heu und ein Vitaminpräparat mit einem etwas höher als üblichen Magnesium-, Zink- und Schwefelgehalt, das sich positiv auf das Knochen- und Gewebewachstum auswirken sollte.

Was aber auch nicht vergessen werden darf ist, dass diesem Pferd wirklich Zeit gegeben wurde, Zeit um sich auszuruhen, Zeit für das Ausheilen und Zeit für die Genesung und dies in einer pferdegerechten und günstigen Umgebung. Ich bin mir der Tatsache bewusst, dass dies ein Luxus war, den nicht jeder hat. Aber mit den modernen Kommunikationsmitteln wie sozialen Medien und der Möglichkeit, sich auch außerhalb der eigenen Umgebung orientieren zu können, müsste es eigentlich möglich sein, auch einen solchen Ort wie ich ihn gefunden hatte zu finden, um einem kranken Pferd einen idealen Rehabilitationsort bieten zu können. Ich will damit übrigens nicht behaupten, dass alle Verletzungen und Knochenbrüche auf diese Weise genesen werden können, aber es sollte uns zum Nachdenken inspirieren, dass viel mehr möglich ist als wir denken. Und auch falls es nicht gelingen sollte, hätte man es dann zumindest versucht.

Wir können alle von solchen Resultaten lernen und so zu einer Weiterentwicklung der modernen Medizin und ihrer Behandlungsprogramme beitragen, nicht nur für Pferde, sondern auch für alle anderen größeren Nutztiere. Das ist für mich zugleich auch der Hauptgrund, warum ich diese Geschichte gerne mit anderen teilen möchte.

KAPITEL 9   Teil II

Sie nennen es ein Wunder
weil es das war

Wunder: ein außergewöhnliches und bemerkenswertes Ereignis, dessen Zustandekommen man sich nicht erklären kann, und das Verwunderung oder Erstaunen auslöst oder ein Ereignis, das wissenschaftlich nicht erklärbar ist oder eine Person, ein Lebewesen oder eine Sache, die ein ausgezeichnetes Beispiel für etwas sind.

2014 war die Geschichte von Mias Knochenbrüchen und ihrer Genesung in aller Munde. Sie war inzwischen hunderten oder vielleicht sogar tausenden Leuten zu Ohren gekommen und war ständig das Hauptthema aller Gespräche, die ich führte. Obwohl dies sich später, je länger diese Ereignisse hinter mir lagen, etwas abgeschwächt hatte, merke ich, dass ich auch heute immer noch sehr gerne und sehr stolz darüber spreche.

Weil die Verletzung mit dem Hufeisen mit den drei Kappen so gut und schnell heilte, hatte der Tierarzt mir vorgeschrieben, dass sie diese Hufeisen jetzt möglichst lange tragen sollte. Falls es den gesamten Rest des Winters möglich sein sollte, wäre das geradezu ideal. Ich müsste sie aber alle sechs bis acht Wochen wechseln lassen.

Wir machten es genauso wie er empfohlen hatte und nach vier Monaten durfte ich endlich mit ihrem Rehabilitationsprogramm anfangen. Im zweiten Monat ihres Ruheurlaubs hatte ich sie bereits in einen anderen, aber genauso kleinen, Paddock gestellt, damit sie einem anderen Pferd, das sich ebenfalls nach einer

Verletzung in aller Ruhe erholen musste, Gesellschaft leisten konnte. Bis heute sind diese beiden immer noch beste Freunde.

Mia zeigte keine Anzeichen jeglicher Lahmheit mehr und es war schön für sie, dass sie jetzt wieder Kontakt mit einem anderen Pferd hatte. Es ging also geradezu perfekt. Der Winter brach schnell herein und nach einem sehr nassen Sommer wurde die Luft jeden Tag kälter. Die anderen Pferde kamen zurück von der Weide und würden die kommenden sechs Monate wieder in den Paddocks leben, eine Woche früher als alle anderen Jahre. Deswegen musste ich einige spontane Entscheidungen treffen. Ich musste entweder wieder einen anderen Stall für sie suchen oder sie wieder in ihre alte Paddockgruppe eingliedern, was später ohnehin erfolgen müsste. Ich dachte sorgfältig und gründlich über alle Vor- und Nachteile nach und wie bei jeder Entscheidung, die ich ab dann traf, barg auch diese ein erhebliches Risiko in sich.

Ich beschloss jedoch letztendlich, sie wieder in ihre eigene Gruppe zu integrieren. Natürlich machte ich mir Sorgen und hatte ich ein paar schlaflose Nächte und obwohl die Größe des Paddocks in Ordnung war, galten meine Sorgen mehr dem Boden. Der Belag bestand zur Hälfte aus Sand und zur anderen Hälfte aus Beton. Pferde, die mit Hufeisen auf Beton- oder Asphaltböden laufen, können sehr schnell ausrutschen und weggleiten. Mia, meine große und starke Alphastute, die ja jetzt vorne beschlagen war, fand sich aber zum Glück gut mit diesem Boden zurecht.

Mitten im Winter, kurz vor Neujahr, fing ich an, wieder mit ihr zu arbeiten. Ein strenges Programm bestehend aus geplanten Übungen, therapeutischen Massagen und osteopathischen Behandlungen. Ich fing im Rahmen dieses neuen Programms erst mit einem zehnminütigen Spaziergang pro Tag auf hartem Boden an, eine Woche lang. Anschließend erweiterte ich dies auf zwei Spaziergänge pro Tag. Später wurden dies zehnminütige Spaziergänge auf hartem Boden und fünf Minuten auf weichem

Boden und danach fügte ich auch fünf Minuten Trab hinzu, erst einmal täglich, dann zweimal und so weiter.

Das erste Mal als ich wieder auf ihr sitzen konnte und sie reiten konnte war unglaublich. Das Gefühl war einfach unbeschreiblich. Eine meiner Schülerinnen hatte es gefilmt und es war ein Tag, den ich wirklich nie vergessen werde. Reiten half uns sehr weiter, weil sie erneut lernen musste, wie sie Gewicht auf den geheilten Gliedmaßen tragen musste. Ich konnte ihr dabei helfen, ihren Körper besser zu benutzen. Dies konnte ich auf ihrem Rücken besser als vom Boden aus. Das Reiten ersetzte einige Teile der Bodenarbeit und wurde ebenfalls aufgebaut von zehn Minuten Schritt, auf zehn Minuten Schritt und fünf Minuten Trab und so weiter, bis wir zu dem Punkt gelangten, an dem das Training fast wieder genauso intensiv wie früher war.

Als ich fand, dass sie so weit war, nahm ich sie auch auf ein paar Ausritte in die Dünen mit und führte die Arbeit mit Cavalettis ein, was bedeutete, dass ich Stangen auf den Boden legte und zwar jeweils genau so weit voneinander entfernt, dass ein Pferd im Schritt über diese Stangen gehen konnte, was es dem Pferd erleichtert, die Beine korrekt anzuheben und somit die gymnastische Fähigkeit, Biegsamkeit und Gelenkigkeit des Pferdes fördert.

Obwohl ich keine schlechte Reiterin bin, bin ich auch keine der Besten, aber ich arbeite intensiv daran. Weil Mia so außer Form geraten war, waren ihre Muskeln an mehreren Stellen geschwunden und hatte sie demzufolge auch eine schlechte Körperhaltung. Es war in meinem und ihren Interesse, dass ich die Kunst des Dressurreitens wieder in den Griff bekam, damit ich dies anwenden konnte, um sie wieder richtig auf die Beine zu bekommen. Sie war schon immer - und ist dies auch heutzutage noch ab und zu - ein Pferd, das schwer auf der Vorderhand ist. Damit meine ich, dass sie ihr Gewicht vorzugsweise mehr auf ihre Vorderbeine als auf ihre Hinterbeine verlagert. Sie schiebt sich also sozusagen mehr voran, als dass sie sich selber trägt.

Beim Reiten konnte ich ihr dabei helfen und ihr nicht nur beibringen, wie sie ihren Körper wieder benutzen musste, sondern auch wie sie ihre Schultern anheben und Gewicht auf die Hinterhand verlegen konnte und das ging jetzt sogar besser als je zuvor.

Natürlich hatte ich regelmäßig Gespräche mit dem Tierarzt bezüglich dessen, was wir üben und trainieren konnten beziehungsweise durften und das wird wahrscheinlich auch den Rest ihres Lebens notwendig sein. Die Vereinbarungen, die wir trafen, waren mehr als fair. Springen war absolut verboten und sogar der kleinste gelegentliche Sprung war einfach indiskutabel und viel zu riskant. Das war schade, denn sie sprang immer gerne über Hindernisse oder Tonnen und je höher, desto lieber. Auch Ausritte von mehr als drei Stunden wurden uns dringend abgeraten, genauso wie ein zu langer Renngalopp mit einem Reiter auf ihrem Rücken. Zu lange bedeutete hier, dass sie zwar durchaus schon einmal einen kurzen Renngalopp einlegen durfte, ich sie jedoch möglichst schnell wieder in einen normalen Arbeitsgalopp oder versammelten Galopp zurücknehmen musste. Diese Vereinbarungen waren für mich in Ordnung, das Wichtigste war ja, dass sie bei uns immer noch ein relativ normales Leben führen konnte. Ich hatte auch beschlossen, dass das Pferd mir selber zeigen sollte, was sie konnte und was sie nicht konnte und während ich mit ihr arbeitete versuchte ich, dies nebenher auch selber herauszufinden.

Ich war so unglaublich froh und stolz, dass ich überhaupt mit ihr arbeiten konnte, meine eigenen Entscheidungen treffen und neue Pläne schmieden konnte. Ich hätte vorher nie gedacht, dass dies alles jemals noch möglich sein werde und sie, wenn überhaupt, als übrigens sehr willkommenes Haustier zu uns zurückkehren würde. Dass ich sie jedoch jetzt auch als meinen Trainingspartner und mein Reitpferd wieder bei mir haben durfte, war einfach unglaublich schön.

Sie nannten es ein Wunder, weil es das war.

Es war ein Wunder, dass trotz der Tatsache, dass bei jedem Schritt, den sie machte, eine aufwärtsgerichtete Kraft auf den Knochen ausgeübt wurde, dieser trotzdem wieder angewachsen war.

Es ist ein Wunder, dass sie vollständig genesen ist und ein noch größeres Wunder, dass sie auch selber wieder gesund werden wollte.

Persönlich glaube ich, dass solche Wunder geschehen, weil wir sie ermöglichen und nicht, weil wir auf sie warten.

Mia machte es selbst möglich.

KAPITEL 9　　Teil III

Der gefürchtete Anruf
Das Universum ruft wieder

Nicht lange bevor es richtig Frühling wurde und kurz vor dem Termin mit dem Hufschmied, da sie neue Hufeisen benötigte, erwog ich, den Termin mit dem Hufschmied abzusagen, also auf sein lebensrettendes Fachkönnen zu verzichten und die Hufpflege wieder meinem bisherigen Barhuf-Hufpfleger zu überlassen. Ich hatte das Gefühl, dass die Zeit reif dafür war und bei dem nächsten Termin in der Klinik besprach ich dies auch mit dem Chef-Tierarzt, aber er empfahl mir, doch erst die Anzahl der Kappen des speziellen Hufeisens auf eine einzige Kappe herabzusetzen. Mia trug ab jetzt also an beiden Hufen zwei ganz normale Hufeisen.

Die Paddocks befinden sich in der Mitte des Stallgeländes und um zu dem Bereich zu gelangen, wo sich meine Ausrüstung befand, musste man immer am Paddock vorbeigehen. Man konnte die Pferde also sehr gut beobachten und das machte ich an einem normalen durchschnittlichen Tag, abhängig von meinem weiteren Tagesprogramm, ungefähr zehn bis zwanzig Mal täglich. Aufgrund meines Interesses und meiner Liebe für Pferde und meines Berufes mit Pferden stehe ich oft im Paddock bei ihnen, um sie zu beobachten, oder außerhalb des Paddocks, während ich zu Mittag esse und ihr Verhalten beobachte und versuche, etwas von ihnen zu lernen. Manchmal gehe ich einfach nur zu ihnen, weil ich Lust dazu habe. Ich stelle mich dann zu ihnen und schaue einfach nur zu wie sie fressen oder miteinander umgehen.
In diesem Winter hatte ich ein paar Auffälligkeiten bei Mia beobachtet, die ich bisher noch nie gesehen hatte, und als die

Monate verstrichen, wurde mir deutlich, dass dies sich auch nicht mehr ändern würde. Früher war es so, dass wenn sie in die Weide oder in den Paddock kam, es völlig gleichgültig war wie viele Pferde ihr im Weg standen, da diese sobald sie Mias Energie spürten sofort zur Seite gingen. Ich habe häufig Witze darüber gemacht, wie zum Beispiel: *Die Herde teilt sich, wie das Rote Meer sich für Moses teilte, wenn Mia sich nähert.* Diese unglaubliche Präsenz ist ein Teil ihres Seins und ich glaube auch, dass es diese Präsenz und Persönlichkeit war, die dazu beigetragen hatte, dass sie heute immer noch bei uns ist. Ich würde nicht behaupten wollen, dass sie sich jetzt ganz weit unten in der Rangordnung befand, aber sie stand ganz sicher auch nicht mehr wie bisher als gekrönte Königin an der Spitze.

In ihren vergangenen fünfzehn Lebensjahren hatte ich bisher noch niemals gesehen, dass sie so vor anderen Pferden flüchtete wie jetzt. Ich hatte zwei Erklärungen hierfür. Die erste war, dass sie sich vielleicht wegen der Knochenbrüche schwächer fühlte und auch als die Schwächere behandelt wurde und die zweite war, dass sie wegen der Hufeisen nicht mehr so sicher auf ihren Beinen stand. Ich konnte nur hoffen, dass es die zweite Erklärung war. Wenn sie als Wildpferd ihr Bein gebrochen hätte, wäre sie ein Glied der Nahrungskette geworden und höchstwahrscheinlich schnell gestorben. Durch die Kräfte von Mutter Natur und ihren Instinkt wusste sie das und ich bin mir sicher, dass die anderen Pferde es auch wussten. Ich hoffte aber trotzdem, dass das Abnehmen der Hufeisen dieses Problem lösen würde.

Ich wägte alle Vor-und Nachteile sorgfältig ab und entschied mich letztendlich, den Termin mit dem Hufschmied abzusagen und ein kalkuliertes Risiko einzugehen indem ich sie wieder barfuß – oder barhuf - laufen ließ. Und falls ihr dies doch Schmerzen bereiten sollte oder ich mir Sorgen machen sollte, konnte ich mich ja immer noch wieder anders entschließen und sie wieder beschlagen lassen. Der Tierarzt hatte mir keinen genauen Zeitplan vorgeschrieben, er hatte mir nur empfohlen, dass sie die Hufeisen möglichst lange tragen sollte. Für mich war es jetzt schon lange genug gewesen und ich konnte es gar nicht abwarten, bis die Hufeisen endlich wieder abgenommen werden konnten.

Endlich kam mein Barhuf-Hufpfleger und entfernte die Hufeisen. Mia war außerordentlich ruhig und gelassen als ob sie schon wusste, dass sie keine neuen Hufeisen mehr bekommen würde. Als ich sie zu ihrem Paddock brachte machte sie etwas, was sie sehr lange nicht mehr getan hatte: Sie trabte aufgeregt neben mir her, froh, dass sie sich endlich wieder bewegen durfte. Ich sagte mir damals: *Dann muss dies doch einfach die richtige Entscheidung gewesen sein, oder nicht?*

Als wir im Paddock angekommen waren, führten wir das gleiche Ritual aus wie immer, sie senkte ihren Kopf, damit ich ihr Halfter abnehmen konnte und hielt sich damit geduldig an ein gemeinsames Versprechen. Als ich sie losließ drehte sie sich auf der Hinterhand um und galoppierte fröhlich weg, sie war endlich wieder richtig frei. Das war ein weiterer unvergesslicher Moment. Die Hufeisen waren also wirklich nur ein notwendiges Übel gewesen. Sie hatten sie eingeengt und begrenzt. Ich war froh, dass ich auf mein Bauchgefühl gehört hatte. Vielleicht hatte sie gedacht, dass sie sich wegen ihres schwächeren hinteren Knies nicht mehr so gut verteidigen konnte wie ohne Hufeisen. Ihre Zurschaustellung bestätigte dies. Ein paar Tage vergingen und sie hatte danach nie wieder schmerzende Hufe. Ich habe auch nie wieder einen Termin mit unserem Schmiedehelden, dem Hufschmied, vereinbart, aber ich war ihm ewig dankbar für seine gute Arbeit und auch ein bisschen traurig, dass ich ihn wahrscheinlich nicht wiedersehen würde.

Im Frühling musste ich eine weitere wichtige Entscheidung treffen. Konnte ich sie im Sommer mit den anderen Pferden zusammen auf die Weide lassen oder sollte ich sie lieber im Paddock stehen lassen, wo es viel sicherer für sie war. Zunächst entschied ich mich für den Paddock. An dem Tag, an dem die

Pferde auf die Weide gelassen wurden, musste ich anderenorts einen Workshop geben. Ihre neue Pflegerin beschäftigte sich intensiv mit ihr als die anderen Pferde zur Weide gebracht wurden und stellte sie erst wieder in den Paddock, als alles wieder ruhig war. Ich war ihr hierfür sehr dankbar, zweifelte aber zugleich auch an meiner Entscheidung. Ich musste immer daran denken wie schön es wäre, sie mit ihren Herdenkameraden wieder im üppigen grünen Gras auf der Weide zu sehen. Die ständige Zerreißprobe in den vergangenen zweieinhalb Jahren hatte mich geschwächt, deshalb gab ich letztendlich nach. Als ich wieder beim Stall ankam, nachdem ich mit meinem Hund in Richtung Dünen spazieren gegangen war, sah ich wie glücklich und zufrieden die Pferde auf den großen und grünen Weiden aussahen und ich dachte: *Zum Teufel, nach allem, was sie durchgemacht hatte, warum sollte ich ihr dies nicht einfach gönnen?*

Ich holte sie aus dem Paddock, brachte sie zur Weide und ließ sie ein bisschen Gras essen bevor ich sie endlich freiließ. Es war typisch Mia! Sie hatte es nicht vergessen. Sie ging drei bis vier Meter im Schritt, bevor sie explodierte und sich in einem vollen Galopp davonmachte. Ich musste einfach lächeln, es war ein hübsches Schauspiel. Sie war so frei wie ein Pferd bei uns frei sein kann und sie sah unbeschreiblich glücklich aus.

Und ich muss es ihr eingestehen, sie behauptete sich schnell und auf ihre übliche stolze Weise wieder innerhalb ihrer Herde, übernahm bald wieder die Leitung und gedieh ein paar Monate lang hervorragend in dieser für sie sehr günstigen und pferdegerechten Umgebung. Vielleicht sogar ein bisschen zu gut, sie wurde nämlich sogar ein wenig dickleibig. Die Möglichkeit, sie auf eine Weide mit weniger Gras zu stellen, gab es nicht mehr und selbst wenn es sie noch gegeben hätte, hätte ich mich nicht getraut, das noch einmal zu versuchen. Deswegen musste ich ihrer Gesundheit zuliebe wiederum eine schwierige Entscheidung treffen: Weide oder Paddock? Im Paddock konnte ich ihre Diät besser beaufsichtigen. Wenn ich sie auf die Weide ließe, würde sie zu schwer für ihre geschwächten Gliedmaße werden. Das bedeutete also, dass sie wieder zurück in den Paddock musste.

Ich hatte sie noch nie so böse gesehen. Eine ganze Woche lang fraß sie kaum, und stand nur am Tor, das sich in Richtung der Weide befand. Sie konnte die Weide von dort aus nicht sehen, wohl aber aus der Ferne die Antworten ihrer Herdenkameraden auf ihre verzweifelten Rufe hören. Und sie wartete, in der Hoffnung dass jemand, irgendjemand, sie wieder zurück zur Weide bringen würde. Es war kein Problem, wenn ich sie aus dem Paddock holte, aber wenn ich sie wieder zurückbringen wollte, machte sie mir immer wieder sanft aber unaufhörlich deutlich, dass sie lieber am Tor zum Paddock entlang zum grünen Gras der Weide wollte. Sie tat mir leid, aber ich musste tun, was für ihre Gesundheit am besten war. Man könnte jedoch sagen, dass sie zeitweise leicht depressiv war.

Gemeinsam mit ihr standen noch ungefähr zwölf bis fünfzehn Pferde in ihrem Paddock und die Hierarchie in der Herde war immer noch nicht ausgefochten. Wahrscheinlich infolge der Tatsache, dass die Pferde wussten, dass das Gras auf der anderen Seite tatsächlich grüner war. Es war beachtenswert, dass zwei Stuten viel Staub aufwirbelten und sich die größte Mühe gaben, den begehrten Thron, die Leitung der Herde, zu erobern. Als ich beobachtete wie unfreundlich diese Damen zueinander waren, fand ich, dass sie zu oft und viel zu lange mit diesem Kampf beschäftigt waren. Ein wildes Pferd, meistens ein Hengst, wird diese Position tagelang zu erobern versuchen, weil sie ihm das Recht gewährleistet, seine Stuten decken zu dürfen, aber bei domestizierten Pferden hatte ich bisher noch niemals so lange einen so gewaltsamen und unerbittlichen Kampf beobachten können.

Sobald Mia sich damit abgefunden hatte, dass sie nicht zu ihrer Herde und auf die Weide zurückkehren würde und die Paddocks ab jetzt also ihr neue sichere Umgebung waren, in der sie auch ihr Futter erhielt, schenkte sie auch den anderen Pferden wieder Beachtung und fügte sich wieder in die Herde ein. Sie hatte sich in der ersten Woche sehr zurückgehalten, war fast unsichtbar gewesen für die anderen, aber als sie sich wieder offenbarte, gewann sie ziemlich schnell den Kampf gegen eine der Stuten. Ein kurzer Streit, ein paar Bisse und ein paar ausgerissene Haarbüschel und die Sache war besiegelt. Die andere Stute ließ sich dahingegen nicht so schnell überzeugen und ein paar Wochen lang beobachtete ich, wie sie sich im Vorbeigehen anfeindeten. Wenn ich mit meinen Schülern auf dem Stallgelände arbeitete, konnte ich immer wieder den Streit zwischen den Pferden hören und meistens waren es Mia und ihre Gegnerin. Sie waren unablässig.

Es war an einem Wochenende als ich endlich einmal den Luxus eines seltenen völlig arbeits- und pferdefreien Tages genoss, als ich den *gefürchteten Anruf* erhielt. Eine nette Frau, der ich ebenfalls Unterricht erteilte, war im Stall und war zufällig Zeugin einer sehr langen und gewalttätigen Auseinandersetzung zwischen den beiden Stuten. Offensichtlich hatte Mia bei ihren Versuchen, die andere Stute zurückzutreten den Halt verloren und waren ihre Hinterbeine unter ihr zusammengebrochen. Die andere Stute beschloss den Kampf mit einem letzten Tritt in Mias Rippen endgültig zu besiegeln und ging anschließend wieder ihrer üblichen Beschäftigung, wahrscheinlich Heu fressen, nach.

Ich bin nicht böse auf das Pferd, mit dem sie gekämpft hatte, es hat auch keinen Sinn, böse zu werden, es ist eben ihre Sprache. Es ist die Weise, auf welche Pferde sich miteinander verständigen, und Mia war an diesem Tag offensichtlich die Schwächere. Die Stallkameradin teilte mir am Telefon mit, dass Mia unglaublich lahm war, sie konnte kaum laufen und dass ich sofort kommen musste. Ich wartete keine Sekunde. Zum Glück fuhr mein Mann mich zum Stall, wo ich den Tierarzt anrief und ihn dringend bat, wegen eines Notfalls zu kommen. Als wir beim Eingang ankamen und über die Zufahrt zum Stall fuhren wurde mir plötzlich richtig übel. Ich dachte, dass dies jetzt Mias Ende bedeuten könnte, dass ich sie jetzt endgültig verlieren würde. Es war ein Schock als ich ankam und sie sah. Ihr Bauch war straff und angespannt wie damals, als ich sie mit ihrem ersten Beinbruch in der Weide antraf und ihr gesamter Hintern und der untere Teil ihres rechten Hinterbeins waren von oben bis unten mit Trittwunden, Striemen und Abdrücken des Betonbodens, auf den sie gefallen war, bedeckt.

Als ich sie untersuchte und dabei versuchte, ganz ruhig zu bleiben, war es deutlich, dass sie sich gar nicht mehr bewegen konnte. Zu meinem großen Entsetzen war es jetzt aber nicht ihr linkes Hinterbein, das ihr Schmerzen bereitete, sondern ihr rechtes Hinterbein. Ich konnte es kaum glauben. Ich befürchtete, dass sie sich jetzt wahrscheinlich auch noch das Knie ihres rechten Hinterbeines gebrochen hatte.

Die Tierärztin kam kurz nach uns am Stall an. Ich war erleichtert und froh, dass sie da war. Sie war eine kleine und zierliche Frau, die uns mit einem warmen Lächeln begrüßte. Sie kannte Mias Vorgeschichte bereits, weil sie bei Mias Klinikbesuchen dabei gewesen war. Sie stellte mir ein paar Fragen und anschließend untersuchte sie Mia. Ich kann Mias Verhalten in dieser Situation, die für keinen von uns schön oder angenehm war, einfach nur bewundern. Mia bewies uns sehr überraschend wieder etwas ganz Neues. Sie akzeptierte nicht nur die freundliche Begrüßung der Tierärztin und ihre Berührung, sie half ihr sogar bei der Untersuchung, indem sie ihr verletztes Bein für sie anhob. Um ihre beiden hinteren Knie vergleichen zu können und eventuelle Abweichungen und Schwellungen entdecken zu können, musste die Tierärztin direkt hinter Mia stehen, wobei sie sich mit ihrem gesamten Körper an ihren Schweif anlehnen musste, während sie mit beiden Armen nach vorne reichte. Ich selber und das Publikum, das sich um uns versammelt hatte, teilten eine unausgesprochene Bewunderung: nicht nur für Mia, sondern auch für die tapfere Tierärztin. Und ich? Ich staunte Bauklötze.

Sie bestätigte zum Glück, dass sie nicht glaubte, dass wieder etwas gebrochen war. Es wäre aber eine sehr leichte Schwellung am rechten Kniegelenk fühlbar und sie müsse zweifellos mehrere üble Prellungen an ihrer rechten Hinterhand und am ganzen rechten Hinterbein haben. Sie sagte, dass sie, um mich zu beruhigen und wenn ich damit einverstanden sein sollte, auch noch Blut abnehmen konnte. Das Blut würde sofort zur Analyse in ein Labor geschickt werden und innerhalb von zwei Tagen konnten die Enzyme im Blut ermittelt werden und festgestellt werden, ob es sich um eine Knochenverletzung handelte und inwieweit ihre Muskeln Schaden erlitten hatten. Ich war sehr beeindruckt. Ich hatte noch niemals von einer solchen Möglichkeit gehört und sagte natürlich sofort „Ja". Wir vereinbarten auch, dass wir ihr mindestens fünf Tage lang ein Schmerzmittel und ein entzündungshemmendes Mittel verabreichen würden, um die Genesung zu fördern.

Wenn die Tierärztin auch nur einen Moment die geringste Vermutung gehabt hätte, dass es sich um einen Knochenbruch handelte, hätte sie uns kein Schmerzmittel gegeben und zwar aus demselben Grund wie bei dem letzten Bruch, weil es einfach am besten ist, wenn das Pferd weiß, dass etwas nicht stimmt und sich deshalb ruhig verhält. Dies alles beruhigte mich sehr und weil ich versuchte, positiv zu bleiben, vermeinte ich ein funkelndes Glitzern in Mias Augen gesehen zu haben, als ob auch sie mich in diesem Augenblick beruhigen wollte: *Nur ein kleiner Rückschlag, wird alles schon wieder!*

Außer Mias Sicht bereitete die Tierärztin die Nadel vor und näherte sich Mia ziemlich unbekümmert, sie griff an ihren Hals um zu fühlen, wo sich die sogenannte Drosselvene befindet, drückte auf die Vene, um sie anschwellen zu lassen, stach die Nadel in die Vene und nahm Blut ab. Mia stand einfach nur da und zuckte noch nicht einmal zusammen als die Nadel, die etwas größer als die normalen Injektionsnadeln war, in ihre Vene eindrang und das Blut abgenommen wurde. Die Tierärztin war genauso beeindruckt. Mia akzeptierte nicht nur die Behandlung, sie schnüffelte an der Tierärztin und schmiegte sich geradezu in ihre Arme, als sie fertig war und auch die wusste, als sie mein überglückliches Gesicht sah, dass dies ein ganz besonderer Moment für mich war.

Der letzte Ratschlag der Tierärztin war, dass ich Mia vierundzwanzig Stunden lang von der Herde absondern und sich ausruhen lassen sollte, bis ihr Bein sich besser anfühlte und sie sich wieder einigermaßen bewegen konnte. Im Paddock unter dem Dach einer nicht so großen Scheune, das die Pferde als Unterstand benutzten, befanden sich zwei leere Boxen, die eigentlich nur noch für kranke und verletzte Pferde benutzt wurden. Mit der Hilfe einer Freundin, die sich ab jetzt auch einen Tag in der Woche um Mia kümmerte, machten wir ein schönes frisches Strohbett für sie und legten einen großzügigen Haufen Heu in die Ecke, damit sie etwas zu knabbern hatte. Als wir sie dorthin brachten, lief sie bereits sichtbar fünfundsiebzig Prozent besser als vor zehn Minuten.

Aber dann, nach allem, was an diesem Tag passiert war, sagte Mia plötzlich und ganz deutlich: *Nein*. Im Rahmen meiner Ausbildung hatte ich gelernt, ihre Rufe und Tritte gegen die Boxentür nicht zu beachten, deshalb ging ich weg und hoffte, dass sie aufhören würde, sobald sie mich nicht mehr sehen konnte. Das war aber leider nicht so. Es wurde nur noch schlimmer, denn sie fing auch noch an, sich aufzubäumen und versuchte mit ihren Vorderbeinen über die untere Hälfte der Boxentür zu springen. Es war deutlich, dass dies keine ideale Situation war, aber mir fiel jetzt auch nichts mehr ein, was ich noch für sie hätte tun können. Meine Freundin fragte, ob es möglich wäre, ein anderes Pferd in die leere Box neben ihr zu stellen, weil sie in ihrer Box sonst ja ziemlich alleine wäre. Obwohl sich auch andere Pferde im Paddock befanden, waren diese meistens draußen im Freien und nicht in dem Unterstand.

Ich brauchte Zeit um nachzudenken und mich zu entscheiden, denn ich wollte keinen übereilten Beschluss fassen. Obwohl sie

Recht hatte und es wahrscheinlich sinnvoll gewesen wäre, es zu probieren, riet mir eine innere Stimme, die genau wusste, wie dieses Pferd gestrickt war und wie groß ihre Willenskraft sein konnte, davon ab. Die Schmerzmittel hatten offensichtlich inzwischen angefangen zu wirken und mit der enormen Menge Adrenalin in ihrem Körper erweckte sie nicht den Eindruck, dass sie ihren Kampf schnell aufgeben würde.

Ich rief die Tierärztin wieder an und fragte sie, ob es eine sehr dumme Idee wäre, wenn ich sie wieder zu ihrer Herde in den Paddock stellen würde, wo sie wahrscheinlich sehr viel ruhiger sein würde und es für sie deshalb etwas sicherer war. Die Vorgeschichte dieses Pferdes kennend, stimmte sie mir zu. Wir ließen sie also wieder zu den anderen Pferden. Ich erwarte überhaupt nicht, dass jeder meine Entscheidungen versteht oder diese nachvollziehen kann. Ich machte einfach auch jetzt einfach wieder nur, was ich für richtig hielt und zum Glück funktionierte es. Sie lief unmittelbar an dem Pferd vorbei, das sie vor kurzem mit einem gezielten Tritt umgetreten hatte und ging sofort zum Heu, genau dorthin also, wo sie vor ein paar Stunden wahrscheinlich auch gestanden hatte. Dieser Vorfall war, gelinde gesagt, richtig aufreibend gewesen und im Laufe der nächsten Tage verschwand zu unserem Entzücken auch die Schwellung in ihrem Bein und konnte ich die Dosierung ihrer Medikamente auf ein Minimum herabsetzen.

Aber jetzt kommt der interessanteste Teil dieser Geschichte. Obwohl es logisch erschien, dass Mia den Kampf mit der anderen Stute verloren haben musste, sie war ja immerhin umgefallen und hatte von ihrer Gegnerin noch einen letzten Tritt als Zugabe bekommen, war das letztendliche Ergebnis jedoch ganz anders. Ich sah nie mehr, dass diese beiden Stuten sich anfeindeten. Sie nahmen einfach überhaupt gar keine Notiz mehr voneinander, beachteten sich überhaupt nicht.

Seitdem ist sie, obwohl sie nicht unbedingt an der Spitze der Rangordnung steht - einige neue und stärkere Prinzessinnen kämpften noch um diese Position - den anderen Pferden auf jeden Fall auch nicht mehr untergeordnet. Man könnte sagen, dass sie sich wie eine Art Königinmutter oder Großtante benahm. Jedes Mal, wenn die Stuten sich unangemessen verhielten oder einige der Wallache auf burschikose Weise richtig frech wurden und die anderen Pferde nervten, nutzte sie ihre imponierende Präsenz, um einzugreifen und sie zur Ordnung zu rufen.

Eine Sache, die bei dieser hübschen Stute im Laufe der Jahre immer gleich blieb und bleibt ist, dass sie nach einem Eingriff oder einem Konflikt immer wieder sofort zu ihrer eigenen Tagesordnung über ging, einfach ihr Heu weiter fraß und ihr Leben so fortsetzte, als ob niemals etwas passiert war. Das war schon so, als sie ein wildes Fohlen war und mit ihren Geschwistern in einer Herde stand und auch als sie in England lernen musste, in einer Herde mit gleichgeschlechtlichen Pferden ein domestiziertes Pferd zu werden bis zu ihrer Zeit in einer gemischtgeschlechtlichen Herde in den Niederlanden.

KAPITEL 10

Synergie
Gemeinsam sind wir stark, gemeinsam sind wir eins

Das Leben war schön. Wir verbrachten endlich wieder viel Zeit miteinander, wie richtige Partner. Ein Geschenk, das für kein Geld zu haben ist. Jedoch nicht vollständig sorglos. Natürlich beunruhigten mich immer noch einige Fragen: *Was passiert bloß, wenn sie sich ihr Bein wieder bricht?*

Ein gutes Mittel, um diese Gedanken zu vertreiben, war einfach mit ihr zu arbeiten, und mit all dem weiter zu machen, was wir davor auch gemacht hatten. Ihren Körper und Geist stärken. Kurz zusammengefasst: Alles, was sich für sie und mich grundsätzlich richtig anfühlte. Mit der Unterstützung der Tierärztin und ihren liebevollen Pflegerinnen vertraute ich darauf, dass uns dies auch gelingen würde, was übrigens zu ein paar unvergesslichen Ereignissen und Momenten führte. Mitten im Sommer begleitete Mia mich als Lehrpferd zu einem dreitägigen Workshop und im Herbst nahm eine ihrer Pflegerinnen sieben Tage lang mit ihr an einem anderen Workshop teil.

Meine Pferdebeteiligungen waren damals zwei Mädchen: eine war eine sehr liebe Freundin und Studentin und die andere war dasselbe Mädchen, das bereits vor einiger Zeit, eine Woche vor ihrem Unfall, meine Pferdebeteiligung werden sollte. Diesen zwei lieben Menschen vertraute ich Mia jetzt mindestens zwei Tage pro Woche gerne an. Es war keine einfache Entscheidung, die ich treffen musste, wenn man berücksichtigt, was wir bisher bereits mit Mia erlebt hatten. Der Grund, warum ich einer Pferde- oder Reitbeteiligung jetzt offener gegenüberstand, war nicht Zeit- oder Geldmangel, sondern es war meine Überzeugung, dass es für dieses Pferd gut war, auch mit anderen Menschen und nicht nur mit mir umzugehen. Es war mir in der

Zeit, in der sie in ihrem Reha-Paddock im Süden der Niederlande war, nämlich ein Licht aufgegangen. Ich erhielt damals ein paar Mal Fotos von ihr, auf denen sie von jungen Kindern umgeben war, die ihren Schweif kämmten und bei ihren Hufen saßen. Und plötzlich war es für mich so logisch.

Ich möchte hier gerne kurz auf Kinder und ihre Pferdefreunde eingehen. Wenn wir uns fragen, warum die meisten Ponys oder Pferde von Kindern im Vergleich zu den Pferden erwachsener Menschen einen häufig so tapferen und furchtlosen Eindruck machen, kommen einige interessante Tatsachen zutage. Ich glaube, dass es dafür mehrere Gründe gibt und der wichtigste Grund sind die Kinder selber. Normalerweise haben Kinder keinen Terminkalender bei sich und wollen nichts von ihren Pferdefreunden, außer bedingungslos von ihnen geliebt zu werden. Vielleicht ziehen sie ab und zu ein wenig an ihren Haaren, springen mit ihnen herum oder über sie herüber und so weiter, aber das ist egal, weil das Pferd den Unterschied fühlt und weiß, dass es ein Spiel ist. Und die Einstellung des Kindes diktiert dieses Spiel. Später in ihrem Leben behalten junge Teenager oder erfahrene Erwachsene dasselbe Pony oder investieren sie in ein anderes Pony oder Pferd. Ganz abhängig von ihrer Einstellung und wie schnell ihr Ego sich zu entwickeln anfängt, wird dies auch irgendwann die Persönlichkeit ihres Pferdes beeinflussen. Bei Heranwachsenden oder jungen Erwachsenen wird sich in vielen Fällen ihr heutiger oder vielleicht neuer Pferdekamerad ganz anders benehmen und nicht selten Widerstand, ein fehlendes Selbstvertrauen oder Reaktionen auf seine Umgebung zeigen.

Dies ist nur ein kleines Beispiel, aber wenn es begriffen wird, kann es dazu führen, dass Menschen darüber nachdenken, warum Pferde sich auf eine bestimmte Weise benehmen. Vielleicht hören sie dann auf, den Pferden die Schuld zu geben und fragen sich selber, ob sie einen tapferen oder einen ängstlichen Soldat aus ihrem Pferd machen möchten.

In meinen Unterrichtsstunden höre ich oft dieselbe Geschichte. Menschen, die früher als sie jünger waren, geritten sind und furchtbar viel Spaß und tolle Erinnerungen daran hatten und das zum Teil, weil ihre Pferde sich einfach relativ gut benahmen. Wenn sie zurückblicken, glauben sie, bereits damals viel Pferde-Erfahrung gesammelt zu haben. Aber irgendwann, aufgrund sich ändernder Lebensbedingungen, mussten sie das Hobby oder ihr Pferd aufgeben, vielleicht weil sie umzogen, heirateten oder Kinder geboren wurden. Erst später in ihrem Leben bot sich dann irgendwann wieder die Gelegenheit, Zeit in ein eigenes Pferd zu investieren. Meistens verlief dies dann jedoch ganz anders als sie sich vorgestellt hatten, denn die Erinnerungen an die Pferde, die sie früher ritten, glichen überhaupt nicht dem, was sie jetzt mit ihrem neuen Pferd erlebten. Die Pferde, mit denen sie früher umgehen durften, waren in vielen Fällen kindersicher und somit auch menschensicher. In ihrer heutigen Situation stellen sie dann aber fest, dass sie sich plötzlich mit dem Gegenteil auseinandersetzen müssen. Das Schwierigste an solchen Situationen ist, dass sie plötzlich nicht mehr wissen, wie sie mit ihren Pferden umgehen müssen und schnell in Probleme geraten, wodurch sie ängstlich werden und diese Angst auch auf ihr Pferd übertragen. Ich bin mir sicher, dass das wirklich so ist. Ich sehe es immer wieder und ich habe es auch selber erlebt. Der beste und erfolgversprechendste Weg aus diesem Dilemma ist es, Informationen und Kenntnis zu teilen und diesen Menschen wieder auf einen guten, sicheren und sachkundigen Weg zu helfen. Als Pferde-Professional ist es meiner Ansicht nach meine Pflicht, mich völlig dafür einzusetzen und meinen Unterricht so zu gestalten, dass ich die Pferdebesitzer, die ich unterrichte, davon überzeugen kann, dass sie selber die Verantwortung übernehmen müssen, selber mehr über ihre Pferde zu lernen, gleichgültig welche Trainings- oder Reitweise sie bevorzugen. Es kann nur zu ihrem Erfolg beitragen, ich habe noch nie miterlebt, dass sich dies negativ auf eine oder einen meiner Schülerinnen und Schüler auswirkte.

Die Welt um uns herum wird jeden Tag kleiner und ich bin davon überzeugt, dass es die Pflicht aller Pferdebesitzer ist, ihre Pferde zu trainieren, auszubilden und ihnen dabei zu helfen, die Gefahren, die das Leben in dieser Welt mit sich bringt, zu verstehen. Damit meine ich den allgemeinen Verkehr, Trecker, Kühe, Hunde und Menschen. Insbesondere Menschen, die sich anders verhalten. Das ist unglaublich wichtig. Es ist ebenfalls von großer Bedeutung zu verstehen, dass es egal ist, welche Probleme Menschen haben - oder glauben sie zu haben - oder wie hilflos sie sich fühlen. Sie müssen wissen, dass es mit einer guten und positiven Einstellung möglich ist diese „Probleme" zu lösen oder wichtige Aspekte zu verändern.

Eine andere wichtige Botschaft, die ich gerne mit meinen Lesern teilen möchte, ist, dass sie, genauso wie ich, nicht mit Angst zu leben brauchen, sie nicht jemand anders zu bitten brauchen, ihr Pferd von der Weide zu holen, weil es ihnen Angst einjagt und sich zugleich dazu verpflichtet fühlen, dasselbe Pferd jeden Tag in derselben Ecke des Reitplatzes reiten zu müssen, weil es sich in der anderen Ecke nicht entspannen kann. Oder noch schlimmer, weil jemand ihnen geraten hat, das Problem auf eine gewisse Weise zu „lösen". Sie kreieren ständig nur schwache und ängstliche Pferde, weil ihre Einstellung und ihre eigene Angst sie davon abhalten, sich zu verändern. Leider sind diese Situationen zugleich auch die größte Unfallursache. Es sind manchmal gerade diese Leute, die der Welt die Schuld für ihre Probleme geben, aber nicht dazu bereit sind, selber etwas daran zu ändern.

Wir können nicht erwarten, dass wir alle Menschen, die mit Pferden umgehen, verändern können. Weder können wir sie alle darüber informieren, dass es auch andere und bessere Methoden gibt, um ihre eigenen Ziele zu erreichen. In einigen Teilen der Welt wird diese Information die Leute wahrscheinlich niemals erreichen, auf jeden Fall nicht solange ich lebe.
Ich möchte nochmals betonen, dass ich den Leuten nicht vorschreiben will, wie sie ihr Pferd ausbilden sollen oder was sie

ihrem Pferd genau beibringen sollen, ich möchte ihnen nur den Rat geben, eine Trainingsweise zu finden, die sowohl für sie als auch für ihr Pferd sinnvoll und erfüllend ist. Wir dürfen nicht vergessen, dass Pferde nur das wissen, was wir ihnen beibringen. Selber wissen sie nur, wie sie überleben müssen.

Im Oktober des Jahres 2015 war Mias Zustand optimal. Sie sah besser aus als in den letzten Jahren, ihr schwarzes Fell glänzte und sie war sehr gut bemuskelt. Mir fiel jedoch etwas auf, was ich leider nicht genau definieren konnte. Sie war oft sehr ruhig, viel ruhiger als sie früher jemals gewesen war und ab und zu konnte man sogar behaupten, dass sie ein wenig faul und lethargisch war. Zunächst dachte ich, dass die Ursache hierfür vielleicht war, dass sich jetzt mehr Menschen um sie kümmerten, und sie nicht nur tapfer, sondern geradezu ultracool geworden war. Ihr Arbeitsprogramm beinhaltete damals, dass wir regelmäßig nicht zu schwierige Übungen machten und das ist heute immer noch so. Wir haben kurz-, mittel- und langfristige Ziele und das bedeutet, dass ich ihr und mir immer noch neue Sachen beibringe, sie auch immer noch daran erinnere, wie sie ihren Körper besser einsetzen kann und zugleich meinen eigenen Körper in guter Form halten kann. So lange sie oder ich leben, werde ich ihr dabei helfen, das Beste aus sich und mir herauszuholen.

Kurz zusammengefasst ist es das, was wir jetzt machen. Wir fahren vorläufig auch nirgendwo mehr hin und wir brauchen niemanden mehr zu beeindrucken. Neben meinen Studien im Rahmen des Parelli Natural Horsemanship™-Programms mit Pat und Linda Parelli und einigen ihrer Spitzentrainern habe ich mich inzwischen auch intensiv mit Pferdeernährung, Pferdemedizin und diversen anderen Themen beschäftigt, um meine Ausbildung zu erweitern und meinen Schülern und Pferden noch besser weiterhelfen zu können. Ich habe auch viel Zeit in Gespräche mit einem Pferdefutterlieferanten und Ernährungsspezialisten investiert, um Mias Energiegleichgewicht unterstützen zu können. Es änderte sich aber nicht viel. Sie war immer noch ruhig: nur lustlos, nicht krank, nicht depressiv, sie hatte keine Schmerzen, gar nichts. Sie war einfach nur lustlos und obwohl sie ihr Heu fraß, hatte sie nur wenig Appetit, wenn es um ihre Vitamine und Supplemente und gelegentlich sogar um eine saftige Karotte ging. Das war für sie - gelinde gesagt – sehr außergewöhnlich.

Im selben Monat hatte ich einen Termin bei der Tierarztpraxis vereinbart, um Röntgenfotos zu machen und die alten Brüche zu kontrollieren und sie, wenn sie doch dort war, auch gleich impfen zu lassen. Ich hatte mit Mia und dem Universum vereinbart, dass wir diese Kontrolle ab jetzt jährlich, oder wenn ich mir Sorgen machte auch öfter und den gesamten Rest ihres Lebens ausführen lassen würden. Nach einer netten Unterhaltung mit dem Chefarzt und nachdem ich ihm meine Bewunderung für seine Kollegin, die Mia dieses Jahr bereits wegen ihres kleinen Unfalls im Paddock behandelt hatte, mitgeteilt hatte, erklärte ich ihm die Situation und fragte, ob er Blut abnehmen konnte, um ihre Blutwerte zu ermitteln und feststellen zu können, was ihr fehlte. Natürlich war er einverstanden und nachdem er mir weitere Fragen über ihre Symptome gestellt hatte, empfahl er mir, auch eine separate Blutuntersuchung durchführen zu lassen, mit der sie auf eine heutzutage häufig vorkommende Krankheit bei vielen Pferden, das sogenannte Equine Cushing Syndrom ECS, ebenfalls bekannt unter der Bezeichnung PPID, Pituitary Pars Intermedia Disfunction, untersucht werden konnte.

Es folgte wieder dieselbe Routine. Ich stellte Mia in den Untersuchungsständer, sie wurde sediert, es wurden Röntgenfotos gemacht und so weiter. Anschließend wurde Blut abgenommen und wurde sie geimpft. Als ich im Warteraum saß, sah ich einen Prospekt mit Informationen über PPID und Cushings Disease, ich sah ihn mir kurz an und beschloss, ihn mit nach Hause zu nehmen.

Die Ergebnisse des Bluttests erhielt ich zwei Tage später und man bestätigte mir leider, dass bei Mia extrem hohe Cushing-

Werte festgestellt worden waren. Obwohl ich sehr enttäuscht war, war ich zugleich auch erleichtert, dass ich jetzt wusste, was ihr fehlte. Die Symptome dieser Krankheit können unterschiedlich sein. Am häufigsten kommt das lange und lockige Fell und ein ausbleibender Fellwechsel im Frühling vor. Aber diese Symptome hatte Mia nicht. Sie hatte dafür aber einen sogenannten Heubauch. Man könnte einen Heubauch mit einem Bierbauch beim Menschen vergleichen, aber im Gegensatz zu einem Bierbauch kann ein Heubauch auch mit intensivem Training nicht wegtrainiert werden. Oberhalb der Augen eines Pferdes befinden sich kleine Vertiefungen, man könnte sie auch Mulden oder Ausbuchtungen nennen. Wenn ein Pferd älter wird, werden diese normalerweise deutlicher sichtbar und auch tiefer. Mia hatte an dieser Stelle jedoch Fettablagerungen. Die Augenpartie und der Bereich oberhalb der Augenpartie sah also voller oder gefüllter aus als bei anderen Pferden desselben Alters. Andere Symptome die sie hatte waren natürlich die oben bereits genannte Lethargie, ihre plötzliche Geruhsamkeit, ihr mäßiger Appetit und ein spontan auftretender starker Durst.

Diese Symptome wurden immer deutlicher und wiesen deutlich auf diese Krankheit hin. Ich hatte mich inzwischen auch selber bereits ausführlich über diese Krankheit informiert und konnte die Symptome deshalb noch besser deuten. Die Krankheit selber entsteht durch einen Tumor in der Hypophyse des Gehirns, der auch als Hypophyseadenom bezeichnet wird. Dieser schickt falsche Signale an den Körper und befiehlt ihm, mehr Stresshormon (Cortisol) zu produzieren. Und zu viel Cortisol verursacht ein gestörtes Gleichgewicht im Körper. Da war also unser Ergebnis. Ich musste mich jetzt entscheiden, welche Schritte wir unternehmen sollten, um sie zu behandeln und ihr dabei zu helfen, mit diesem unerfreulichen Zustand zu leben und zurechtzukommen. Ungefähr eine Woche lang befragte ich sehr viele Leute und bat sie um Tipps und Ratschläge. Infolge des guten Feedbacks und aller Informationen, die ich erhalten und gesammelt hatte, gelangte ich zu der Schlussfolgerung, dass ich die Behandlung mit einem Cushing-Arzneimittel versuchen wollte. Falls das nicht wirken sollte, konnte ich ja jederzeit wieder damit aufhören.

Die Tabletten, die ziemlich groß waren, waren einem Pferd, das ohnehin schon keine Fresslust hatte, nicht einfach zu verabreichen. Deswegen erfand ich eine alternative Methode. Ich löste die Tablette täglich in Wasser auf und spritzte die Lösung mit einer Spritze in ihren Mund. Dies ging problemlos und gerade für Mia war es gut, dass auch andere Menschen ihr das Medikament auf diese Weise verabreichten. Sie gewöhnte sich dadurch schnell an die Vorbereitung der Spritze, die für sie wahrscheinlich einer Injektionsnadel glich, und an das Einspritzen der Lösung in ihren Mund.

In den ersten Wochen sahen wir eine positive Veränderung und das herrliche Strahlen in ihren Augen kehrte wieder zurück, sie war nicht mehr so lustlos und träge und stand auch nicht ständig mehr bei ihrer Tränke. Ich besprach die Situation mit ihren Pflegerinnen und sie waren auch der Meinung, dass sie besser aussah und sich offensichtlich besser fühlte.

Nach ein paar Monaten war ich jedoch sehr enttäuscht als ich feststellte, dass die Bindehaut ihrer Augen plötzlich ganz abnormal rot aussah, ihr Zahnfleisch war auch röter als normal und sie bekam auch wieder diese merkwürdigen kleinen und juckenden Hautinfektionen an einigen Stellen, die manchmal genauso schnell verschwanden wie sie gekommen waren, aber ab und zu auch kaum mehr loszuwerden waren. Diese Krankheit beeinträchtigt darüber hinaus auch das Immunsystem. Kleine Schnittwunden und Infektionen müssen sofort und sehr sorgfältig behandelt werden, weil ihr Körper sie nicht mehr selber so effektiv bekämpfen konnte, wie er eigentlich sollte.

Eines Tages rief ich den Tierarzt an, weil ihr ganzer Körper von oben bis unten mit kleinen Beulen bedeckt war, diese sahen aus wie Insektenstiche. Sie hatte auch Bläschen im Mund und auf der Zunge. Weil es kein Notfall war, konnte die Tierärztin erst abends kommen und bis dahin waren die Beulen und Bläschen schon fast wieder vollständig verschwunden. Aber ich hatte zum Glück ein paar Fotos mit meinem Telefon gemacht, die ich ihr zeigen konnte. Die Tierärztin versicherte mir, dass es wahrscheinlich nichts Schlimmes und vielleicht nur eine Allergie oder Empfindlichkeit gegen etwas war. Sie fügte jedoch hinzu, dass solche kleinen Erkrankungen wahrscheinlich den Rest ihres Lebens immer wieder vorkommen würden. *Das arme Pferd*, dachte ich, *hatte sie nicht schon genug durchmachen müssen?*

Eines Tages, als ich ihre Medikamente vorbereitete, erinnerte ich mich daran, dass der Tierarzt gesagt hatte, dass es möglich sei, die Dosierung zu ändern und deswegen halbierte ich ihre Pille. Ich wollte selber beobachten, welche Wirkung dies haben würde. Zu unserer Erleichterung nahm die Augenrötung ab und auch die Hautausschläge kehrten nie wieder zurück. Als ich fast keine Pillen mehr hatte und neue bestellen musste, beschloss ich ganz spontan, dieses Medikament kurz abzusetzen, um selber beobachten zu können, was dann passieren würde. Ihre roten Augen waren letztendlich vollständig verschwunden und das fröhliche Strahlen in ihren Augen kehrte glücklicherweise endgültig zurück.

Zum Zeitpunkt des Schreibens dieses Buches erhielt sie gar keine Medikamente mehr. Ich will nicht behaupten, dass dies sich nicht wieder ändern kann, aber was ich sagen möchte ist, dass es ihr zurzeit gut geht und ich hoffe, dass sie sich auch ohne diese Medikamente weiterhin wohlfühlen wird. Ich versuche zu gewährleisten, dass sie die besten und für ein Pferd in dieser Verfassung erforderlichen Vitamine und Mineralien erhält und versuche, die Aufnahme von Zucker weitmöglichst zu beschränken. Pferde mit Cushing können nämlich auch eine Insulinresistenz entwickeln. Das bedeutete für Mia leider auch, dass ich beschließen musste, dass sie nie wieder Gras fressen oder auf eine Weide durfte. Wenn es möglich wäre, sie nur ein paar Stunden lang Gras fressen zu lassen, würde ich das natürlich gerne machen, aber ich kann es mir einfach nicht erlauben, sie vierundzwanzig Stunden pro Tag auf der Weide grasen zu lassen. Das Risiko ist einfach zu groß. Deswegen verbringt sie heutzutage ihre Tage und Nächte ziemlich fröhlich mit ihren Pferdefreunden in einem fast perfekten sogenannten Paddock-Paradise.

Eine letzte Geschichte, die ich hier noch kurz erzählen möchte, ereignete sich im Jahr 2016, ein paar Monate nach der ersten Diagnose der Gehirnerkrankung. Es musste eine Blutuntersuchung erfolgen, um das Stadium der Krankheit zu ermitteln und weil ich die Medikamente abgebaut hatte und sah, dass es ihr trotzdem gut ging, machte ich mir bereits einige Tage im Voraus Sorgen über diesen geplanten Termin. Ich fragte mich: *Warum lasse ich diese Blutuntersuchung machen. Ist sie nützlich?* Natürlich war sie das, es war wichtig, das Stadium der Krankheit einschätzen zu können, aber meine Beunruhigung hatte eine andere Ursache und natürlich fühlte Mia das. Trotz des vorherigen Erfolgs bei der letzten Blutabnahme war ich noch immer nervös, dass es dieses Mal ohne die Sicherheit und Bequemlichkeit eines Untersuchungsständers geschehen musste.

Ich habe dummerweise nicht gut eingeschätzt, wie sie reagieren würde, weil sie abgesehen von ihrer Lethargie einen sehr lebhaften und gesunden Eindruck machte. Meiner Meinung nach war es möglich, dass sie die Nadel bei der letzten Untersuchung akzeptiert hatte, weil der Gedanke, dass sie diese problematisch finden konnte, in mir gar nicht aufgekommen war. Möglicherweise hatten auch ihre Schmerzen und eine zeitweilige Körperschwäche sie einfach kompromissbereiter gemacht.

Man hört nie auf zu lernen, nicht wahr?

Natürlich führte die Ankunft der Tierärztin sofort zu Mias Misstrauen ihr gegenüber. Diese Tierärztin hatten wir bisher noch nicht kennengelernt, aber sie hatte von ihren Kollegen bereits einiges über Mia gehört. Sie ging einfach ganz naiv davon aus, dass das Pferd sich auch bei ihr genauso benehmen würde. Ich hätte mich hinterher in den Hintern beißen können, denn es war wieder so eine Situation, in der ich einfach eher „Nein" hätte sagen müssen. Als die Tierärztin sich Mia mit der Injektionsnadel näherte, um Blut abzunehmen, fühlte Mia meine Angst. Ich konnte es deutlich in ihren Augen sehen und innerhalb eines Bruchteils einer Sekunde explodierte sie, um sich zu verteidigen und zwar richtig.

Damals sagte ich sehr sachlich und so ruhig wie ich konnte: *Ich will nicht weitermachen!* Die Tierärztin sah ein, dass es auch nicht gelingen würde, nicht ohne Verletzungen auf jeden Fall, und teilte meine Enttäuschung. Wiederum fragte ich mich: *Warum hatte ich eigentlich jetzt genau Nein gesagt? Sagte ich Nein wegen der Befürchtung, die ich von vornherein hatte? Sagte ich Nein, weil ich wusste, dass mein Gefühl sich auf Mia auswirkte? Sagte ich Nein, weil ich mein Pferd nicht mit einer weiteren Untersuchung wegen einer Krankheit, die ich später sowieso nicht behandeln lassen wollte, belästigen wollte? Also auf jeden Fall nicht jetzt. Oder sagte ich Nein, weil mein Pferd jetzt gerade versuchte, die Tierärztin anzugreifen?*

Vielleicht war es eine Kombination aller Faktoren, aber meiner Meinung nach war es hauptsächlich meine eigene Angst vor der Situation, die bei mir so viele Gefühle erweckte, dass es so einfach nicht funktionieren konnte. Es gibt in der Pferdewelt eine Redensweise, die ich bereits seit meiner Jugend kenne und liebe: *Dein Pferd kann nur so schlau, tapfer, ruhig und athletisch sein, wie DU es bist.* Es ist ein durchaus wahrer Spruch und hätte auch ein schöner Titel für dieses Kapitel sein können.

Die Sache ist die: In meinen Versuchen, immer weiter zu lernen und das Gelernte mit anderen zu teilen, muss ich eine Weise finden, meine Gedanken unter Kontrolle zu halten, damit ich Neues lernen und gemachte Fehler vermeiden kann. Falls es aus irgendeinem Grund wieder passieren sollte, dass meine Gefühle mein Denken beeinflussen, musste ich herausfinden, wie ich noch schneller „Nein" sagen konnte.

Die Pferde und meine Ausbildung haben mir bereits beigebracht und beweisen es mir immer noch täglich, dass ich meine inneren Gefühle und Empfindungen unter Kontrolle halten muss und das beste Vorbild für Mia sein muss, das ich sein kann. Natürlich kann ich das auch mit den Tieren von anderen, weil dann die emotionale Bindung schwächer ist. Ich habe bereits vielen Pferden über ihre „Nadelangst" hinweggeholfen und zwar so weit, dass das Problem auch wirklich langfristig gelöst worden war.

Mit Mia habe ich zu akzeptieren gelernt, dass nichts von heute auf morgen passiert. Ich kann und werde Fehler machen, muss mir also auch vergeben und weitermachen können. Genauso wie die Pferde es ständig machen. Das ist natürlich leichter gesagt als getan und ist – vielleicht - die letzte Herausforderung in unserem gemeinsamen Leben. Ich wurde früher oft gefragt, ob ich in solchen Situationen Hilfe benötigte, wie zum Beispiel mehr Leute, die Mia festhalten konnten, und ich habe dies - wie man sich hoffentlich vorstellen kann - immer abgelehnt. Ich habe auch versucht, sie von einer anderen Person festhalten zu lassen anstatt sie selber festzuhalten. Dies führte zu einer noch schlimmeren Situation und einer noch sehr viel stärkeren Kampfreaktion. Ich habe die Vorbereitung für die Injektionsnadel unter Anwendung psychologischer Grundlagen auf mindestens sechs verschiedene Weisen geübt, einschließlich ein paar der alten, unter den Cowboys üblichen, Methoden. Natürlich funktionierten sie alle, weil _ich_ sie anwendete. Wenn es aber um andere Leute geht, ist es nicht einfach, sie dieselbe Technik anwenden zu lassen oder ihnen die korrekte Haltung vorzuschreiben. Und nicht zuletzt, keine Angst vor Mia zu haben, wenn sie sie einschüchtert. Das ist wahrscheinlich die größte Herausforderung.

Ich bin mir der Tatsache bewusst, dass es höchstwahrscheinlich auch andere Wege geben muss, mir und Mia zu helfen, aber bisher haben wir diese leider noch nicht entdeckt. Vielleicht werden wir diese aber eines Tages noch über jemanden, dem wir vertrauen können, entdecken. Andererseits weiß ich eigentlich nicht, ob es das wert ist. Was passiert, wenn sie infolge einer unüberlegten Bewegung, weil sie als Fluchttier eine sehr schnelle Entscheidung treffen muss, wieder Probleme mit dem alten Bruch bekommt?

Diese Einsicht, die ich auf Mias Weg zur Besserung bekam, hat zu diesem Kapitel geführt, denn auch diese Erfahrung wollte ich gerne mit meinen Lesern teilen. Warum? Weil ich weiß, dass hunderttausende Pferdebesitzer weltweit vor derselben Herausforderung stehen.

Ich hoffe auch, dass meine Erfahrungen dazu beitragen, dass Menschen sich der Tatsache bewusst werden, dass eine tierärztliche Behandlung wirklich nicht immer schlecht ist, auch wenn man sie vielleicht selber gar nicht für gut hält. Es hängt einfach immer nur von der jeweiligen Situation ab.

Alles ist einen Versuch wert und was Mia angeht, haben wir uns auf den Versuch eingelassen.

Ihr Zustand, obwohl er in diesem Stadium noch nicht lebensbedrohlich ist, wird sich aber auf jeden Fall irgendwann verschlechtern und ich werde die Situation erneut beurteilen, wenn dies nötig ist. Heutzutage sind wir einfach nur unglaublich dankbar, dass sie noch da ist und werden wir auch zukünftig täglich dankbar dafür sein, dass wir ein Teil ihres Lebens sein dürfen. Als meine Professorin ist sie heutzutage nicht nur meine Lehrerin, sondern kann auch den Lesern dieses Buches weiterhelfen. Ihre offensichtliche Kraft, Willensstärke und majestätische Energie sind beeindruckend. Und trotz aller Hindernisse und Provokationen auf unserem Weg bin ich mir eines Grundes sicher, warum Mia noch bei uns ist und das ist der

Wissensaustausch. Im Laufe der Jahre hatten wir das enorme Vorrecht, von den heutigen prominentesten Persönlichkeiten unter den Pferdetrainern lernen zu dürfen. Sie sind so engagiert und haben alles, einschließlich ihres Privatlebens, aufgeopfert, um ständig weiter zu lernen und ihre erworbene Pferdekenntnis mit anderen zu teilen.

Wegen ihnen und - nicht zu vergessen – allen anderen Personen in unserem täglichen Leben kann ich diese Geschichte jetzt auch mit vielen anderen teilen. Denn zusammen sind wir stark, zusammen sind wir eins. Man nennt dies auch Synergie.

Synergie: Zwei oder mehr Individuen, Organisationen oder Objekte, die interagieren, um gemeinsam zu einem besseren Ergebnis zu gelangen als im Alleingang.

KAPITEL 10   Teil II

Das Geschenk
Eine wichtige Schlussfolgerung: Regiere dein eigenes Leben!

Gestern ist Geschichte, Morgen ist ein Geheimnis und Heute ist ein Geschenk.

Wenn ich zurückschaue, beinhaltet das Gefühl, was ich mit der Vergangenheit verbinde, eine Art von Nostalgie, als ob es nur ein Traum war, als ob es nicht unsere, sondern die Erfahrung anderer war. Wenn ich darüber nachdenke, dass wir trotz der Probleme, den Schikanen, den Verletzungen und den unbeschreiblichen Qualen letztendlich auf so einem anderen Weg so sehr zueinander gelangten, würde ich im Nachhinein gar nichts ändern, denn es hat uns gestärkt.

Heute sind unsere Leben gleichwertiger als je zuvor. Einer Hand voller Leute in unserem heutigen Leben vertraue ich. Ich weiß, dass sie sich perfekt um Mia kümmern werden, wenn ich es selber nicht mehr kann. Drei liebevolle Pfleger kümmern sich mindestens einen Tag in der Woche um sie, um mich zu entlasten und gelegentlich abzulösen. Wenn ich an unsere Vergangenheit zurückdenke, ist es bereits schon ein Geschenk, dass dies überhaupt möglich ist.

Die Mädchen, die sich um sie kümmern, haben jeweils einen ganz anderen Charakter und einen unterschiedlichen Erfahrungshintergrund und jedes Mal, wenn sie sich mit Mia beschäftigen, ist dies eine Widerspiegelung ihres eigenen persönlichen Zustandes an diesem Tag. Ich kann ihr Einfühlungsvermögen, ihr Vertrauen und ihre Offenheit für eine solche große Verantwortung einfach nur bewundern. Nicht nur, dass sie Mia so akzeptieren wie sie ist, sondern ihr auch die Zeit gönnen, sie zu akzeptieren.

Mia hat Grenzen, das ist sicher. Sie hat ihre eigenen Gesetze und hält sich daran. Dem verdankt sie ihre dicke Haut, ihr starkes Herz und ihre geradezu grenzenlose Willenskraft. Vor zehn Jahren, als ich ihr endlich mein Herz öffnete und ihrem Herzen zuhören konnte, hat dies mein Leben verändert und seitdem hat sie mich und ihre Betreuerinnen ständig weiterlernen lassen. Wir haben unzählig viele wertvolle Dinge von ihr gelernt und noch viel mehr, was wir aber erst noch begreifen müssen.

Letztendlich geht es nicht um das Pferd, auch nicht um das Surfbrett und die Wellen, den Rennwagen und die Geschwindigkeit, den Fallschirm und den Sprung, Yoga und die Meditation, Wohltätigkeit und den Freiwilligen, den Chirurgen und sein Messer, den Rechtsanwalt und seinen Sieg: Es geht vielmehr darum, was wir werden können, wenn wir das machen, was wir lieben. Und es geht um die Tatkraft und die Leidenschaft, die wir dabei in uns selber fühlen. Und am Wichtigsten: Es geht darum, was wir werden können, wenn wir etwas für uns Bedeutungsvolles und Wichtiges vollbracht haben.

Es war ungefähr im August des Jahres 2015 als der quälende und ständige Schmerz in meinem unteren Rücken anfing, meistens als ich aufstand oder zu lange in derselben Haltung gesessen hatte. Was noch viel schlimmer war, ich hatte diese Schmerzen auch beim Reiten. Ich war fast vierzig und wollte es nicht wahrhaben. Ich ignorierte diese Schmerzen und verbannte sie in meinen Hinterkopf, weil ich glaubte, es hätte irgendetwas mit meinem Alter zu tun. Wie dumm von mir.

Im Dezember hatte ich sehr starke Schmerzen und wendete mich dann letztendlich doch an einen Arzt. Ein Röntgenfoto zeigte, dass es sich um eine Spondylose in den Wirbeln L1 und L2 handelte. Das ist im Grunde genommen Arthritis im unteren Wirbelsäulenbereich und es tat so furchtbar weh, weil sie sich stark entzündet hatte, vermutlich infolge einer Verletzung, der ich mir gar nicht bewusst - geworden - war. Mir wurde empfohlen, meine Rumpf- und Rückenmuskulatur soweit zu stärken bis ich wieder kräftig genug war, die Schmerzen auszuhalten und wenn ich Glück hätte, würde ich dann nicht zu viel Schmerzen mehr haben.

Die schlechte Neuigkeit war, dass falls ich von einem Pferd fallen sollte oder eine andere Verletzung in diesem Körperbereich erleiden sollte, dies zu einer noch stärkeren Beeinträchtigung führen würden und die Genesung, wenn diese überhaupt noch eintreten würde, noch sehr viel länger dauern würde. Um stärker zu werden, fing ich an Schwimmtraining zu machen, aber leider blockierte mein Rücken beim Brustschwimmen, was zu weiteren Verletzungen und auch noch zu einem Muskelriss in meiner rechten Schulter führte.

Ich kämpfte weiter, es veränderte sich aber einige Zeit überhaupt gar nichts. Ein großer Nachteil war zum Beispiel, dass ich, weil ich keinen Vollzeitunterricht mehr erteilen konnte, nur noch wenig und nach einer Weile sogar überhaupt gar kein Einkommen mehr hatte. Ich konnte auch mit meinen eigenen Pferden nicht so arbeiten, wie ich es gerne gewollt hätte und somit war auch meine Leidenschaft zeitweilig außer Gefecht gesetzt.

Lange an einem Schreibtisch am Rechner oder Laptop zu sitzen war fast unmöglich, also musste auch das Schreiben dieses Buches, mit dem ich bereits angefangen hatte, aufgeschoben werden. Es dauerte ungefähr vier Monate harter Arbeit, professioneller Unterstützung und kräftiger Selbstmotivation, bevor ich an kleinen Dingen merken konnte, dass es mir besser ging und ich wieder stärker wurde. Wie der Arzt bereits vorausgesagt hatte konnte ich damit anfangen, wieder längere Zeit zu stehen. Das war sogar relativ schmerzlos. Ich konnte endlich auch wieder anfangen, regelmäßig zu arbeiten und mich wieder mit den Pferden zu beschäftigen.

Aber alles ging sehr langsam und ich geriet zeitweise wieder in eine bedenkliche Tiefstimmung.

Ungefähr im Mai 2016 war meine Stimmung wieder dort, wo sie bereits zuvor gewesen war. Ich fühlte mich wieder nicht gut genug, alleine und wertlos! Und dann passierte es. Ich stellte mir fast wörtlich und deutlich die Frage: *Was machst du Zoe und warum sind wir wieder hier angelangt?*

Zum Glück war ich aber trotz dieser schlechten Erfahrungen mit der Hilfe meines liebevollen Mannes, meiner Familie und meiner besten Freundin in England dieses Mal ziemlich schnell wieder auf den Beinen. Ich bin mir todsicher, dass es ohne die Pferde viel schwieriger und langwieriger gewesen wäre. Sie - und insbesondere Mia - halfen mir dabei, aus diesem sovielsten Tief herauszukommen. Sie halfen mir, jeden Tag aufs Neue einzusehen, dass wenn ich das Beste von <u>ihnen</u> erwartete, ich erst das Beste in <u>mir</u> selber finden und aus mir herausholen musste.

Einige Male, als ich mich damals stark genug fühlte, mit ihr arbeiten zu können, war sie was man vielleicht als unkooperativ oder sogar als zickig bezeichnen würde. Da ich mich schon so schlecht fühlte, sah ich auch dabei nur noch Schlechtes, was wiederum dazu führte, dass ich mich im Endeffekt noch mehr selber bemitleidete. Eine Zeit lang war unsere Beziehung ein richtiges Durcheinander und obwohl es lange nicht so schlimm war und so im Vordergrund stand wie früher, erinnerte sie mich plötzlich wieder daran, wie sie vor 10 Jahren gewesen war. Wild herumrennend wie ein aufgescheuchtes Huhn, ohne jegliches Selbstvertrauen und ständig von ihrer unmittelbaren Umgebung erregt oder beunruhigt. Eigentlich zeigte sie mir damit, wer ich früher und wer ich jetzt war: nämlich eine Person, die weder Mia noch ich uns wünschten.
Sie war mein Spiegelbild und ich musste das unbedingt ändern.

Durch die Pferde weiß ich jetzt wieder, wer ich bin.

Sie leben im Heute, nicht in der Vergangenheit.
NICHT in der der Vergangenheit.

Als ich das erste Mal darüber nachdachte, dieses Buch zu schreiben, zögerte und zweifelte ich monatelang und schob es auf die lange Bank. Irgendwann ließ ich mich sogar völlig von meinen Ängsten überwältigen und wollte ich es gar nicht mehr schreiben. Eines Tages war ich der Versuchung so nahe, es aufzugeben, und konnte ich diesem Verlangen fast nicht mehr widerstehen, stellte mir dann aber zum Glück rechtzeitig die Frage: *Wovor hast du denn eigentlich Angst?*

Achselzuckend schob ich alle Bedenken zur Seite, setzte den Stift an und fing an zu schreiben. Ich brauchte keine Fantasie, um diese Geschichte entstehen zu lassen, denn es gab sie ja schon. Die einzige Frage war nur, wie ich sie aufschreiben sollte.

Eine der ersten Korrekturleserinnen, die auch eine der Betreuerinnen von Mia war, schrieb in ihren Notizen: *Sie wandelte ihr <u>Geht-Nicht</u> in <u>Geht</u> und ihren Traum in einen Plan um!* Und das ist genau das, was dieses Buch sein soll: eine Geschichte von Träumen, eine Erzählung von tatsächlichen Gegebenheiten, eine Anleitung dazu, wie man zum Regisseur seines eigenen Lebens wird.

Inzwischen weiß ich, dass das Leben eine einzige große Unterrichtsstunde ist. Das kann man akzeptieren oder ignorieren. Ich akzeptierte es. Wenn ich Schritt für Schritt vorgehe, hart arbeite und Lösungen suche anstatt ständig immer nur zu klagen, ist meine Welt schon ein kleines bisschen schöner geworden.

Wenn ich etwas wirklich will, sollte ich mich nicht von der Angst es vielleicht nicht zu schaffen, zurückhalten lassen. Wenn mir dies gelingt bin ich frei. Wenn ich es aber zulasse, dass andere oder deren Meinungen mich straucheln lassen und ich deshalb meine Träume aufgebe, gebe ich die Zügel meines eigenen Lebens aus der Hand. Und dieses Buch zu schreiben war einer meiner Träume.

Was ich hiermit eigentlich auch sagen will ist, dass wir Grenzen brauchen. Wir können nicht erwarten, dass unsere Pferde oder sogar unsere Kinder diese haben oder respektieren, wenn wir sie selber noch nicht einmal haben.

Genau wie bei den Menschen sind keine zwei Pferde genau gleich und wenn wir erst versuchen, zu verstehen, wie sie denken, handeln und sich - bei uns - fühlen, wird unsere Zusammenarbeit mit ihnen viel erfolgreicher sein. Deswegen möchte ich all diejenigen, die sich wirklich für Pferde interessieren, dazu ermutigen, ganz offen auf sie zuzugehen und sie erst richtig kennenzulernen. Denn ich bin davon überzeugt, dass die Pferde schon lange alles wissen, was sie über einen wissen müssen.

Ich habe auch gemerkt, dass ich erst zur vollen Entfaltung komme, wenn ich mich mit Aufgaben beschäftigen kann. Darum werde ich einfach mit dem weitermachen, was ich wirklich machen möchte. Hinzu kommt, dass ich immer gerne meine Versprechen einhalten möchte. Wenn ich vermute, dass mir etwas nicht gelingen wird, was ich jemandem versprochen habe, möchte ich dieser Person dies gerne rechtzeitig mitteilen können. Auch wenn dies vielleicht später ist als er oder sie gerne gewollt hätte.

Ich möchte gerne andere Menschen ausbilden, sie inspirieren und ihnen dabei helfen, so zu werden und zu sein, wie es für sie selber, ihre Nahestehenden und ihre Pferde am besten ist. Heutzutage bin ich zuversichtlich und kann ich voller Selbstvertrauen sagen, dass ich keine Zeit mehr mit Geplauder, Gruppendruck, Eifersucht und unglaublich großen Egos verschwenden will. Was andere Leute über mich sagen oder denken geht mich ja eigentlich auch gar nichts an.

Ab und zu, wenn ich wieder den Eindruck bekomme, dass Dinge aussichtslos sind, darf ich mich dagegen wehren und kämpfen. Das ist einfach meine Art. Es ist für jeden schwer zu lernen, mit dem Strom zu schwimmen, sich keine Sorgen um kleine Dinge zu machen und einfach weiter zu lächeln, auch wenn es einmal nicht so läuft, wie man es gerne gewollt hätte. Aber heutzutage denke ich: ich bin kein Opfer, ich bin einfach nur ich und ich bin gut genug.

Abschließend möchte ich noch sagen, dass Mias Gesundheit stabil ist und wir uns zurzeit gar nicht mehr beeilen, unbedingt ein gewisses Ziel zu erreichen. Wir haben offensichtlich gelernt zu verstehen, dass ein Körper Zeit benötigt, um heilen zu können und das gilt auch für Knochenbrüche.

Ich verspreche an dieser Stelle, dass ich immer mein Bestes für sie, für euch und - am Allerwichtigsten - für mich selber geben werde. Ich werde nie so tun, als ob ich etwas kann, was ich nicht kann, oder vortäuschen, jemand zu sein, der ich nicht bin.

Denn wisst ihr was passiert, wenn ich das tue?
Mia, mein Idol, wird mich sofort sehr deutlich darauf aufmerksam machen!

Idol: Eine Person oder ein Objekt, die/das sehr bewundert, geliebt und/oder im Gedächtnis behalten wird - Held, Heldin, Superstar, Ikon

KAPITEL 11

Die Tagebucheintragungen
Eine Aufzeichnung vergangener Erzählungen

Tagebucheinträge festgehalten seit 2007 und willkürlich aus meinen Aufzeichnungen ausgewählte Momente.

5. Oktober 2007
In weniger als einem halben Jahr machen wir enorme Fortschritte. Ich kann kaum glauben, wieviel ich sehen kann, verglichen mit vielleicht sogar meinem ganzen Leben davor. Obwohl es mental fordernd sein kann, ist es positiv. Ich muss mich aufs Weitermachen fokussieren. Wenn etwas ab und zu schief geht, habe ich ein ziemlich großes und beeindruckendes Pferd neben oder unter mir, aber diese Momente werden kürzer und ich habe den Eindruck, dass sie endlich ein wenig klein beigibt. Ich bin aufgeregt. Die Zukunftsmomente sind nur Atemzüge, die wir noch nicht genommen haben und ich werde alles dafür tun, dass diese Atemzüge reiner Sauerstoff werden. Ich kann nicht warten!

5. Februar 2008
Das Konzept des Vorausschauens und nicht Zurückblickens hat sich enorm gelohnt. Wir haben so viele Grenzen überschritten, viele zu denen ich hoffentlich nie zurückkehren werde und falls doch, ich auf jeden Fall viel besser weiß, wie ich damit umzugehen habe. Ihr Selbstvertrauen (und meins) wächst immer noch. In Situationen, in denen ihr das Selbstvertrauen fehlt, gelingt es mir immer besser, ihr zu helfen, indem ich entweder ihre Grenzen sehe und respektiere oder indem ich eine Übung einfach weglasse und mit einer anderen Übung weitermache und zwar schneller als je zuvor.

21. Mai 2008
War mit der Vorbereitung unserer Hochzeit beschäftigt, aber habe auf jeden Fall versucht, was Mia angeht, sie nicht zu vergessen! Die wichtigsten Verbesserungen waren, dass ich mir keine Sorgen mehr über alte Probleme machte, sondern mich auf neue Aufgaben richtete. Alles was wir jetzt zusammen machen ist fast mühelos. Mein einziges Problem bei unseren Übungen ist zurzeit, dass ich nicht genau weiß, wie lange ich weitermachen kann und wann ich aufhören muss. Mir ist aber deutlich geworden, dass dort wo ich heute ende, ich morgen weitermachen kann.
Wenn unsere Fortschritte so stabil bleiben wie jetzt, bin ich einfach nur für immer glücklich. Was für eine Reise bisher, ich bin richtig stolz.

22. Juli 2008
Dreißig Minuten einfach mit ihr zusammen gewesen. Einfach nichts tun, schon wieder, aber ich liebe diese Momente und auch ihr scheint es zu gefallen. Sie hat wirklich angefangen, sich mir zu öffnen und ich bewundere und freue mich über ihre Vorschläge. Super, einfach super!

6. August 2008
Ein paar RIESEN-Lernmomente heute, in meinem Eifer, Fortschritt zu erzielen, habe ich ein paar andere Dinge geopfert. Ihr Ausdruck wurde ein bisschen gelangweilt und gelegentlich sogar böse. Ich muss jetzt abbremsen, sofort, und erst noch einmal über unser Training nachdenken. Ich muss dieses Unrecht wieder in Recht umwandeln. Abgesehen davon werden wir ein gutes Team und ich bin so stolz auf alles, was wir erreicht haben. Aber wir müssen auch noch so viel lernen, ich muss geduldig sein. Ich muss mir meine eigenen Fehler auch vergeben und weitermachen. Ich weiß, dass sie mir dabei helfen wird und ich höre ihr zu.

27. März 2009
Geduld und Hartnäckigkeit haben sich wieder ausgezahlt. Ich erkenne uns nicht mehr und zwar im guten Sinne. Ich stellte fest, dass mein Vertrauen im Sattel noch nicht ganz wieder da war. Oder auf jeden Fall nicht so stark wie bei der Bodenarbeit. Der Unterschied ist jetzt jedoch, dass ich merke, dass sie mir helfen will und sich wie ein Partner benimmt. Ich kann's kaum glauben. Ich habe neues Studienmaterial, um weiterzumachen. Perfektes Timing! Ich liebe dich Mia.

10. September 2009
Hatte heute die Gelegenheit, das sogenannte „Verladen mit Exzellenz" zu üben. Sie hatte eigentlich niemals Probleme, verladen zu werden, schon gar nicht, wenn sie es selber gerne wollte. Aber jetzt merkte ich, dass sie zweifelte, insbesondere wenn das Verladen meine Idee war, wenn ICH gerne irgendwo mit ihr hinfahren wollte. Ein paar alte Gewohnheiten schlichen sich wieder ein, wie zum Beispiel Steigen, aber ich habe durchgehalten. Ich kann sie jetzt wieder geradeaus und im Trab in den Hänger laufen lassen und sie kommt auch geradeaus wieder raus und erst dann, wenn ich sie darum bitte. Alle Puzzlestückchen passen plötzlich zusammen und alles macht wieder Sinn.

2. Januar 2010
Ich bin so aufgeregt, ich fahre zu einem offiziellen Lehrgang in die Vereinigte Staaten. Bin zugleich auch nervös, scheinbar fühlte Mia das heute als ich sie ritt, also stieg ich ab und machte stattdessen Bodenarbeit mit ihr. Ich liebe diese gegensätzlichen Informationen, die ich bei diesem Training erhalte. Warum soll ich auf ihr sitzenbleiben, wenn mein Verstand mir sagt, dass ich lieber absteigen sollte. Traditionen schreiben vor, dass ich sitzen bleiben muss! Aber das sind dann genau die Momente, zu denen sich Unfälle ereignen. Vorsorge ist besser als Nachsorge und wir gewinnen beide.

17. September 2010
Ich bin gerade nach drei intensiven Trainingsmonaten aus den Vereinigten Staaten zurückgekehrt und jetzt eine offiziell qualifizierte Trainerin. Mir fehlen die Worte, um meine Aufregung zu beschreiben und ich bin gespannt, was die Zukunft mir ab jetzt bringen wird. Ich werde mich zu 100% dafür einsetzen und falls das nicht genug sein sollte, zu noch viel mehr. Vorwärts und aufwärts!

7. Juli 2011
In England angekommen. Was für ein langer Tag. Die Fahrt wurde mir mit endlosen Staus in Belgien, Frankreich und London nicht leicht gemacht. Ich glaube, es hat mich insgesamt fünf Stunden zusätzliche Reisezeit gekostet. Mia benahm sich hervorragend, sie beschwerte sich unterwegs nicht ein einziges Mal. Ich war nervös, als ich sie auf dem Schiff alleine im Hänger zurücklassen musste, aber ich hatte leider keine andere Wahl. Sobald ich an Deck angekommen war, fand ich einen Sessel und gönnte mir ein bisschen Schlaf. Ich war froh, dass ich schlafen konnte. Wir fuhren kurz zuhause vorbei, um meinen Eltern schnell guten Tag zu sagen und gemeinsam etwas zu essen. Das war richtig schön. Ich bin aufgeregt, dass ich die beiden kommenden Wochen mit Mia wieder zuhause bin und hier mit ihr weiter üben kann.

10. August 2011
Ein arbeitsreicher Tag heute, deswegen nur eine kurze Liberty-Session mit Mia. Da ich wusste, dass ich nur wenig Zeit hatte, hatte ich mir vorab eingeredet, dass ich so tun musste, als ob wir den ganzen Tag Zeit hatten und ich im so genannten Moment leben musste. Es sind mir ein paar tolle Sachen gelungen, mit positiver Energie und gut gelungenen Übergängen. Fabelhaft :-)

14. November 2011
Mia zum ersten Mal mit ihrem neuen Sattel geritten. Toll!
Sie fühlte sich gut an, ging fleißig vorwärts und war entspannt. Erst ungefähr 20 Minuten im Trab geritten. Sie fühlte sich so

entspannt an, sie wollte gerne vorankommen. Ich glaube, der alte Sattel muss ihr irgendwo wehgetan haben, weil sie immer sofort aufhörte, sich zu bewegen, wenn ich mit dem Reiten aufhörte.

Kein großes Ding, es dauerte einfach nur eine Weile, bis ich eine neue Verbindung zustandebringen konnte!! Sehr interessant!!

4. April 2012
Bin heute zehn Minuten geritten, habe Mia um einen versammelten Galopp gebeten und sie hat ihn mir gegeben. Ich bin begeistert, was für ein tolles Gefühl. Ich habe anschließend nach ungefähr 5 bis 8 Galoppsprüngen einfach angehalten, die Zügel auf ihren Hals geworfen, bin mit einem breiten Grinsen herabgesprungen und habe sie ausgiebig belohnt: Das war's für heute Mädchen. DANKE!!!!

30. Juli 2012
Toller Übungstag heute! Ich hatte am Boden angefangen, um etwas zu üben, und bin anschließend geritten. An solchen Tagen fange ich immer, wenn es geht, mit einem schönen lässigen und ruhigen Schritt, Trab und Galopp an, bis sie anfängt, sich richtig zu entspannen. Keine flach nach hinten angelegte Ohren mehr bei den Übergängen vom Schritt zum Galopp. Ich merkte aber schnell, dass ich wieder zu viel machen wollte und sie auch meine Hilfen nicht richtig verstand. Habe das Problem aber gelöst:-) Rückwärtsrichten geht immer besser und wir kriegen immer mehr Schritte hin. Das Anhalten aus dem leichten Galopp fühlte sich heute auch gut an, ganz ohne Zügeleinwirkung. Wir schlossen mit ein paar Seitengängen und mit zwei fliegenden Galoppwechseln ab. Es fiel ihr schwer, sich danach wieder zu entspannen, daran müssen wir einfach noch arbeiten. Ich liebe dies alles, ich liebe sie.

20. November 2012
Ich konnte ihre Energie heute schon sofort fühlen als ich sie sah. Sie hatte reichlich, also entschloss ich mich, an einem Ort, wo wir schon lange nicht mehr gewesen waren, nämlich im Round

Pen, mit ihr zu arbeiten. Sie steckte so voller Energie, dass ich sie erstmal ausrasen ließ. Und als sie sich beruhigt hatte, konnten wir machen, was ich wollte. Es machte ihr deutlich Spaß und sie muss sich nach einer ausgiebigen Galoppade sehr viel besser gefühlt haben. An Tagen wie diesen mach ich einfach mit was du willst, du verrücktes Pferd:-)

19. Mai 2013
Heute mit einer Freundin einen schönen Ritt in den Dünen gemacht. Mir fehlen diese Tage. Es ist richtig schade, früher machten wir das viel öfter. Mia war entspannt und nachgiebig, sogar als wir an den Kühen vorbei ritten.
Sie fand sie immer noch spannend, aber so ist sie nun einmal, und dieses Mal beruhigte sie sich zum Glück innerhalb von Sekunden wieder. Ich brauchte meine Zügel kaum zu gebrauchen, das war UNGLAUBLICH!

17. Juni 2013
Heute zerbrach mein Herz in zwei Stücke, genau wie ihr Knie zerbrochen war. Ich kann kaum glauben, was der Tierarzt mir mitteilte. Er wird mich morgen anrufen, sobald er zu einer Schlussfolgerung gelangt ist, wie wir jetzt weiter vorgehen sollten. Ich hoffe und bete, dass dies nicht bedeutet, dass ich sie verloren habe, ich kann den Gedanken kaum ertragen.

August 2013
Ab und zu beschämt mich die Gattung Mensch. Ich kann die Qualen, die mir einige Leute antun, kaum beschreiben, ihr schonungsloses Streben, mich schlecht oder schuldig fühlen zu lassen. Ich suche jetzt einen Ort, zu dem ich sie nach der nächsten Untersuchung bringen kann. Irgendwo, wo sie ungestört leben kann und wir beide wieder zur Ruhe kommen können.

März 2014
Mia am Wochenende wieder besucht und es geht ihr gut. Einer der Esel hat sich in sie verliebt; man kann die kleinen Herzchen fast um seinen Kopf herumschwirren sehen.

2. November 2014
Ich kann fast noch gar nicht glauben, dass sie zuhause ist und sich wieder bewegen kann. Die Zukunft sieht vielversprechend aus, obwohl ich zugeben muss, dass ich trotzdem immer auf neue Entwicklungen oder Überraschungen vorbereitet bin. Sie ist so stark, ich muss jetzt auch stark bleiben.

1. Dezember 2014
Sie fühlt sich gut, es fällt ihr aber manchmal schwer, ihre rechte Schulter völlig zu entspannen. Massagetermin am Samstag. Dann werden hoffentlich endlich ein paar Fragen beantwortet werden.

6. Februar 2015
Früher war Mia ein Pferd, das beim Reiten unter mir weglief, und nicht zu vergessen, bockte, buckelte und scheute. Nachdem sie zwei Beine gebrochen hatte, bin ich so dankbar, dass wir jetzt wieder machen können, was wir gerne machen möchten. Heute ist ein Beispiel dafür, warum ich so gerne mache, was ich mache und worüber ich gerne noch so viel mehr lernen möchte. Ich habe sie jeweils 10 Minuten pro Hand am lockeren Zügel traben lassen. Keine Auseinandersetzung, ein schönes Tempo, kein Fallen auf die Vorhand und kein Flüchten, weder mental noch emotional. Großartig :-)

22. Juni 2015
Heute war mein Ziel, zu reiten und hauptsächlich solche Übungen zu machen, bei denen wir noch Fortschritte erzielen konnten, um zum nächsten Level zu gelangen und um ihre Körperhaltung und Gesundheit noch mehr als bisher zu verbessern. Habe einen Termin mit einem Osteopathen vereinbart, es ist soweit:-)

19. November 2015
Es war schön, wieder zu Hause zu sein, nach einer Woche Malta. Mit Kheelen wieder einen Ausritt in die Dünen gemacht und Mia mitgenommen. Ich liebe die Natur, die Ruhe und den Frieden. Und die Pferde arbeiten auf diese Weise richtig gut zusammen. Ich dachte unterwegs darüber nach, ob ich nicht vielleicht ein Buch über Mias Geschichte schreiben sollte.

11. Februar 2016
Immer noch nicht imstande, viel zu machen, wegen meinem Rücken und meiner Schulter! Sehr enttäuscht, fühle mich richtig unfähig und ein bisschen niedergeschlagen. Ich muss meine Stimmung irgendwie wieder heben und neue Pläne schmieden. Beiden Pferden geht es gut und das ist alles was zurzeit wichtig ist!

13. August 2016
Nächste Woche ab in die USA! Yippieh! Meine Pferde sind gut bei ihren Urlaubspflegerinnen untergebracht und ich freue mich schon auf Jorts und meine Abenteuer in der Ferne. Ich habe mich dazu entschieden, beiden Pferden in meiner Abwesenheit auch einen kurzen Urlaub zu gönnen. Sie haben es beide verdient, insbesondere meine beste Freundin Mia.

KAPITEL 12

Equal us (Unseresgleichen)
Ein dem Pferd (Equus) gewidmetes Gedicht

Wahl und Schicksal, ihre eigenen Gedanken, tägliche Routine oder ein gefesselter Gefangener.
Schnee, Regen oder Gewitter, eingesperrt, eingeschlossen, gefangen und ängstlich, oder vom Menschen geschlagen.

Engelgleich und unschuldig, vergisst nicht schnell, angenehm lebend oder Geist und Seele langsam der Verfaulung überlassen.
Ihre Schönheit jahrelang durch Angst und Zwangsmittel überschattet, wenn sie sich sträuben, wird einfach noch härter zugeschlagen und werden ihre Ängste jedes Mal aufs Neue bestätigt.

Jahrhundertelang untergebener Diener und treuer Begleiter der Menschheit, aber auch wie Land, Meer und Natur erbarmungsloser menschlicher Grausamkeit unterlegen.
Bleib stehen, schau und hör zu, worum sie dich bitten, ein einfaches Versprechen von Sicherheit, Komfort, Futter und Spiel.

Ein paar besondere Menschen können die Seele erwachsener Pferde und junger Fohlen hören und ihr Wesen verstehen.
Eine schöne Sprache, die beide verstehen können.
Sie erfordert keine Strafen,
sondern nur gegenseitigen Respekt und Verständnis füreinander.

Das einzige, was wir brauchen, ist Zeit, um gut und richtig zu handeln,
und nicht immer wieder das zu machen,
was unwiderruflich zu einem Streit führt.
Beobachte ihr Ohrenspiel, schau in ihre Augen,
höre, wie sie atmen und seufzen,
endlich hat der Mensch damit angefangen,
seine Methoden zu ändern und das Wie und Warum zu hinterfragen.

Sie überlebten die Eiszeit,
streifen schon so lange auf unserer Erde herum,
man kann sich fragen, was wir so an ihnen lieben und wann und warum
es so schrecklich schiefgegangen ist.

Ein Häuptling reitet im rasanten Galopp
und kann von ihrem Rücken aus Pfeile abschießen.
Wie war das auf offener Prärie, ohne Peitsche, Sporen, ohne Sattel- und
Zaumzeug möglich?

Sie kümmerten sich um die Fohlen,
trennten sie nicht sofort von der Mutter,
lebten mit den Naturgewalten des Landes,
unter der Sonne, den Sternen und dem Mond. ,
Einige Cowboys bemühten sich, andere verspielten ihre Gesundheit,
indem sie ihre Würde und ihre Seele verkauften, nur um reich zu
werden.

Kavallerie und Befehle, Bestechung, Krieg und Diebstahl,
neue Regeln wurden geschaffen,
der Reiter muss alles links vom Pferd machen.
Jahrelang war dies die Vorschrift, die einzig zulässige Handelsweise,
aber das Gebet eines Häuptlings wurde erhört, Mutter Natur gewann.

Wenn es möglich wäre,
würden die Pferde jetzt vielleicht endlich lachen und fröhlich sein,
denn endlich fand der Mensch den alten Weg wieder,
der ihnen ohne großes Aufheben ihren Stolz und ihre Würde erhält.
Majestätisch und unschuldig und zugleich so zerbrechlich,
unser Freund

Equus,
ein Diener der Erde und ein lebendes Wesen,
dazu berechtigt, unseresgleichen zu sein.

Wir freuen uns, wenn ihr uns auch auf der Webseite zum Buch und in den sozialen Medien besucht. Dort findet ihr Fotos, Videos und aktuelle Neuigkeiten.

www.thehorsethatbroketwolegs.com
www.facebook.com/thehorsethatbroketwolegs

www.ingramcontent.com/pod-product-compliance
Lightning Source LLC
Chambersburg PA
CBHW032116040426
42449CB00005B/159